利用集体土地建设租赁住房
政策与实践

关于新时期住房政策转型研究课题组
北京大地盛业房地产土地评估有限公司　编著

中国城市出版社

图书在版编目（CIP）数据

利用集体土地建设租赁住房：政策与实践 / 关于新时期住房政策转型研究课题组，北京大地盛业房地产土地评估有限公司编著 . —北京：中国城市出版社，2022.6
ISBN 978-7-5074-3487-3

Ⅰ.①利… Ⅱ.①关…②北… Ⅲ.①住房政策—研究—中国 Ⅳ.① F299.233.1

中国版本图书馆 CIP 数据核字（2022）第 107237 号

责任编辑：郑淮兵　王晓迪
责任校对：赵　菲

利用集体土地建设租赁住房
政策与实践

关于新时期住房政策转型研究课题组　编著
北京大地盛业房地产土地评估有限公司

＊

中国城市出版社出版、发行（北京海淀三里河路9号）
各地新华书店、建筑书店经销
北京雅盈中佳图文设计公司制版
北京中科印刷有限公司印刷

＊

开本：787 毫米 ×1092 毫米　1/16　印张：$27\frac{1}{2}$　字数：601 千字
2022 年 6 月第一版　2022 年 6 月第一次印刷
定价：99.00 元
ISBN 978-7-5074-3487-3
　　　（904468）

版权所有　翻印必究
如有印装质量问题，可寄本社图书出版中心退换
（邮政编码 100037）

本书编委会

主　　任：寻寰中
副主任：陈建明
　　　　黄　辉
编　　委：李延国
　　　　　潘　汇
　　　　　毛建新
　　　　　李嘉欣
　　　　　洪义举
　　　　　何厚淳

前 言

国务院派驻国有重点大型企业监事会原主席　寻寰中

《利用集体土地建设租赁住房　政策与实践》一书是"关于新时期住房政策转型研究"课题的衍生成果。

住房是中国近20年来受到普遍关注的重点、难点和热点问题。在改革开放和城市化的大背景下，住房制度改革的推进和房地产业的繁荣，创造了中国有史以来经济高速增长、基础设施建设大规模开展、城市发展日新月异的特色奇观，影响巨大而深远。但与此同时，各种矛盾也在大量积累，高房价、高负债、过热的房地产，已经对经济社会的可持续健康发展造成重大影响：不仅导致金融风险增加，制约了经济结构调整、转型和升级，而且提高了整个社会的运行成本，不利于社会结构的优化。同时还由于过分倚重房地产财税收入，在一定程度上影响了地方政府的决策和执政行为。

解决这些问题迫在眉睫，刻不容缓。从制度层面来说，亟待调整和完善现行的住房政策，改进和矫正不能持续的房地产业政策，并在以人民为中心的思想统领下实现与其他各项经济社会政策的匹配和平衡。这就需要对中国住房问题，对房地产市场问题作出更加深入、更加全面的研究，实事求是地总结历史，细致精准地调查现状，科学严谨地展开学理分析，开阔开放地进行前景展望，实际可行地给出对策建议。为此，我们组建了精干的课题组，就新时期住房政策转型这一重大课题开展了专题研究。

在课题研究过程中，我们始终关注住房制度改革的宏观走向。党的十八大以来，在习近平新时代中国特色社会主义思想指导下，逐渐达成了关于住房和房地产理念的共识：坚持以人民为中心，坚持"房子是用来住的、不是用来炒的"定位，突出住房的民生属性，扩大保障性租赁住房供给，缓解住房租赁市场结构性供给不足，推进以人为核心的新型城镇化，促进实现全体人民住有所居。据此，国家有关主管部门、地方各级政府认真贯彻党中央、国务院决策部署，以围绕稳地价、稳房价、稳预期的调控目标，建立房地产稳健发展的长效机制；以保障性租赁住房为着力点，完善基础性制度和支持政策，加强住房保障体系建设，出台了一系列有针对性的具体政策。利用集体建设用地建设租赁住房就是其中之一。

2017年8月，国土资源部和住房城乡建设部联合印发《利用集体建设用地建设租赁住房试点方案》，北京、上海、沈阳、南京、杭州、合肥、厦门、郑州、武汉、广州、佛山、肇庆、成都13个城市成为首批试点城市，2019年增加福州、南昌、青岛、海口、贵阳为试点城市。试点的任务是"两完善两探索",即完善试点项目审批程序、完善集体租赁住房建设和运营机制,探索租赁住房监测监管机制、探索保障承租人获得基本公共服务的权利。试点的目标是,在试点城市成功运营一批集体租赁住房项目,完善利用集体建设用地建设租赁住房规则,形成一批可复制、可推广的改革成果,为构建城乡统一的建设用地市场提供支撑。

我们认为,利用集体建设用地建设租赁住房,既是构建购租并举住房制度的一项具体政策措施,又是土地利用制度改革构建城乡统一建设用地市场的一项政策创新,对于促进新时期住房政策转型具有重要探索意义,值得深入考察和研究。2020年底上述试点告一段落,课题组即在全面收集18个城市试点方案的基础上,对2017年以来利用集体建设用地建设租赁住房的实践情况进行了系统的梳理,实地调研了北京、上海、广州、佛山、青岛5个试点城市,专门与自然资源部、住房城乡建设部有关人员交换了意见,并从政策评估的角度对该项政策的实施以及实践中遇到的问题进行讨论,就继续推进利用集体建设用地建设租赁住房提出对策建议,形成了《利用集体建设用地建设租赁住房政策实施评估与改进》专题报告。

专题报告完成之时,适逢《国务院办公厅关于加快发展保障性租赁住房的意见》(国办发〔2021〕22号)印发,其中明确提出,可探索利用集体经营性建设用地建设保障性租赁住房;应支持利用城区、靠近产业园区或交通便利区域的集体经营性建设用地建设保障性租赁住房。这标志着集体建设用地建设租赁住房试点将在前段基础上继续推广和扩大。为向各地在相关项目建设中提供政策指导和模式借鉴,给深化住房制度改革研究提供文本和素材,我们特将研究过程中收集的相关资料,包括国家层面出台的政策、各试点城市制定的方案和措施、主管部门的政策解读、专家和学者的研究文章、建成并投入运营的典型成功案例,以及我们的专题报告,整理汇编成册,以供大家参阅。

这便是本书编辑出版的缘起。期望本书能在未来的实践中发挥一点作用。

目　录

前言................................ 寻寰中【国务院派驻国有重点大型企业监事会原主席】

研究报告

利用集体建设用地建设租赁住房政策实施评估与改进

　　【关于新时期住房政策转型研究课题组】... 3

政策篇

国家层面

专发文件

国土资源部、住房城乡建设部关于印发《利用集体建设用地建设租赁

　　住房试点方案》的通知.. 31

国土资源部办公厅、住房城乡建设部办公厅关于沈阳等11个城市利用

　　集体建设用地建设租赁住房试点实施方案意见的函................................ 34

自然资源部办公厅、住房和城乡建设部办公厅关于福州等5个城市利用

　　集体建设用地建设租赁住房试点实施方案意见的函................................ 36

国土资源部办公厅关于北京市利用集体土地建设租赁住房试点意见的函........ 38

附录：政策解读

《利用集体建设用地建设租赁住房试点方案》解读.. 40

利用集体建设用地建设租赁住房试点方案说明.. 42

相关法律法规文件中有关集体土地建设租赁住房内容摘录

《中华人民共和国土地管理法（2019年修订版）》... 45

中共中央关于制定国民经济和社会发展第十四个五年规划和二〇三五年

　　远景目标的建议.. 46

中华人民共和国国民经济和社会发展第十四个五年规划和2035年远景

　　目标纲要.. 47

国土资源部关于加强保障性安居工程用地管理有关问题的通知........................ 48

国土资源部关于做好2012年房地产用地管理和调控重点工作的通知............... 49

住房城乡建设部、国土资源部关于加强近期住房及用地供应管理和调控有关
　　工作的通知 51
住房城乡建设部、国家发展改革委、公安部、财政部、国土资源部、人民银行、
　　税务总局、工商总局、证监会关于在人口净流入的大中城市加快发展住房
　　租赁市场的通知 52
中国证监会、住房城乡建设部关于推进住房租赁资产证券化相关工作的通知 54

地方层面
北京
北京市国土资源局、北京市发展和改革委员会、北京市规划委员会、北京市住房和
　　城乡建设委员会、北京市农村工作委员会、北京市财政局、北京市地方税务局
　　关于印发北京市利用农村集体土地建设租赁住房试点实施意见的通知 59
北京市规划和国土资源管理委员会关于印发《关于统筹利用集体建设用地政策的
　　有关意见》的通知 64
北京市人民政府关于下达 2017 年利用集体土地建设租赁住房供地任务的通知 67
北京市规划和国土资源管理委员会、北京市住房和城乡建设委员会关于进一步
　　加强利用集体土地建设租赁住房工作的有关意见 69
北京市住房和城乡建设委关于加强北京市集体土地租赁住房试点项目建设管理的
　　暂行意见 75
北京市住房和城乡建设委员会、北京市发展和改革委员会、北京市规划和自然资源
　　委员会印发《关于进一步优化政策性住房项目建设审批制度的意见》的通知 79
北京市规划和自然资源委员会、北京市住房和城乡建设委员会关于我市利用
　　集体土地建设租赁住房相关政策的补充意见 82
北京市住房和城乡建设委员会、北京市财政局关于印发《北京市发展住房租赁市场
　　专项资金管理暂行办法》的通知 85
北京市住房和城乡建设委员会、北京市发展和改革委员会、北京市规划和自然
　　资源委员会关于进一步加强全市集体土地租赁住房规划建设管理的意见 88

上海
关于单位租赁房建设和使用管理的试行意见 93
上海市人民政府关于批转市住房保障房屋管理局等六部门制订的《本市发展
　　公共租赁住房的实施意见》的通知 98
上海市人民政府办公厅印发《关于加快培育和发展本市住房租赁市场的
　　实施意见》的通知 103
上海市规划和国土资源管理局关于印发《关于加快培育和发展本市住房租赁
　　市场的规划土地管理细则（试行）》的通知 104

上海市松江区人民政府《集体经营性建设用地入市"1+5"配套文件》的通知 109

上海市人民政府关于印发《本市全面推进土地资源高质量利用的若干意见》
　　的通知 110

市住房城乡建设管理委、市房屋管理局、市财政局关于印发《上海市中央财政
　　支持住房租赁市场发展试点资金使用管理办法》的通知 112

上海市住房和城乡建设管理委员会关于印发《上海市租赁住房规划建设
　　导则》的通知 118

上海市人民政府印发《关于本市"十四五"加快推进新城规划建设工作的
　　实施意见》的通知 119

上海市松江区人民政府关于印发《上海市松江区农村集体经营性建设用地
　　入市管理办法》的通知 121

上海市松江区农业农村委员会关于印发《关于上海市松江区农村集体经营性
　　建设用地入市民主管理的实施意见》的通知 127

沈阳

沈阳市利用集体建设用地建设租赁住房试点工作实施方案 131

南京

南京市利用集体建设用地建设租赁住房试点实施方案 139

南京市人民政府关于印发《南京市市场化租赁住房建设管理办法》
　　的通知 145

杭州

杭州市利用集体建设用地建设租赁住房试点实施方案 148

杭州市人民政府办公厅关于印发《杭州市加快培育和发展住房租赁市场试点
　　工作方案》的通知 152

杭州市住房保障和房产管理局、杭州市财政局关于印发《杭州市促进住房租赁
　　市场发展专项扶持资金管理办法》的通知 154

合肥

合肥市利用集体建设用地建设租赁住房试点实施方案 157

合肥市人民政府办公厅关于加快推进合肥市住房租赁试点工作的通知 162

厦门

厦门市利用集体建设用地建设租赁住房试点实施方案 164

厦门市国土资源与房产管理局等10个部门关于印发《关于加强培育和发展住房

租赁市场的若干意见》的通知..168

郑州
郑州市利用集体建设用地建设租赁住房试点方案..172

武汉
武汉市利用集体建设用地建设租赁住房试点实施方案..177
武汉市培育和发展住房租赁试点工作领导小组关于印发《武汉市培育和发展
　　住房租赁市场试点工作扶持政策（试行）》的通知..183

广州
广州市利用集体建设用地建设租赁住房试点实施方案..185
广州市住房和城乡建设局、广州市财政局关于印发《广州市发展住房租赁市场奖
　　补实施办法》的通知..191
广东省自然资源厅关于印发《广东省集体建设用地定级与基准地价评估成果
　　编制指引（试行）》的通知..192

佛山
佛山市人民政府办公室关于印发《佛山市利用集体建设用地建设租赁住房
　　管理办法（试行）》的通知..204
佛山市南海区人民政府关于印发《佛山市南海区利用农村集体建设用地建设
　　租赁住房管理试行办法》的通知..213

肇庆
肇庆市人民政府关于印发《肇庆市住房租赁试点工作实施方案》的通知..................221
肇庆市自然资源局关于印发《肇庆市利用集体建设用地建设租赁住房试行
　　办法》的通知..225

成都
成都市利用集体建设用地建设租赁住房试点实施方案..237

福州
福州市利用集体建设用地建设租赁住房试点实施方案..243

南昌
南昌市利用集体建设用地建设租赁住房试点实施方案..248

青岛

青岛市利用集体建设用地建设租赁住房试点实施方案.. 255
青岛市人民政府办公厅关于加快培育和发展住房租赁市场的实施意见.................. 262
青岛市住房和城乡建设局关于印发《青岛市城镇租赁住房发展规划
（2020—2022年）》的通知.. 263

海口

海口市利用集体建设用地建设租赁住房实施方案... 282

贵阳

贵阳市利用集体建设用地建设租赁住房试点实施方案... 290
贵阳市人民政府办公厅关于贵阳市实施"安居工程"行动计划的指导意见............. 297

实践篇

北京、上海试点概况

集体土地建设租赁住房的规划建设与管理——北京的实践与挑战......................... 302
上海试点利用集体建设用地建设租赁住房的政策与实践调研................................ 311

典型试点案例

北京首创新城镇公司在京开发项目... 338
北京万科泊寓院儿... 342
广州万科泊寓科学城... 345
佛山建鑫家园... 347
济南建融家园——华阳新区... 350
武汉蔡甸玛瑙村... 352
海口海商花苑C区项目... 354
合肥缤纷公寓... 356

研究篇

利用集体建设用地建设租赁住房试点改革的历史回顾、现状梳理与对策建议..... 361
《利用集体建设用地建设租赁住房试点方案》解读... 386
利用集体建设用地建设租赁住房相关问题研究——以全国13个试点城市为例.... 397
北京集体土地租赁住房的实践及规划优化建议... 404
REITs在利用集体土地建设租赁住房中的应用探索——以首创平谷项目为例...... 412
万科泊寓成寿寺社区租赁居住问卷调查分析... 420

研究报告

利用集体建设用地建设租赁住房政策实施评估与改进

关于新时期住房政策转型研究课题组

2021 年 11 月 15 日

利用集体建设用地建设租赁住房，既是构建购租并举住房制度的一项具体政策措施，又是通过土地利用制度改革构建城乡统一建设用地市场的一项政策创新。政策的出台及其实施情况引起社会广泛关注。课题组对2017年以来利用集体建设用地建设租赁住房的实践情况进行了系统的梳理，实地调研了5个试点城市（北京、上海、广州、佛山、青岛），与有关方面交换了意见。本报告将从政策评估的角度对该项政策的实施以及实践中遇到的问题进行讨论，并就继续推进利用集体建设用地建设租赁住房、改进完善相关政策提出建议。

第一部分 政策背景、内容特点和细化

一、政策出台的背景

2017年8月，国土资源部和住房城乡建设部联合印发《利用集体建设用地建设租赁住房试点方案》，北京、上海、沈阳、南京、杭州、合肥、厦门、郑州、武汉、广州、佛山、肇庆、成都13个城市成为首批试点城市，2019年增加福州、南昌、青岛、海口、贵阳为试点城市。这一政策的形成与两项改革及上海、北京此前的试点密切相关。

一是构建租购并举的住房制度。

2016年5月，国务院办公厅印发《关于加快培育和发展住房租赁市场的若干意见》，明确了房地产市场租售并举的改革方向；2017年10月，党的十九大提出，坚持"房子是用来住的，不是用来炒的"定位，加快建立多主体供应、多渠道保障、租购并举的住房制度。这是重大的制度调整。由此，实现租购并举，扩大租赁房供给，成为各方需要思考探索的问题。

二是构建城乡统一建设用地市场的土地制度改革。

2013年11月发布的《中共中央关于全面深化改革若干重大问题的决定》，提出"建立城乡统一的建设用地市场。在符合规划和用途管制的前提下，允许农村集体经营性建设用地出让、租赁、入股，实行与国有土地同等入市、同权同价"，正式启动了集体经营性建设用地入市的改革。2014年12月，中央全面深化改革领导小组审议通过《关于农村土地征收、集体经营性建设用地入市、宅基地制度改革试点工作的意见》。随后，选定33个县（市、区）进行试点。2019年8月26日，十三届全国人大常委会第十二次会议审议通过《中华人民共和国土地管理法》第三次修正案和《中华人民共和国城市房地产管理法》修正案，删除了原有的"任何单位或个人需要使用土地的必须使用国有土地"的规定，明确了集体经营性建设用地入市的条件和程序，并允许使用者通过转让、互换、抵押的方式进行再次转让，赋予了集体经营性建设用地入市的合法性。

无论从政策目标还是具体实践看，利用集体建设用地建设租赁住房是城乡统一建设用地市场改革的一次具体探索。

三是此前上海、北京试点取得初步成效。

2011年12月，住房城乡建设部表示：商品房价格较高、建设用地紧缺的直辖市和少数省会城市，确需利用农村集体建设用地进行公租房建设试点的，由省级人民政府审批同意试点方案并报国土部审批后，可展开试点工作。2012年8月，上海市制定了《关于积极推进利用农村集体建设用地建设租赁住房的若干意见》；2014年10月，北京市发布了《北京市利用农村集体土地建设租赁住房试点实施意见》。两个城市的试点立意主要是通过这种方式增加土地和租赁房供给，以应对强大的住房压力。但试点的范围受到严格的控制，而且限定为公租房。

二、国家层面试点政策的内容与特点

国土资源部和住房城乡建设部联合印发的《利用集体建设用地建设租赁住房试点方案》，是试点工作的政策遵循，其文本结构内容如图1所示。

从文本内容看，试点方案有这样几个特点：

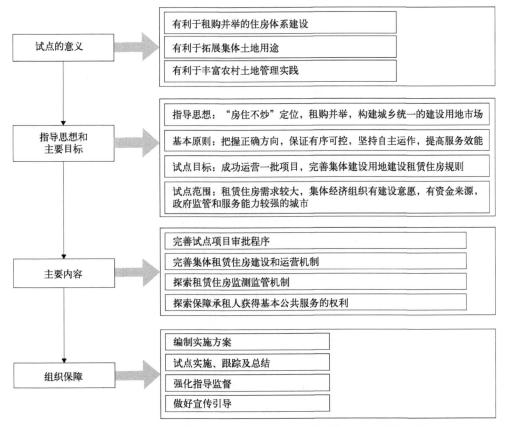

图1 《利用集体建设用地建设租赁住房试点方案》的文本结构内容

一是审慎，试点城市限定在"超大、特大城市和国务院有关部委批准的发展住房租赁市场试点城市"。二是政策目标的设定偏重于集体土地入市利用管理，力求建立集体土地入市、利用集体建设用地建设租赁住房项目管理机制，形成集体建设用地建设租赁住房项目的市场运营模式；即"完善利用集体建设用地建设租赁住房规则，形成一批可复制、可推广的改革成果，为构建城乡统一的建设用地市场提供支撑"。三是试点内容中包含了探索保障承租人获得基本公共服务的权利的问题，要求"承租人可按照国家有关规定凭登记备案的住房租赁合同依法申领居住证，享受规定的基本公共服务。有条件的城市，要进一步建立健全对非本地户籍承租人的社会保障机制"。

为推进试点工作，国务院相关部门出台了一些配套措施。

2018年5月，中国证监会、住房城乡建设部制定《关于推进住房租赁资产证券化相关工作的通知》，支持大中城市、利用集体建设用地建设租赁住房试点城市的住房租赁项目证券化。

2019年，财政部和住房城乡建设部联合发布《关于开展中央财政支持住房租赁市场发展试点的通知》，明确中央财政对示范城市将给予奖补资金支持，给予直辖市每年10亿元、省会城市和计划单列市每年8亿元、地级城市每年6亿元，其中包含利用集体建设用地建设租赁住房。

三、试点城市层面的政策细化与创新

试点的重要任务之一，是通过项目实践总结提炼出系统的政策设计。根据查询各试点城市政府网站，以及通过调研收集，18个试点城市在政策细化与创新方面，按深入程度呈现三类情况（表1）。

试点城市政策细化情况　　　　　　　　　　　　　　　表1

出台了系统的政策	北京、上海
出台了一份及以上政策	广州、沈阳、郑州、合肥、杭州、厦门、成都、贵阳、南昌、海口、佛山、肇庆
未出台政策	武汉、南京、福州、青岛

一是北京、上海，制度建设力度较大，结合实践中的问题和经验出台了一系列的文件，初步搭建起集体土地租赁住房建设管理政策框架。

二是部分试点城市围绕实施方案出台了一份及以上的配套政策，如佛山市出台了管理办法，贵阳市出台了实施细则和指导意见，厦门、成都专门成立了领导小组等，但均不系统，且内容主要为工作安排。

三是政策设计停留在实施方案阶段，虽然方案中会涉及一些政策问题，但实施方案本身并不构成制度性安排。这种情况大约有四个城市。

北京市在2017年后，先后出台了《关于进一步加强利用集体土地建设租赁住房工作的有关意见》《关于加强北京市集体土地租赁住房试点项目建设管理的暂行意见》《关于利用集体土地建设租赁住房相关政策的补充意见》《关于集体土地建设租赁住房不动产登记有关事项的通知》《关于进一步加强集体土地租赁住房规划实施工作的意见》《关于进一步加强全市集体土地租赁住房规划建设管理的意见》《北京市发展住房租赁市场专项资金管理暂行办法》等多个文件。其思路是把集体土地建设租赁住房作为一个专门的类别进行管理，政策制定过程坚持问题导向，遇到什么事解决什么事。政策内容涵盖项目准入条件、建设主体、资金筹措、规划布局、租赁模式、审批程序、产权管理等方面，相关主管部门认为，现已基本搭建起集体土地租赁住房建设管理政策体系。

上海市的政策设计思路是统筹，即把集体土地租赁住房放到租赁住房建设和集体经营用地入市中整体考虑。

松江区是上海市集体建设用地建设租赁住房项目最多的区，2018年区政府印发《集体经营性建设用地入市"1+5"配套文件》，具体包括《松江区农村集体经营性建设用地入市管理办法》《松江区农村集体经营性建设用地基准地价》《松江区农村集体经营性建设用地土地增值收益调节金征收使用管理实施细则》《松江区农村集体经营性建设用地使用权抵押贷款试行管理办法》《关于松江区建立农村土地民主管理机制的实施意见》《松江区农村集体经营性建设用地集体收益分配管理规定》。文件将集体土地租赁住房纳入集体经营性建设用地入市一并规范，内容涵盖经营性建设用地入市范围、方式、程序、基准地价、土地增值收益金征收、土地抵押贷款等多个方面。

2020年4月，上海市人民政府印发新修订的《上海市土地交易市场管理办法》，增加"集体经营性建设用地使用权出让、出租""其他根据法律法规规定进行交易"和"合同约定进行交易"三项交易活动。明确集体经营性建设用地使用权招标拍卖挂牌和协议出让、出租交易等规则，参照同类用途国有建设用地执行，明确了集体经营性建设用地入市（包括建设租赁住房）具体的操作方式，强调集体经营性建设用地入市与国有土地"同地、同权、同价、同责"。

10月，上海市住建委印发《上海市租赁住房规划建设导则》，内容涵盖租赁住房规划、设计、建设、运营等租住全生命周期，为上海市租赁住房规划建设提供了统一规范。

2021年2月，上海市人民政府印发《关于本市"十四五"加快推进新城规划建设工作的实施意见》，提出，完善多主体供给、多渠道保障、租购并举的住房制度，推进人才安居工程，探索支持利用集体建设用地规划建设租赁住房，提升新城"十四五"新增住房中政府、机构和企业持有的租赁性住房比例，在轨道交通站点周边优先规划建设公共租赁住房。

值得注意的是，各试点城市在试点方案、政策设计时，非常强调保护农村集体经济组织、保护农民的利益，希望以此促进存量集体建设用地的盘活利用，增加农民收入，最终达到助力乡村振兴、促进城乡融合发展的目标。北京规定，采用合作开发方式的项目，村集体享受保底分红。上海市松江区2021年修订印发新的《关于松江区农村集体经营性建设用地入市民主管理的实施意见》，在入市决策方面，由"三分之二以上成员或成员代表同意"提升至"五分之四以上成员或成员代表同意"。

第二部分 试点城市的实际进展情况

一、总体情况

根据自然资源部的数据，截至2020年底，18个试点城市共落地项目159个（包括完成立项、规划、用地等前期手续确定可以实施的项目，正在施工的项目，竣工投入的项目），预计可建设租赁住房约13万套，其中，17个项目已竣工验收并正式投入运营。

18个城市根据其实际进展情况大致可分为三类：

一是北京、上海。这两个城市实施时间最久，落地项目最多，并且已经有项目投入运营，工作有深度，形成了集体建设用地建设租赁住房管理的基本政策框架。二是第一批13个试点城市。除肇庆之外都有项目落地，但仅有合肥有项目投入使用。三是第二批5个试点城市。因进入试点的时间稍晚，还处于政策设计、项目选址过程之中，尚未有项目落地。

18个城市的详细情况见表2。

试点城市项目实践发展阶段　　　　　　　　　　　　　　　表2

实践项目发展阶段	具体城市	城市个数
已经有项目入市运营	北京、上海、合肥	3
有项目正在建设中	杭州、郑州、武汉、广州、成都、青岛、海口、福州、肇庆、佛山	10
仅有用地规划	沈阳、南昌、贵阳、南京、厦门	5

二、项目投资运营模式

利用集体建设用地建设租赁住房，涉及土地方、投资方、运营方三方面的主体，不同的组合方式构成了多种项目投资运营模式。

（1）三方合一形成单一主体，即由土地方投资建设，建成后自己运营。经济实力较强、有相关项目开发经验的乡镇、村集体经济组织一般会采取这种模式。如上海的早期试点项目联明雅苑，该地块原用于厂房和配套宿舍楼建设，允许农村集体建设用地建设租赁房后，联明村村民以入股的方式集资8000余万元，将厂房改建为400余套租赁住房，由村集体进行管理运营，之后再进行分红。

（2）土地、投资方合体，委托第三方运营，即由农村集体经济组织投资建设，委托专业化公司运营管理。如北京的温泉镇太舟坞村351地块，项目的用地所有人和建设主体是温泉镇东埠头村经济合作社，由北京创客小镇科技有限公司（温泉镇集体经济控股的混合所有制企业）负责运营。该地块的公寓部分由海淀区住房保障中心整体廉租，开展创客人才公租房试点。

（3）土地、投资方合作开发经营，即集体经济组织以土地使用权作价入股、以联营方式与投资企业成立公司，合作建设并经营。采用这种合作联营方式的投资方一般为国有企业（北京规定只能是国有企业）。此外，虽然农村集体经济组织是项目公司的股权方，但并不介入项目的建设管理和建成后的经营，不管运营情况如何，投资方须向土地方支付保底收入。比如，北京首创新城镇公司投资了7个集租房项目，均采用与村集体共同组建合资项目公司的方式：首创新城镇控股项目公司，股权比例不少于51%，以货币出资作为项目公司的资本金，村集体以土地使用权评估作价入股，并在约定期内将项目宗地的使用权变更登记到合资公司名下；首创新城镇负责项目全部投资的资金筹措；合作期50年；为保障村民利益，收益分配采用固定保底分红+超额收益分配的模式。

（4）土地、投资方租赁合作，即集体经济组织以项目经营权出租的方式与社会资本合作开发，投资方负责项目建设、运营。这种模式与第3种合作开发经营基本类似，但由于投资方的差别导致采取不同的土地处理方式。如北京成寿寺项目，土地方是村集体的金城源公司，投资方是万科房地产。金城源公司作为立项主体，将项目建成后45年的经营管理权及收益权转让给万科，转让金为项目开发建设所需的全部资金。双方成立合资公司作为项目运营的主体，实际由万科负责项目日常经营管理，以万科泊寓的品牌运行，每年支付村集体保底收益及超额分配。

（5）土地方出让项目用地，投资方独立建设运营，即集体土地按国有土地方式挂牌出让，投资方竞得后独立投资建设运营。这种方式为上海所独有。如泗泾镇项目，上海市以公开拍牌方式出让泗泾镇SJSB0001单元07-09号地块，华润置地控股有限公司的全资子公司有巢科技投资有限公司以1.25亿元的底价竞得。据华润集团有关负责人介绍，企业通过向区政府缴纳土地增值收益调节金获得土地的使用权，期限为70年。土地增值收益调节金由区政府转交村集体。地块出让后与普通国有建设用地一样，区政府需先做好"七通一平"等配套工作后出让给企业，由企业规划项目并运营，且自负盈亏，与村集体不再有利益分配。

（6）其他方式。有的项目为了筹资或应对一些复杂情况，采用了有更多主体介入也更为复杂的运作模式，但基本逻辑与上述5种模式相同。如佛山的建鑫家园集团租赁住房项目，土地方为顺德区乐从镇葛岸股份经济合作社，佛山乐丰物业管理公司通过平台租赁该地30年，以转租的方式租给政府设立的佛山市建鑫住房租赁有限公司，由其投资建设运营。

三、土地的使用管理方式及收益分配

1. 土地的使用管理方式

国有土地进入房地产市场已经有了一套成熟的管理体系，集体建设用地建设租赁住房，土地按什么方式管理是一个关键性问题。试点城市尝试了一些不同的方法。

上海结合租赁住房建设进行整体考量,在供地计划中单列"租赁住房"用地(R4),包括国有建设用地和集体建设用地,并且为集体经营性建设用地设定了"使用权出让、出租""其他根据法律法规规定进行交易"和"合同约定进行交易"三项交易活动,在同一话语体系下,在"自持70年""只租不售"同样的约束条件下,国有土地和集体土地实现了"同地同权"。目前,有5宗集体建设用地通过"招拍挂"上市出让,用于建设租赁住房(表3)。

上海市松江区集体建设用地入市建设租赁房地块一览　　　表3

地块名称	建筑面积/m²	容积率	竞得人	成交时间	成交总价/万元	楼板价/(元/m²)
泗泾镇SJSB0001单元07-09号	40333.4	2.0	有巢科技投资(深圳)有限公司	2018年10月22日	12503	3100
泗泾镇SJS20004单元03-11号	26852.7	1.4	上海派米雷投资(集团)有限公司	2018年11月12日	8581	3196
车墩镇SJC10022单元23-01号	58471.5	2.5	上海车兴房地产开发建设有限公司	2018年11月20日	17541	3000
小昆山镇SJS40002单元11-04号	96818.6	2.0	上海小昆山资产经营发展有限公司	2018年11月26日	29530	3050
九亭镇SJT00106单元10-07A号	5113.6	2.0	上海九亭资产经营管理有限公司	2018年11月26日	1606	3141

资料来源:上海市土地交易网,中房研协整理。

北京的做法,是把集租房用地纳入现有用地目录分类中的"F81绿隔产业用地"进行管理。F81绿隔产业用地原是集体经济发展载体,而利用集体土地建设租赁住房也具有解决农民长远生计问题的功能。在具体的利用方式上,北京开通了土地使用权作价入股的通道,用于集体经济组织与国有企业合作开发经营;其他的项目的投资运营模式则都设计成不涉及土地使用权的改变。

佛山的处理方式,是把土地使用权出租,用于集租房,并按此管理。其建鑫家园集团租赁住房项目,土地方为顺德区乐从镇葛岸股份经济合作社,佛山乐丰物业管理公司通过平台租赁该地30年,以转租的方式租给佛山市建鑫住房租赁有限公司,开发建设租赁房。

2. 土地收益分配

利用集体土地建设租赁住房,无论是出让、出租还是作价入股,集体经济组织(农民)都是从土地进入房地产市场获得收益。政府对这部分收益是否调节,并参与分配,特别是在政府需进行集租房项目配套建设的情形下,是一个敏感而又无法回避的问题。

财政部和国土资源部于2016年4月18日制定了《农村集体经营性建设用地土地增值收益调节金征收使用管理暂行办法》，规定在农村集体经营性建设用地入市及再转让环节，对土地增值收益收取调节金。就严格的土地分类来说，建设租赁住房的集体土地包含其中，但在实践上，各个城市有不同的做法。

上海市松江区本着集体经营性建设用地入市与国有土地"同地、同权、同价、同责"的思路，设计了区政府收取农村集体经营性建设用地入市土地增值收益调节金的政策。具体到分配比例上，根据《松江区农村集体经营性建设用地土地增值收益调节金征收使用管理实施细则》，商服用途的土地按入市收入的50%、工业用途的土地按入市收入的20%缴纳土地增值收益调节金。用于租赁住房建设的土地缴纳土地增值收益调节金比例暂无统一规定，由集体经济组织与区政府协商拟定。试点中，租赁住房用途土地向区政府缴纳的增值收益调节金通常在土地入市收入的20%以内。

北京目前的做法是把收入全部留给村集体。

四、集租房的规划和产品类型

基于租赁住房需求的分布特点，同时为了试点取得成效，无论是政府还是投资企业，对集租房项目的规划选址、产品设计，都比较认真精细。

北京专门制定了《关于进一步加强全市集体土地租赁住房规划建设管理的意见》，强调规划引领、职住平衡，按照毗邻产业园区、毗邻交通枢纽、毗邻新城的原则科学选址。在编制的土地供应项目库中，有86%的项目位于集中建设区内，53%的项目位于产业功能区1km以内，37%的项目距离轨道交通站点800m以内。其中，位于集中建设区以内，且距离产业功能区1km以内或轨道交通站点800m以内的项目占比约67%[1]。

上海提出，加快新城建设，按照"符合城乡规划、配套设施完善、临近功能性园区、便于实施启动"的原则，统筹考虑项目选址布局。

从目前已落地实施的项目情况看，集租房的品种大致可分为成套住宅、公寓、职工宿舍（指一室可住多人的集体宿舍类型）。在具体的项目里，既有单一品种，也有不同品种混合。北京目前的开工项目中，宿舍、公寓类非成套房源占48%，成套小户型房源占42%，成套90m²以上户型房源占10%[2]。品种类型的选择、具体套型结构和面积标准的确定，都是投资企业根据项目区位、市场客群需求特点自主决定的，以满足市场需求和获得效益为目标。

为了赢得市场，集租房投资企业都注重提升自己项目的品质，打造出不同于现有租赁房的优势特色，一般都采取精装到位、配备家具、拎包入住模式，增设适合青年人活动、交流的空间，提高商业服务设施的配套比例。

---

[1] 舒畅，王崇烈. 北京集体土地租赁住房的实践及规划优化建议[J]. 北京规划建设，2021（3）：28-31.
[2] 田相伟. 集体土地建设租赁住房的规划建设与管理：北京的实践与挑战[J]. 北京规划建设，2021（3）：23-27.

以上海华润有巢国际公寓泗泾社区项目为例。社区建成5栋约1264套租赁住房，配备1栋商业中心，商业配套面积约700余平方米，规划业态包括餐饮、零售、生活服务等，以满足居住者日常生活需求。社区提供约500个车位和充电桩，约1000个非机动车停车位。此外，还建有近7000m^2组团绿地及多功能公共区域，含篮球场、樱花林、健身房、学习区等休闲娱乐社交空间。从服务配套来看，社区采用独创的智慧公寓3i体系，即智慧硬件设施层（i-infrastructure）、智慧软件服务层（i-service）、智慧公寓生态层（i-ecosystem），将人工智能和信息技术与公寓服务体系相融，提供更为安全的居住环境。

从普遍情况看，新建的集体土地租赁房在品质上高于市场上现有的租赁房。

五、租赁价格情况

利用集体土地建设租赁住房，政策的初始设定是"政府政策引导+市场化运作"，其租赁价格的形成自然是市场标准。北京为集租房定价设定的政策是，租赁住房的租金水平可统筹考虑区位、配套、市场需求等因素，并参考周边市场物业水平，与房屋租赁市场接轨。

目前已投入运营的项目，从其价格形成、租户对象设定、政府介入三方面看，大致可分为三种情形：

一是市场化定价，不设租户门槛，完全面向市场，政府不干预。如北京成寿寺万科泊寓项目（表4）。

北京成寿寺万科泊寓项目各类房型情况　　　表4

户型	间数	建筑面积/m^2	租金/（元/月）
小开间	548	21~29	3400~3700
大开间	335	40	4500~5100
一居室	18	44	5500起

二是市场化定价，政府设定租户对象条件，同时给予政策支持。如上海的LINK新界（泗泾）未来社区项目，其经营模式是自主建设、市场化经营、自负盈亏，项目未设置准入门槛，采用押一付三的收租模式。但入市后即被纳入松江区人才公寓项目，符合条件的租户根据G60人才积分分值，可获得相应租房补贴。这实际上构成了政策加持，对项目经营形成助力。截至2021年8月，该项目房源接近"满租"，入住率达99%（表5）。

三是市场化定价，政府趸租，用于公共租赁住房。如北京早期的唐家岭集租房项目，该项目按照政府统一趸租、确保不改变租赁性质的原则，由海淀区住房保障事务中心整体趸租，租期10年，统一进行出租、运营和管理。为保障农民利益，政府按市场价格趸租，再以公租房价格向保障房家庭出租，差价由政府补贴。

LINK新界（泗泾）未来社区各类房型情况　　　　　　　　　表5

户型	建筑面积/m²	系列	特点	租金/（元/月）
两室两厅	80	莫兰迪	灵动空间，双厅连通	5523起
两室两厅	70	莫兰迪	经典两居，南向阳台	5023起
一室两厅	50	莫兰迪	卧客分离，动静分明	3736起
一室户	35/40	莫兰迪	南北通风，客厅房间敞亮	2710起

资料来源：中房研协整理。

第三部分　评估分析1
——政策实施进程的状态和功效

对一项创制性政策，先试点再推开，是政府在改革进程中常用的方法，也是重要的公共政策经验。试点的任务，是通过实践效果验证政策的功效（核心是政策设计目标能否实现），通过各方的反应、实施过程的顺畅程度，观察政策的可行性和完整性，根据遇到的问题，研判政策调整的方向。本报告将沿此维度，有重点地对利用集体土地建设租赁住房的政策试点展开评估分析。

一、试点城市的态势分化

试点城市政策实施的态势出现分化迹象。18个试点城市的进展不一，甚至差别较大，反映出各地对利用集体建设用地建设租赁住房遇到的情况不一样，认知有差别，因而形成了不同的工作态势。

北京、上海工作进展快。不仅是因为进入试点早，积累了经验，更是因为面对巨大的住房压力，把集租房当作增加租赁房供给、落实租购并举的重要渠道，积极推动，一手抓项目落地，一手抓制度创新。以北京为例[①]，截至2021年2月，全市已累计开工44个项目，房源约5.7万余套，房源数量居全国首位，年底将建成大批房源，陆续投放市场运营。为推动集租房建设，对全市集体建设用地资源及其规划情况作了全面梳理，摸清了可用于租赁住房用地的资源底账，在此基础上提出规划选址要求。与国家开发银行、中国建设银行、中国农业银行、华夏银行等商定集租房长期贷款融资方案，向符合条件的农村集体经济组织、与国企合作的联营公司提供长期足额贷款。

肇庆市属于人口净流出城市，住房租赁市场需求偏弱，市场主体参与积极性不高，各方都认为建设集租房经济上不可行，所以试点工作实际上处于停滞状态。

---

① 田相伟.集体土地建设租赁住房的规划建设与管理：北京的实践与挑战[J].北京规划建设，2021（3）：23-27.

佛山在试点中做了1个集租房新建项目,目前在施;3个城中村规模化租赁住房示范项目,已投入运营。同时,政府制定了《佛山市利用集体建设用地建设租赁住房管理办法》以及4个配套政策,试点工作可谓中规中矩。但在项目建设摸索过程中发现市场需求可以通过现存住房得到满足,不需要利用集体土地建设租赁住房这个新途径来提供房源,而且经济上也存在问题。因此决定不再扩大试点。

还有的试点城市认为利用集体土地建设租赁住房不太符合本地实际,前景不看好,有的遇到一些难题,因而在试点上表现得较为谨慎。

二、市场反应良好

虽然到目前为止,建成并投入运营的项目较少,还无法从整体上对集体土地租赁住房的市场占位和前景得出全面判断,但现有的实践情况还是展现了一些趋向性。

北京、上海几个入市经营的项目都取得了良好的市场回应。

上海LINK新界(泗泾)未来社区项目,2021年5月29日正式投入运营,8月入住率达99%,社区租客以青年白领和附近高校老师为主,且对住房环境质量普遍认可。

华润有巢国际公寓泗泾社区租赁住房项目的定位为大型青年租赁社区,对入住客户未设置准入门槛,优先面向租期1年以上的租户供应,房租押一付三,2021年3月底入市,6月底,社区租住率已达到80%以上。

北京市万科泊寓成寿寺社区位于北京市丰台区南三环,2020年7月开业,成为全国首个正式运营的集租房项目,市场反应良好,1年来基本一直处于满租状态。

为了解集租房项目的租赁群体特征以及入市经营效果,课题组发起了一项针对万科泊寓成寿寺社区租户租赁需求的线上问卷调查[①]。

问卷调查显示:

受访者中约70%的租户年龄为21~30岁;本科以上学历占91%,属于刚刚大学、研究生毕业或毕业两三年的学生;企业白领占样本数量的大部分,为70%,排名第二的为政府或事业单位员工,占15%。也就是说,青年人是公寓租住的主体。

租户的收入,1万元/月以内的占28%,1万~2万元/月的占70%。根据智联招聘发布的城市收入水平数据,北京市2020年平均工资为11620元/月,但我们认为,租户中大部分人的收入在同龄人中居中等偏上水平(图2)。

租金占收入比例,低于30%的受访者占据54%,高于30%的占46%(图3)。

受访者选择泊寓的具体原因排名前三的是:有独立居住空间、位置好、物业管理服务好。

综合分析问卷数据可以看出:其一,万科泊寓成寿寺社区的价格是市场化的,与周

---

① 本次调查通过网络链接形式对万科泊寓成寿寺社区的901户租客发放问卷,共计收回有效问卷194份,其中包括106名女性和88名男性,分别占55%和45%的比例。

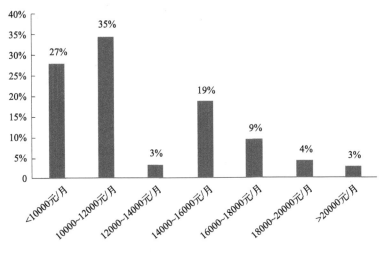

图 2　受访者收入水平

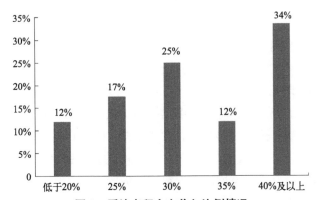

图 3　受访者租金占收入比例情况

边出租房比,绝对值比较高,但就其品质、环境、服务,又物有所值;客群是青年人中的白领,收入属于中等偏上。其二,年轻人越来越看重"宜居",倾向于有独立的居住空间,获得好的物业服务,避免与房东发生矛盾冲突。其三,青年白领中的相当一部分愿意为改善居住条件付出更多。万科泊寓成寿寺社区有 78.9% 的租户租金支出相较过去有所增加,有 34% 的受访者的租金支出超过收入的 40%;当然,也有 61% 的受访者表示租金价格偏高。

基于上述市场的反应情况和调查问卷的结果,可以看到:一方面,市场存在高品质租赁住房需求,青年人对独立居住、环境品质改善的追求会越来越普遍。而集租房因时代条件、大房地产企业的介入、专业公司的出现,可以提供相应的产品,丰富和提升租房市场。另一方面,目前城市的租赁房市场,是以居民自发散租、中介企业提供居间服务为主,市场问题较多,大房地产企业、专业公司参与租赁住房建设,有利于培育机构投资者、机构持有者,可以改善市场生态,特别是国有企业的介入,对调控租房市场也会有帮助。

根据上述情况分析，形成以下几点判断：

其一，利用集体土地建设租赁住房作为一项住房政策，可以增加和改善租赁住房的供应（包括总量和结构），有利于对高房价背景下的租金增长形成制约，以有效满足中等收入人群，特别是年轻人和新市民的住房需求。这是该项政策的核心价值所在。

其二，各地对利用集体土地建设租赁住房的看法并不一致，其适用范围、实际作用、对租房市场的影响、对土地市场的影响，以及如何发展租房制度，需要进一步研究，需要更深入的实践探索。

其三，利用集体土地建设租赁住房作为政策创新，其试点探索过程尚未结束。大力推进各试点城市的实际进程，客观、真实、全面地总结遇到的各种问题及其解决方法，提出完善政策、建立机制的意见，是当务之急。

三、试点内容目标的验证——深度不一，有实有虚

就两部门《利用集体建设用地建设租赁住房试点方案》（以下简称《试点方案》）的整体设计而言，试点内容目标的实践验证情况大体分为三类。

1. 基本得到实践印证

《试点方案》认为，利用集体建设用地建设租赁住房，可以增加租赁住房供应，缓解住房供需矛盾，有助于构建购租并举的住房体系；有助于拓展集体土地用途，拓宽集体经济组织和农民增收渠道；有助于丰富农村土地管理实践。这实际上是对政策功效的一种预判。从试点的情况看，应该说基本得到印证。

现行的用地管理制度下，只有国有土地可以通过招拍挂进入房地产市场。允许利用集体土地建设租赁住房，打开了新的用地窗口，对于土地资源紧缺的城市而言，可以增加土地供应，对租赁房建设供给自然是利好。北京做过梳理，将位于集中建设区内、距离产业功能区1km以内或轨道交通站点800m以内，且地块面积不小于3hm²的集体建设用地资源作为集租房建设优质资源，约有8145hm²，基本能满足5年的供应要求[①]。更为实际的是，在近些年大城市的快速发展过程中，或多或少都伴随城中村、城郊边缘地带流动人口聚集居住条件差（蚁居）、工业园区职住不平衡等问题，利用集体土地建设租赁住房，在规划的控制下，可以解决一部分上述问题，找到合适的地块，发展租赁住房，改善职住平衡，改善城市的形态。北京、上海在实践中坚持统筹考虑城乡发展和产业整体布局，严格规划引领，确定具体项目供应规模与选址，促进职住平衡、产城融合，是一条重要的经验。

更为重要的是，利用集体土地建设租赁住房，土地的价格是高是低，与现行的供地方式比能否有效降低土地成本，将影响租赁住房的市场化运营。

---

① 舒畅，王崇烈. 北京集体土地租赁住房的实践及规划优化建议［J］. 北京规划建设，2021（3）28-31.

上海2017年在供地计划中单列了"租赁住房"用地性质（R4），同时，政府在《关于加快培育和发展本市住房租赁市场的实施意见》中对土地出让方式和价格作了这样的规定："新增租赁住房用地采取公开招标或公开挂牌方式出让，住房租赁市场前期培育过程中，可以参照本市有关保障住房用地供应方式实施土地供应。建立租赁住房地价评估体系，合理控制土地出让价格。"有人测算了挂牌出让的几块租赁住房项目用地，出让地价约为同期同片区住宅用地的20%左右，松江区5个出让的集体土地租赁住房项目的土地价格都为3000~3200元，大幅度降低了租赁住房的建设成本。这个价格虽然是通过招拍挂竞价形成的，但也反映了上海市政府针对租赁住房的特点和需求人群的收入情况，减少政府土地收入，拿出真金白银限制地价。

我们没有找到北京集体土地租赁住房项目土地价格的公开披露数据。对已建成运营的万科泊寓成寿寺项目，根据能找到的信息作了一个估算，把每年付给村集体的保底收入归为土地收入（45年），连同前期用于土地的费用，计算出项目的楼面价，与同期同区域土地出让价作比较，大约为后者的25%~30%[①]。虽然这种估算很不精确，但仍可说明，利用集体建设用地，可在一定程度上降低租赁住房建设的土地费用。

2. 部分实现

《试点方案》把试点的目标设定为"完善利用集体建设用地建设租赁住房规则"，从实践的情况看，有了相当程度的进展，但仍在路上。

北京、上海的制度建设取得了较大进展，根据实践中的问题和经验制定了一系列政策，初步搭建起集体土地租赁住房建设管理政策框架，其经验具有良好的借鉴价值。

其他试点城市由于试点工作偏缓，试点项目尚未完成一个完整的周期（土地规划—供地—项目立项、审批、施工建设—入市经营），相关的经验总结、问题提炼、政策完善，缺少有效支撑，没能完成完整的政策制度设计。这也就导致了试点城市样本数不足，尚无法对利用集体土地建设租赁住房作出进一步的制度性安排。

3. 有待验证、有待探索

《试点方案》在试点内容设计中提出了探索保障承租人获得基本公共服务的权利的问题，各城市几乎都还没有涉及；由于进入实际运营的项目很少，遇到的矛盾问题也没有充分暴露。

---

① 成寿寺项目原来是多功能用地，散租，用于饭馆、商铺，年收入不足100万元，现打造成服务于青年白领群体的精装公寓，并配有共享性的趣味办公场所和开放型商业街区，村集体收益增加了十数倍。本次测算假定村集体年收益为原来的13倍，即1300万元。暂不计算增值收益分红。根据统计，2015—2021年丰台区土地招拍挂市场住宅用地均价为楼面价37572元/m²。其中，南苑乡出让的4宗住宅用地均价为楼面价50126元/m²。成寿寺位于东南三环边上，区位好于南苑乡。成寿寺项目建筑面积共47498m²。

四、试点进展整体偏缓，各方积极性不高

2017年利用集体土地建设租赁住房试点政策出台时，反响热烈，各方期待值很高，但在近4年的时间里，实施过程推进慢、整体偏缓，试点城市工作进度均落后于计划目标。一些试点城市如南京、合肥、广州曾提出了截至2020年末要实现的量化目标，其中，南京表示要在2020年底前建设集租房总建筑面积30万m^2左右，合肥表示完成试点目标5000套、建设面积约45万m^2，广州提出每年建设100万m^2、合计300万m^2，折合5万套。根据公开报道，目前进展情况都落后于计划目标，其中，广州落实的集租房用地可提供租赁住宅约6400套；合肥已开工建设集租房32万m^2、3996套，目前可投入运营514套；南京则没有进入开工建设阶段的项目。北京进展最快，但与预期相比仍有差距。其他城市也都没有实现试点方案提出的目标。此外，建成投入运营的项目少，绝大部分城市的租赁住房项目仍处于建设或规划阶段，尚未经历完整的建设经营周期，有的城市至今无落地项目，还处于用地规划阶段。

这种试点工作推进慢、整体偏缓的局面，实际上反映出参与各方积极性不高，持观望态度。在各地的问题反映、研究者的总结分析中，相关主体参与意愿不强、积极性不高成为普遍受关注并予以强调的问题。

第四部分 评估分析2——相关问题的讨论

本部分将沿着第三部分的内容，对利用集体土地建设租赁住房在实践中遇到的问题以及政策本身，做进一步的讨论，深化评估分析。

一、利益分配不足以有效调动各方的积极性问题

试点情况表明，利用集体土地建设租赁住房面临的最主要的问题，是相关主体参与意愿不强、积极性不高，而其背后实质上是利益问题，利益机制尚不足以调动各方的积极性。换言之，每个主体在参与的时候，都会围绕利益得失、收益比较、风险预期做出判断、做出反应，当参与其中会损害既得利益、当所得利益不及预期、当风险过大带来利益的不确定时，参与的意愿必然会下降，就不可能有资源的大规模投入和持续的努力。

1. 影响地方政府积极性的利益因素

第一，影响地方政府的土地收入。按传统做法，集体建设用地只能通过土地征用后转为国有土地才能上市，地方政府由此可以获得丰厚的土地收益。允许集体建设用地入市建设租赁住房，自然会减少政府的土地收益，而且在试点过程中投入的土地越多，地方政府土地收入受到的影响也就越大。第二，挤占地方政府的建设用地指标。在当

前的用地管控政策下，集体经营性建设用地入市占用了当地稀缺的城市建设用地指标，进一步制约着地方政府改革的积极性。第三，配套设施建设投入压力。集体经营性建设用地的实际地理位置主要在郊区或偏远地区，租客对周边市政交通和配套设施的要求普遍较高，因此大部分项目周边的市政设施需要进行投资开发，这部分市政配套开支由政府承担，给财政带来不小的压力。第四，因为是新事物，实施的过程中难免遇到一些实际操作困难，且对本地租房市场的长期需求判断不准。

2. 影响农民积极性的利益因素

第一，对于区位较好的地方，农民早已经在自有的宅基地、其他用地上建了大量的租赁住房用于出租，给自己带来了可观的收入，集体土地租赁住房的比较收益低。第二，虽然建设集体土地租赁住房可以长期获得保底收益和增值分红，但建设租赁住房与现行的国家征地补偿相比，比较收益并不高，且现如今已经入市的项目不多，集体土地租赁住房项目的前景尚不明朗，农民普遍觉得长预期不如短现付实惠、牢靠。在村民中形成统一意见难度很大。

3. 影响企业（投资主体）积极性的利益因素

第一，虽然集体建设用地的供地成本已有一定程度的降低，但是投资租赁住房的建设仍属于重资产经营，大多数项目的投资回收期均在20年左右，回收周期长，企业资金压力大且缺乏支撑。第二，因为需要长期持有，投资回收周期长，市场和政策变化难以把握，项目风险大，预期不明朗。第三，与现行的房地产开发比，收益低。第四，目前参与集体租赁住房的主体较多，不仅有村委会、村民、村集体经济组织以及运营企业，甚至基层政府也有作为土地产权主体的代表参与进来。但是各主体间的权利结构究竟该如何设计，目前并无统一意见，这就会导致利益分配机制复杂化。而且在项目的建设和运营实践中，由于权利人多元且结构复杂，各主体间的沟通成本高，难以有效形成决策。企业操作难度高，政策风险高。

4. 影响金融机构积极性的利益因素

对于银行来讲，从政策上看，集租房属于政策性住房，但从操作、入市的项目情况看又是市场化的，项目性质还不清晰。出于对风险的担忧，贷款时，银行会根据具体项目计算盈利能力和资金还款周期加以控制，这就形成了态度支持、操作谨慎的行为态势。

二、保障性的政策定位与建设运营的市场机制设计匹配度不够问题

利用集体土地建设租赁住房一开始就与增加租赁住房供给、解决大城市新市民、青年人的住房困难的大背景相关联，其政策目标定位明确。国务院办公厅印发的《关于加快发展保障性租赁住房的意见》，再次明确利用集体土地建设租赁住房建的是保障性租赁住房，以建筑面积不超过 $70m^2$ 的小户型为主，租金低于同地

段同品质市场租赁住房。保障性租赁住房属于公共住房政策，以实现公共利益为目标。

此外，相关政策又一直强调充分发挥市场机制的作用，在政府政策引导下，由市场主体投资建设，坚持谁投资、谁所有，集租房是一种市场行为和市场产品。

这样就产生了一个问题——集租房的保障性租赁住房定位，与市场化的建设运行机制的关系如何，二者能否相互匹配？从已经入市项目的实际结果看，虽然集租房享受了政策扶持，但在各参与主体利益诉求的作用下，通过市场化的定价机制，其价格只会是市场均衡水平，并且因其品质高，价格处在偏高的一端，达不到低于同地段同品质市场租赁住房租金的要求。如果要求按照当前的高品质建设标准来建造租赁住房，又要求其价格明显低于市场水平，开发企业将面临巨大的开发运营压力和风险，参与的积极性会进一步降低。

在公共领域存在市场失灵，这是公共管理学的基本判断。要正视保障性租赁住房的政策定位和建设运营的市场机制之间存在的矛盾，并找到解决的方法。换言之，需要找到能够融通保障性租赁住房的政策定位和建设运营的市场机制，满足参与各方合理的利益诉求，提升积极性的集租房开发运营模式。这也是解决各方积极性不高问题的关键所在。需强调三点。

一是不能因为没能自动实现低价目标而否定集租房。实践表明，较高品质的独立居住空间，包括公寓和成套住房，市场有需求，对象是青年人，供给也相对不足。发展一定数量的集租房，可以改善供给结构，同时替换出一部分租赁房，增加中低价位房的供应，这对稳定住房租赁市场也同样有益。

二是要坚持充分发挥市场机制作用。完全由政府建设保障性租赁住房、集租房，不可能也不现实；而市场自发形成的租赁住房的经营形态，如标准化、品牌化的蓝领公寓，租赁住房专业经营管理公司，取得了不错的市场效益，解决了一些政府希望解决但又没能解决的问题。

三是实现集租房的保障性租赁住房定位可以找到相应的政策工具。在以往的实践中已经有了一些探索，如，政府对具体项目入住群体的条件做出规定，同时向租住者发放住房补贴；政府按市场价格对集租房项目进行趸租，用于公租房或人才住房，差价由政府负担；项目方与大企业合作，将住房整租给企业，用于解决企业员工的居住问题。

当然，要实现租金低于同地段同品质市场租赁住房这个目标，需要有进一步普适的扶持政策，而这些扶持政策又要付出代价。政府部门必须清楚，解决好新市民、青年人等群体的住房问题是政府的责任，拿出资源、付出代价是应该的，现在不付出，将来的代价会更大。处理这个问题，不可以简单地通过行政强制，要尽量采用市场的机制、方法，在保障集租房参与各方合理利益的前提下，共享共担，实现保障目标；还可以具体项目具体分析，允许一定的灵活性。

三、现行房地产开发制度的大环境制约发展租赁住房问题

人们对利益的判断往往是通过利益比较形成的,在经济学中有机会成本的概念。利用集体土地建设租赁住房的主体做利益比较的参照坐标是商品房开发,以及房地产制度的利益分配格局。

首先,商品房项目利润高,收益远远高于租赁住房,更会高于保障性租赁住房。近20年,商品住房价格快速增长,房价高企,开发商赚得盆满钵满,房地产行业成为最赚钱的行当,做实业的大企业进入房地产市场已成为普遍现象。而做租赁住房,一般情况下,资金的回报率仅为2.5%~3%,好的项目在市场良好的情况下,年收益可达6%。

其次,商品房回款快于租赁住房。实行按揭预售制度,帮助开发商尽早、快速回笼资金,转移风险。集租房投资回收周期则达到20年左右,这对投资者形成巨大的资金压力。在50年的时间里,持重资产低价格经营,虽有政府倡导,但不确定性很大。当然,政府近年来一直从严调控房地产,商品房开发也有风险,而且风险在逐渐增加,但这种强制性的行政打压,却也给了人们房价会涨的预期。

再次,目前的土地价格和出让模式,不支持租赁住房的发展。有研究表明,目前市场处于高地价、高房价的态势,房价租金比很不合理,2021年4月,北京、上海、广州全市范围的租金回报率分别为1.88%、1.68%、1.63%[①],按此折算,房价租金比分别为638、714、736。在这种形势下,高价拍地,建房出租,经济上不成立,风险极大。为了发展租赁住房,多地开始推行"竞建自持商品住房面积"的拍地模式,但这部分房屋不可能成为保障性租赁住房,多数情况下只能进入高端租赁住房市场。

总之,目前的房地产开发模式不利于租房市场发展,需要有一套新的租赁住房的制度设计。

四、政策目标的区分和统筹问题

一项公共政策往往会涉及众多方面,因而形成许多目标,并且因内容、角度不同,各目标在现实进程中会产生矛盾。利用集体土地建设租赁住房也是如此。其政策重点,一是增加土地供给,增加租赁房的品种和供给,落实租购并举的制度设计;二是扩展集体建设用地的使用功能,构建城乡统一的建设用地市场。试点工作实质上是为了实现这两个目标寻找具体的政策制度安排。这两个目标并不重合,各有侧重,且分由政府两个部门管理。如做进一步区分,政策的核心是增加租赁房的供给,缓解住房矛盾。如何把多重目标有效地统合起来,在力求兼顾的同时分出轻重缓急,排出次序,统筹平衡各主体的利益关系,是政策制定和执行的一个关键点。其间,政府部门间的协同非常重要。

---

① 任泽平. 2021全球一线城市房价比较[EB/OL].[2021-06-29]. https://baijiahao.baidu.com/s?id=1703852210851611848&wfr=spider&for=pc.

第五部分　政策建议

　　自中央提出房住不炒、租购并举、住有所居以来，我国的住房政策开始调整转型。2021年8月，中央财经委员会第十次会议专题研究扎实促进共同富裕问题，强调共同富裕是社会主义的本质要求，要求促进基本公共服务均等化，加大普惠性人力资本投入，完善养老和医疗保障体系、兜底救助体系、住房供应和保障体系。因此，调整完善利用集体土地建设租赁住房政策，首先，要提高宏观站位，把握方向。我们需要站在实现共同富裕的战略高度，在实现住房政策转型的视角下，来理解发展租赁住房的制度安排，理解利用集体用地建设租赁住房的政策创新，审视遇到的各种矛盾问题，把握前行的方向。其次，政策调整完善的重心是通过利益的调整、利益机制的再造解决调动积极性的问题。一项好的、有效的政策，是能够创造利益、合理分配利益、实现共建共享的政策。再次，要根据试点实践进一步明确政策的适用定位。基于此，课题组提出下述政策建议。这些意见将是思路性的，不展开具体的论证和设计。

一、调整、明确利用集体建设用地建设租赁住房的政策适用定位

　　（1）利用集体建设用地建设租赁住房是发展保障性租赁住房的有效渠道，但不是主渠道。实践已经证明，集租房的政策创新，有利于增加土地供给，降低用地成本，同时为集体建设用地入市开辟了一条规范规矩的路。《国务院办公厅关于加快发展保障性租赁住房的意见》对其再次予以肯定并扩大了实施范围。利用集体建设用地建设租赁住房是发展住房租赁市场，特别是发展保障性租赁住房的有效渠道，应该坚持并继续探索、完善。此外，由于土地适配的难度和目前的政策环境，集租房不可能成为发展保障性租赁住房的主渠道，发展保障性租赁住房需要有更多的政策措施，找到更坚实的基础；构建租购并举的住房制度，需要更深入地研究制度设计，如现行自发租赁市场的重构。

　　（2）利用集体建设用地建设租赁住房主要适用于人口流入的大城市。一是因为人口流入的大城市存在住房供给结构性不足的矛盾，住房问题突出。二是因为人口流入的大城市租房需求大。有调查显示[①]，有70%的新市民和青年人是租房居住，大城市中个人、散户房源占了总房源量的90%以上，小户型的房源和多卫生间的房型供不应求；价格上，区位好的房源价格比较高，价格合理的又离工作地比较远；租赁关系不稳定，难以满足新市民、青年人长期租住的需求。

　　（3）每个城市利用集体建设用地建设租赁住房的政策定位要具体化。即具体到一个城市，在落地集租房政策时，需要根据自己的实际情况，形成更加具体、明晰

---

① 来自住房和城乡建设部相关资料。

的政策定位：其一，弄清资源状况。即，能够适配租赁住房的集体建设用地有多少。租赁住房的市场需求有其特殊性，如城郊接合部的租赁住房需求集中在城区边缘，临近交通便利、公共服务较好的老镇区和工业园区；租赁住房往往需要有较好的市政服务配套。那么，适配的资源有多少，能够担当什么样的角色？其二，统筹各种政策渠道，形成完整的规划。为加快保障性租赁住房建设，目前政策上还开通了允许利用企事业单位自有土地建设保障性租赁住房、提高产业园区配套用地面积占比用于建设宿舍型保障性租赁住房、允许将非居住存量房屋改建为保障性租赁住房等多条政策渠道，这意味着住房租赁市场的土地来源的扩大，为租赁住房市场特别是长租住房市场提供了更多的可能性。城市住房要把利用集体建设用地建设租赁住房和其他政策渠道统筹起来，做出系统、完整的考量，使资源配置更合理、更有效。其三，明确产品目标重点。即，市场上缺什么，如何利用集租房来丰富租赁产品的供给，调整租赁房的供给结构。从实践经验看，应该重视"一间房""一张床"的租赁供给，并适度增加。其四，积极利用政策效能。即从策略上积极发挥利用集租房的政策效能，如培育租赁住房的机构投资经营者，增加品质供给改善现有的租赁房结构，调控租赁市场价格，等等。

二、通过利益补偿及稳定利益预期解决利用市场机制和实现政策保障目标之间的匹配问题

保障性租赁住房建设由政府包揽是不现实的，必须利用市场机制，这是前提。但利用市场机制实现公共目标，对社会主体而言，需要有利益的补偿及对利益的稳定预期。政策的设计应该以此为重心。就集租房，建议利用灵活的价格调控手段建立市场化运作和政策保障目标之间的连通和平衡。

利用集体建设用地建设租赁住房，本身是集体土地入市的政策性接口设计，建设过程中又享受了相关政策的支持，对其进行价格调控有法理基础。但利用价格手段调控不能成为简单的行政性强制，而应尽可能顺应市场运行的规律，其关键点是实现投资企业、村集体、租户、政府的需求对接、利益平衡，保护各方的积极性。可有如下几种选择：

一是在集租房项目运营周期内，规定一段时间的政府定价，如15～20年，后期由投资运营企业自主定价，稳定企业的收益预期，调动积极性。

二是设置租金价格的稳定期，或者说规定调价周期。即，允许集租房项目按市场均衡水平定价，政府同意后实施，但在一段时间内，如3年，不做调整。

三是允许集租房项目按市场均衡水平定价，政府同意后实施，不设租户的准入门槛，但对入住人群中符合政策标准的人给予价格补贴，用补人头的方法间接实现租赁住房的价格控制，减少政府对项目运营的直接干预。

四是支持企业集体租赁集租房，配租给符合条件的员工，并给予价格补助。这相当于企业分担了政府的补贴，这部分支出应允许做合理的财务处理。

三、鼓励地方政府探索创新

利用集体建设用地建设租赁住房，无论工作的实际推进还是政策的细化完善，地方政府都居主导地位，保护、鼓励地方的积极性非常重要，应该为地方政府创造一些条件。建议：

（1）利用集体建设用地建设租赁住房的用地计划单列。土地是地方政府手中掌握的最大资源，在目前的条件下，城市发展、财政收入都要靠土地和与土地相关的房地产收益，这是事实，地方政府已经形成了依赖。利用集体建设用地建设租赁住房，一方面占用了地方政府手中宝贵的用地计划指标，减少了收入；另一方面，市政设施配套、公共服务配套还需要地方政府掏钱，这是压力，并造成了利益损失。因此，可以考虑将集租房用地在城市每年的用地指标外，实行计划单列，也就是不占用现有的指标额度，暂不影响地方的土地收益格局。当然，需要有总量上的控制。

（2）允许地方政府在利用集体建设用地建设租赁住房政策的把握上保持适当的弹性。集体建设用地包含宅基地、公益性公共设施用地和集体经营性建设用地。目前，政策限定用于租赁住房建设的只能是集体经营性建设用地。鉴于租赁住房建设土地适配难度大，可以在给出一些条件限制的情形下，允许地方政府灵活掌握，如总量平衡下的置换调整。此外，将现有集体建设用地上的房屋改造成保障性租赁住房以及类似的项目，归入集租房的范围，享受其政策。

（3）允许地方政府在利用集体建设用地建设租赁住房的项目投资、合作的经营组织形式上，不断创新，吸引社会各方参与。

四、创新金融支持政策，稳定预期，保护企业的积极性

获得合理、稳定收益的预期和保障，运营长线不动产投资的基本条件，是企业作为投资者参与集租房开发的意愿基础，是发展保障性租赁住房所不可缺少的，而目前又不完全具备，需要尽快完善。

（1）创制与保障性租赁住房（包括集租房）相匹配的金融产品和金融政策。土地抵押贷款制度、按揭贷款制度，构成了现今商品住房的金融基础，也是20年来房地产快速发展的支撑。利用集体建设用地建设租赁住房，属于重资产运营，投资要20年左右才能收回，投资企业必须有相应的金融支撑才能够做下去。除了企业发债（REITs）外，还应当有政策类的金融产品，如优惠贷款、长期贷款。考虑到保障性住房建设将长期存在，应当在公积金制度的基础上，建立政策性的住房银行；也可以考虑要求国有商业银行开发支持保障性租赁住房的贷款产品。

（2）税收政策的扶持和定型。构建租购并举的住房制度，特别是发展保障性租赁住房，需要有适宜的税收制度与之匹配。《国务院办公厅关于加快发展保障性租赁住房的意见》已做出了规定。现在，一方面是落实；另一方面是随着实践进程深入总结研究，

给予系统化和定型。

（3）把租购并举、保障性租赁住房上升到法律层面，明确为我国住房制度的基本设计，稳定各方的预期。

（4）尽快使管理制度、标准系统配套并定型。目前，无论是集租房还是其他保障性租赁住房，项目运行中有许多事项尚需要一事一议，管理制度、标准还在摸索之中。需要加快这一进程，既可使参与各方有章可循，又能够降低交易成本，稳定预期，提升各方特别是企业主体的信心。

五、创新租赁住房产品设计

租赁住房大致可分为两类：集体公寓（包括"一间房"和"一张床"）和成套住宅。按国家政策规定，保障性租赁住房中的成套住宅建筑面积应控制在 $70m^2$ 以下。也就是说，要严格保障性租赁住房的建设标准，保证其经济上合理、可支付。

此外，我国的住房市场已经从单纯的数量扩展转向更加注重品质、注重居住环境、讲究宜居，随着"00"后进入市场，居住需求的变化会更加明显。此外，住宅建筑的生命周期至少有50年。

由此，既要严格控制保障性租赁住房的建设标准，又不可建成低标准的住房，在未来50年以至更长的时间里，不会因需求的变化沦为"废品"而被淘汰。我们需要在保障基本需求与提升居住质量、满足合理需求之间做出平衡。除了政策方面的因素，住宅产品本身的设计改进也是重要的。

创新租赁住房产品设计包括两层含义：一是改进空间设计、环境设计、部品包括家具的设计，在小空间里容纳更多的功能，有生活品质上的追求。二是在现有的设计里考虑未来改造变化的可能性，并且使未来的改造比较经济。

住房和城乡建设部门应当积极推进这方面的探索。

上述建议仅就利用集体建设用地建设租赁住房这项政策的推进和完善而言。同样不可缺少、甚至更加重要的是用地制度的改革，是住房制度的改革。现行的模式偏重于住房的市场购买，偏重于市场化，不适合租赁住房，更不适合保障性租赁住房。必须深化改革，完成住房政策转型，租购并举的住房制度才能够真正生长起来。

2021年11月

政策篇

国家层面

专发文件

国土资源部、住房城乡建设部关于印发《利用集体建设用地建设租赁住房试点方案》的通知

国土资发〔2017〕100号

北京、辽宁、上海、江苏、浙江、安徽、福建、河南、湖北、广东、四川省（市）国土资源主管部门、住房城乡建设主管部门：

为增加租赁住房供应，缓解住房供需矛盾，构建购租并举的住房体系，建立健全房地产平稳健康发展长效机制，国土资源部会同住房城乡建设部根据地方自愿，确定第一批在北京、上海、沈阳、南京、杭州、合肥、厦门、郑州、武汉、广州、佛山、肇庆、成都等13个城市开展利用集体建设用地建设租赁住房试点，制定了《利用集体建设用地建设租赁住房试点方案》，现印发给你们，请指导、督促各有关城市认真执行。

国土资源部
住房城乡建设部
2017年8月21日

附件：

利用集体建设用地建设租赁住房试点方案

利用集体建设用地建设租赁住房，可以增加租赁住房供应，缓解住房供需矛盾，有助于构建购租并举的住房体系，建立健全房地产平稳健康发展长效机制；有助于拓展集体土地用途，拓宽集体经济组织和农民增收渠道；有助于丰富农村土地管理实践，促进集体土地优化配置和节约集约利用，加快城镇化进程。按照中央有关精神，结合当前管理工作实际，制定本试点方案。

一、总体要求

（一）指导思想。全面贯彻党的十八大和十八届三中、四中、五中、六中全会精神，深入学习贯彻习近平总书记系列重要讲话精神，紧紧围绕统筹推进"五位一体"总体布局和协调推进"四个全面"战略布局，牢固树立创新、协调、绿色、开放、共享的发展理念，按照党中央、国务院决策部署，牢牢把握"房子是用来住的，不是用来炒的"定位，以构建购租并举的住房体系为方向，着力构建城乡统一的建设用地市场，推进集体土地不动产登记，完善利用集体建设用地建设租赁住房规则，健全服务和监管体系，提高存量土地节约集约利用水平，为全面建成小康社会提供用地保障，促进建立房地产平稳健康发展长效机制。

（二）基本原则。把握正确方向。坚持市场经济改革方向，发挥市场配置资源的决定性作用，注重与不动产统一登记、培育和发展住房租赁市场、集体经营性建设用地入市等改革协同，加强部门协作，形成改革合力。

保证有序可控。政府主导，审慎稳妥推进试点。项目用地应当符合城乡规划、土地利用总体规划及村土地利用规划，以存量土地为主，不得占用耕地，增加住房有效供给。以满足新市民合理住房需求为主，强化监管责任，保障依法依规建设、平稳有序运营，做到供需匹配。

坚持自主运作。尊重农民集体意愿，统筹考虑农民集体经济实力，以具体项目为抓手，合理确定项目运作模式，维护权利人合法权益，确保集体经济组织自愿实施、自主运作。

提高服务效能。落实"放管服"要求，强化服务意识，优化审批流程，降低交易成本，提升服务水平，提高办事效率，方便群众办事。

（三）试点目标。通过改革试点，在试点城市成功运营一批集体租赁住房项目，完善利用集体建设用地建设租赁住房规则，形成一批可复制、可推广的改革成果，为构建城乡统一的建设用地市场提供支撑。

（四）试点范围。按照地方自愿原则，在超大、特大城市和国务院有关部委批准的发展住房租赁市场试点城市中，确定租赁住房需求较大，村镇集体经济组织有建设意愿、有资金来源，政府监管和服务能力较强的城市（第一批包括北京市，上海市，辽宁沈阳市，江苏南京市，浙江杭州市，安徽合肥市，福建厦门市，河南郑州市，湖北武汉市，广东广州市、佛山市、肇庆市，四川成都市），开展利用集体建设用地建设租赁住房试点。

除北京、上海外，由省级国土资源主管部门和住房城乡建设主管部门汇总本辖区计划开展试点城市的试点实施方案，报国土资源部和住房城乡建设部批复后启动试点。

二、试点内容

（一）完善试点项目审批程序。试点城市应当梳理项目报批（包括预审、立项、规划、占地、施工）、项目竣工验收、项目运营管理等规范性程序，建立快速审批通道。健全集体建设用地规划许可制度，推进统一规划、统筹布局、统一管理，统一相关建设标准。试点项目区域基础设施完备，医疗、教育等公共设施配套齐全，符合城镇住房规划设计有关规范。

（二）完善集体租赁住房建设和运营机制。村镇集体经济组织可以自行开发运营，也可以通过联营、入股等方式建设运营集体租赁住房。兼顾政府、农民集体、企业和个人利益，理清权利义务关系，平衡项目收益与征地成本关系。完善合同履约监管机制，土地所有权人和建设用地使用权人、出租人和承租人依法履行合同和登记文件中所载明的权利和义务。

（三）探索租赁住房监测监管机制。集体租赁住房出租，应遵守相关法律法规和租赁合同约定，不得以租代售。承租的集体租赁住房，不得转租。探索建立租金形成、监测、指导、监督机制，防止租金异常波动，维护市场平稳运行。国土资源、住房城乡建设部门应与相关部门加强协作、各负其责，在建设用地使用权登记、房屋所有权登记、租赁备案、税务、工商等方面加强联动，构建规范有序的租赁市场秩序。

（四）探索保障承租人获得基本公共服务的权利。承租人可按照国家有关规定凭登记备案的住房租赁合同依法申领居住证，享受规定的基本公共服务。有条件的城市，要进一步建立健全对非本地户籍承租人的社会保障机制。

三、组织实施

（一）加强组织保障。国土资源部和住房城乡建设部共同部署试点。省级国土资源主管部门和住房城乡建设主管部门负责试点工作的督促、检查和指导。城市政府全面负责试点组织领导工作，制定试点工作规则和组织实施方案，建立试点协调决策机构。各地区各有关部门要加强协调配合，稳妥有序推进试点。

（二）推进试点实施。

1. 编制实施方案。试点城市根据本方案编制实施方案，经省级国土资源主管部门和住房城乡建设主管部门汇总后，2017年11月底前报国土资源部和住房城乡建设部批复。

2. 试点实施、跟踪及总结。省级国土资源主管部门和住房城乡建设主管部门负责试点工作的督促、检查和指导，及时研究解决试点中存在的问题。

2019年11月，省级国土资源主管部门和住房城乡建设主管部门组织开展试点中期评估，形成评估报告报国土资源部和住房城乡建设部。

2020年底前，省级国土资源主管部门和住房城乡建设主管部门总结试点工作，总结报告报国土资源部和住房城乡建设部。

（三）强化指导监督。各地区各有关部门要按照职责分工，加强对试点工作的指导监督，依法规范运行。要加强分类指导，尊重基层首创精神，健全激励和容错纠错机制，允许进行差别化探索，切实做到封闭运行、风险可控、发现问题及时纠偏。

（四）做好宣传引导。试点地区要加强对试点工作的监督管理，密切关注舆情动态，妥善回应社会关切，重大问题及时报告。

国土资源部办公厅、住房城乡建设部办公厅关于沈阳等11个城市利用集体建设用地建设租赁住房试点实施方案意见的函

国土资厅函〔2018〕63号

辽宁、江苏、浙江、安徽、福建、河南、湖北、广东、四川省国土资源主管部门、住房城乡建设主管部门：

你们报送的利用集体建设用地建设租赁住房试点实施方案收悉。经审核，意见如下：

一、原则同意沈阳、南京、杭州、合肥、厦门、郑州、武汉、广州、佛山、肇庆、成都等11个城市利用集体建设用地建设租赁住房试点实施方案。

二、牢固树立大局意识和责任意识。坚持房子是用来住的、不是用来炒的定位，按照区域协调发展和乡村振兴的要求，丰富住房用地供应渠道，建立租购并举的住房制度，实现城乡融合发展、人民住有所居，增加人民群众的获得感。

三、把握正确方向。严格落实试点城市人民政府主体责任，统筹推进试点工作，要将项目选址、开工建设、运营等各环节监管落到实处。健全合同履约监管机制，切实维护好村镇集体组织、农民、企业和承租人等相关主体的合法权益；建立租金监测监管机制，租赁项目要合理确定租金，建立公开透明的租金变动约束机制，支持长期租赁；鼓励金融机构参与试点建设，依法依规提供金融产品服务。

四、平稳有序实施试点工作。试点城市要坚持城乡统筹，统筹规划城市、乡镇建设用地和空间布局。项目应与周边区域基础设施、公共服务设施配套工程统一考虑，明确配套设施建设主体与标准，实现与周边地区公共服务均等化。规范集体建设用地建设租赁住房的审批和监管程序，明确项目申报主体，完善项目审批程序，户型以90平方米以下中小户型为主，强化事中事后监管，确保有序可控。加强政策宣传和舆论引导，发展规范有序的住房租赁市场，形成可复制、可推广的制度成果。

五、统筹提高管理效能。试点城市要求真务实、勇于创新，探索应用现代化信息管理平台和先进科技手段，在试点过程中研究加强公共服务配套，推进集体租赁住房纳入政府主导的住房租赁服务平台管理，加强土地市场动态监测监管，促进节约集约用地。

六、试点城市要根据上述意见，认真组织实施试点，不得随意改变试点实施方案

内容。省国土资源、住房城乡建设主管部门要加强对试点实施方案实施工作的指导和监督。试点中的重大问题，及时向国土资源部、住房城乡建设部报告。国土资源部、住房城乡建设部将适时开展调研、督导。

附件[①]：
1. 沈阳市利用集体建设用地建设租赁住房试点实施方案
2. 南京市利用集体建设用地建设租赁住房试点实施方案
3. 杭州市利用集体建设用地建设租赁住房试点实施方案
4. 合肥市利用集体建设用地建设租赁住房试点实施方案
5. 厦门市利用集体建设用地建设租赁住房试点实施方案
6. 郑州市利用集体建设用地建设租赁住房试点实施方案
7. 武汉市利用集体建设用地建设租赁住房试点实施方案
8. 广州市利用集体建设用地建设租赁住房试点实施方案
9. 佛山市利用集体建设用地建设租赁住房试点实施方案
10. 肇庆市利用集体建设用地建设租赁住房试点实施方案
11. 成都市利用集体建设用地建设租赁住房试点实施方案

国土资源部办公厅　住房城乡建设部办公厅
2018 年 1 月 16 日

---

① 附件具体内容详见本书"地方层面"部分。

自然资源部办公厅、住房和城乡建设部办公厅关于福州等5个城市利用集体建设用地建设租赁住房试点实施方案意见的函

自然资办函〔2019〕57号

福建、江西、山东、海南、贵州省自然资源主管部门、住房和城乡建设主管部门：

你们报送的利用集体建设用地建设租赁住房试点实施方案收悉。经审核，意见如下：

一、原则同意福州、南昌、青岛、海口、贵阳等5个城市利用集体建设用地建设租赁住房试点实施方案。

二、坚持房子是用来住的、不是用来炒的定位，按照区域协调发展和乡村振兴的要求，促进建立多主体供给、多渠道保障、租购并举的住房制度，实现城乡融合发展、人民住有所居，增加人民群众的获得感。

三、严格落实试点城市人民政府主体责任，统筹推进试点工作，要将项目选址、开工建设、运营管理等各环节监管落到实处。健全合同履约监管机制，保护租赁利益相关方合法权益；建立租金监测监管机制，租赁项目要合理确定租金，建立公开透明的租金变动约束机制，支持长期租赁。

四、试点城市要聚焦市场需求，坚持城乡统筹。项目应与周边区域基础设施、公共服务设施配套工程统一考虑，明确配套设施建设主体与标准，实现与周边地区公共服务均等化。尽量将项目安排在区位条件好、基础设施完备以及人口集中度高、市场需求旺盛的区域。积极学习借鉴先行试点城市实践经验，加强政策宣传和舆论引导，发展规范有序的住房租赁市场，形成可复制、可推广的制度成果。

五、试点城市要规范审批和监管程序，明确集体建设用地建设租赁住房的项目申报主体，完善项目审批程序，户型以90平方米以下中小户型为主，住房建筑质量、装饰装修符合相关标准。鼓励金融机构参与试点建设，依法依规提供金融产品服务，严禁违规提供"租金贷"。强化事中事后监管，确保有序可控。

六、试点城市要积极探索应用现代化信息管理平台和先进科技手段，在试点过程中研究加强公共服务配套，建立承租人基本公共服务保障机制，支持其依法享受教育、医疗卫生以及养老服务等基本公共服务权利，推进集体租赁住房纳入政府主导的住房信息租赁服务与监管平台管理，落实住房租赁企业备案管理，加强土地市场动态监测

监管，促进节约集约用地。

七、省级自然资源、住房和城乡建设主管部门要加强对试点实施工作的指导和监督，及时研究解决试点推进过程中存在的突出问题，按时开展试点中期评估和试点总结工作，形成报告报自然资源部和住房和城乡建设部。

八、试点城市要根据上述意见，认真组织实施试点工作，不得随意改变试点实施方案内容。试点中的重大问题，及时向自然资源部、住房和城乡建设部报告。自然资源部、住房和城乡建设部将适时开展调研、督导。

2019年1月11日

附件[①]：
1. 福州市利用集体建设用地建设租赁住房试点实施方案
2. 南昌市利用集体建设用地建设租赁住房试点实施方案
3. 青岛市利用集体建设用地建设租赁住房试点实施方案
4. 海口市利用集体建设用地建设租赁住房试点实施方案
5. 贵阳市利用集体建设用地建设租赁住房试点实施方案

---

① 附件具体内容详见本书"地方层面"部分。

国土资源部办公厅关于北京市利用集体土地建设租赁住房试点意见的函

国土资厅函〔2011〕865号

北京市国土资源局：

《关于申请北京市利用集体土地建设租赁住房试点工作的请示》（京国土耕〔2011〕157号）收悉。经研究，现函复如下：

一、原则同意你市开展利用农村集体建设用地建设租赁住房试点。

二、试点要符合土地利用总体规划和城市建设规划，严格用途管制，明晰集体土地产权，试点范围严格限定在集体建设用地范围内，不得违规占用农用地。

三、要严格控制试点的地区和规模，一期试点应选择少数几个城乡结合部旧村改造且外来务工人员较多的村，试点方案要报部备案后再实施。严禁未纳入试点范围的地区擅自开展利用集体建设用地建设租赁住房，并防止以各种名义擅自扩大用地和建设规模。

四、同意按乡镇企业占地方式办理相关用地手续，坚持依法依规、切实维护农民权益的原则，严格履行报批程序，加强土地利用监管，不得违法出租和转让建设用地使用权。

五、租赁住房建设必须坚持节约集约用地原则，严格按照公租房套型面积规划和建设，不得出售。

六、要加强对试点所涉及问题的研究总结，对试点过程中出现的新情况、新问题，及时研究提出对策。试点结束后，要及时形成总结报告报部。

国土资源部办公厅
2011年9月27日

附录：政策解读

政策篇

《利用集体建设用地建设租赁住房试点方案》解读

国土资源部土地利用司

为增加租赁住房供应,缓解住房供需矛盾,构建购租并举的住房体系,建立健全房地产平稳健康发展长效机制,国土资源部会同住房和城乡建设部,根据地方自愿,确定第一批在北京、上海、沈阳等13个城市开展利用集体建设用地建设租赁住房试点。国土资源部土地利用司有关负责人日前就《利用集体建设用地建设租赁住房试点方案》(以下简称《试点方案》)进行了解读。

问题一:请介绍一下此次《试点方案》政策出台背景。

负责人:为构建购租并举的住房体系,稳定房地产市场,今年(2017年)4月,住房和城乡建设部、国土资源部印发《关于加强近期住房及用地供应管理和调控有关工作的通知》提出:"在租赁住房供需矛盾突出的超大和特大城市,开展集体建设用地上建设租赁住房试点。"今年(2017年)7月,住房和城乡建设部、国土资源部等九部委联合印发《关于在人口流入的大中城市加快发展住房租赁市场的通知》再次提出:"按照国土资源部、住房和城乡建设部的统一工作部署,超大城市、特大城市可开展利用集体建设用地建设租赁住房试点工作。"

按照上述文件要求,8月21日,国土资源部、住房和城乡建设部联合印发《试点方案》,选择13个城市开展试点,对11个省级国土资源、住房和城乡建设主管部门推进试点相关工作做出具体部署。

此次试点改革的指导思想明确,就是全面贯彻党的十八大和十八届三中、四中、五中、六中全会精神,深入学习贯彻习近平总书记系列重要讲话精神,紧紧围绕统筹推进"五位一体"总体布局和协调推进"四个全面"战略布局,牢固树立创新、协调、绿色、开放、共享的发展理念,按照党中央、国务院决策部署,牢牢把握"房子是用来住的,不是用来炒的"定位,以构建购租并举的住房体系为方向,着力构建城乡统一的建设用地市场,推进集体土地不动产登记,完善利用集体建设用地建设租赁住房规则,健全服务和监管体系,提高存量土地节约集约利用水平,为全面建成小康社会提供用地保障,促进建立房地产平稳健康发展长效机制。

问题二:请问在利用集体建设用地建设租赁住房方面,以往有哪些实践经验?试点前期是否有一定工作基础?

负责人:为加强房地产用地市场调控,规范和指导相关工作,《国土资源部关于做好2012年房地产用地管理和调控重点工作的通知》(国土资发〔2012〕26号)中提出:

"对于商品住房价格较高、建设用地紧缺的直辖市和少数省会城市,确需利用农村集体建设用地进行租赁住房建设试点的,按照'严格审批、局部试点、封闭运行、风险可控'的要求,由省级人民政府审核同意试点方案并报我部审核批准后开展试点。"

北京、上海作为首批试点城市,几年来试点项目运行取得了良好的效果,一是增加了住宅用地来源和租赁住房供给。二是扩展了集体经营性建设用地的居住和产业发展功能。三是对盘活低效集体建设用地、解决城市周边外来务工人员居住问题、改善城郊经济社会环境等方面,发挥了积极作用。四是拓宽了集体经济组织和农民增收渠道,农民获得长远稳定收益,有获得感。

试点经验表明,利用集体建设用地建设租赁住房,可以增加租赁住房供应,缓解住房供需矛盾,有助于构建购租并举的住房体系,建立健全房地产平稳健康发展长效机制;有助于拓展集体土地用途,拓宽集体经济组织和农民增收渠道;有助于丰富农村土地管理实践,促进集体土地优化配置和节约集约利用,加快城镇化进程。此次出炉《试点方案》,在总结提升上述试点经验的成果。我们希望通过改革试点,到2021年底,在相关地区成功运营一批集体租赁住房项目,完善利用集体建设用地建设租赁住房规则,形成一批可复制、可推广的改革成果,为构建城乡统一的建设用地市场提供支撑。

问题三:试点城市范围是如何确定的?

负责人:在超大、特大城市和住房和城乡建设部批准的发展住房租赁市场试点城市中,按照地方自愿原则,部署开展利用集体建设用地建设租赁住房试点。限定在上述试点城市范围的原因在于,这些城市租赁住房需求较大,村镇集体经济组织有建设意愿、有资金来源,政府监管和服务能力相对较强。

问题四:地方开展利用集体建设用地建设租赁住房试点需要遵循哪些原则?

负责人:《试点方案》明确规定了把握正确方向、保证有序可控、坚持自主运作、提高服务效能四项基本原则。其中两项内容需要着重强调:一是项目用地应当符合城乡规划、土地利用总体规划及村土地利用规划,以存量土地为主,不占用耕地。二是发挥政府主导作用的同时,必须尊重农民集体意愿,统筹考虑农民集体经济实力,合理确定项目运作模式,维护权利人合法权益,确保集体经济组织自愿实施、自主运作。

问题五:如何确保试点改革组织保障?国土资源主管部门在试点中侧重点是什么?

负责人:根据《试点方案》要求,国土资源部与住房和城乡建设部共同部署利用集体建设用地建设租赁住房试点。省级国土资源主管部门和住房城乡建设主管部门负责试点工作的督促、检查和指导。城市政府全面负责试点组织领导工作,制定试点工作规则和组织实施方案,建立试点协调决策机构。各地区各有关部门要加强协调配合,稳妥有序推进试点。

试点中,国土资源主管部门的主要侧重点是做好土地保障,做好试点项目各项用地手续办理,确保依法依规用地、节约集约用地。

政策篇

利用集体建设用地建设租赁住房试点方案说明

国土资源部土地利用管理司副司长　陈国庆

土地新政

国土资源部、住房城乡建设部日前印发《利用集体建设用地建设租赁住房试点方案》（以下简称《试点方案》），确定第一批在包括成都在内的13个城市开展利用集体建设用地建设租赁住房试点。

根据《试点方案》，利用集体建设用地建设租赁住房的目标是在试点城市成功运营一批集体租赁住房项目，完善利用集体建设用地建设租赁住房规则，形成一批可复制、可推广的改革成果，为构建城乡统一的建设用地市场提供支撑。

国土资源部土地利用管理司副司长陈国庆指出："核心的目标是切实增加住房紧张的城市，特别是特大和超大城市的住房供给，有效地缓解住房的供需矛盾。"租赁住房建成后，土地性质保持不变，依然为村集体所有。值得注意的是，耕地等农用地不在试点范围内。下面，就对这次的方案进行一些分析：

"集体土地建租赁房"和小产权房一样吗？

集体建设用地，是指农村集体所有，由乡（镇）村集体经济组织或农民进行各项非农业建设所使用的土地，包括农民宅基地、农村公益性公共设施用地和经营性用地。

国土资源部土地利用管理司副司长陈国庆表示："这次试点的租赁住房建设，符合规划，依法审批，有不动产登记作保护，同时只租不售。而过去所说的小产权房，无论在用地上、规划上、还是建设销售上，都不受法律保护。"

"集体土地建租赁房"有何好处？

有助于增加租赁住房供应，缓解住房供需矛盾，有助于构建购租并举的住房体系，建立健全房地产平稳健康发展长效机制。一大批低成本土地的入市，将产生一大批低成本房屋，对于抑制高房价、高租金将产生巨大作用。

有助于促进集体土地优化配置和节约集约利用，拓展集体土地用途，拓宽集体经济组织和农民增收渠道。当大城市郊区的农民成为大批租赁租房的股东，将可长期享受土地红利。

农民

最近的方案一出，很多人高呼：我想辞职回农村！因为，农民的身份正在发生着日新月异的变化：2012年中央一号文件中首度出现了"职业农民"的字样；2013年，"家庭农场"成为中央一号文件的主题词。今后，传统意义上的"农民"将面临更换淘汰，新的"农民"将成为有钱人！

早在2014—2015年，政府就印发了《关于引导农村土地经营权有序流转发展农业适度规模经营的意见》，以及《关于引导农村产权流转交易市场健康发展的意见》，明确将土地经营权分离出来，此后，外出务工的农民工兄弟就可以把土地的实际经营权转让给别人，通过获得租金或者获得分红等形式增加收益；他们还可以通过抵押使用权等方式获得贷款。这些政策都在一定程度上扩展了农民从土地中获利的方式。

而此次的《利用集体建设用地建设租赁住房试点方案》则明确"村镇集体经济组织可以自行开发运营，也可以通过联营、入股等方式建设运营集体租赁住房"。这表示，增加农民收入又有了新的制度保证。

租客

此次的《试点方案》对房价的影响不会太大，但是对于租客来说，政策的影响就比较显著了。由于此次政策会增加租房的供应量，所以对降低房租还是比较有利的。再加上集体用地没有土地成本，那么会比由政府主导的公共租赁市场便宜。这些对于租客来说是利好。

但是，集体建设用地上租赁住房受规划等制约，加之出让金在地价中所占比例在25%左右，集体建设用地价格并不会比同类国有建设用地低太多，同时《试点方案》要求"兼顾政府、农民集体、企业和个人利益，理清权利义务关系，平衡项目收益与征地成本关系"，所以，不太可能一下子出现有些人所说的相当于目前房价2～3折的超低价房。

此外，集体用地的实际地理位置主要在郊区或偏远地区，周边的配套设施可能没有那么齐全，就会抵消掉一部分房租低廉的优势。所以，这类集体土地建租赁房可能更适合工作单位离集体用地不太远，或者交通出行方便的租客，毕竟性价比还是比较高的。

房地产商

此次《试点方案》的出台，并没有把房地产商排除在红利之外，毕竟开发土地、建设房屋还是需要专业的社会力量来参与的。因此，《试点方案》允许社会资本参与集体租赁住房的建设运营，也就是说房地产开发企业也可以介入到集体建设用地上的租赁住房建设和运营中。

只不过，根据规定房地产开发企业只能选择与集体经济组织以联营或入股方式合作开发、运营，而不能全资拥有。此外，房地产开发商还必须承担更多责任，包括租赁住房需要长期持有物业，对租金回报要求较高，而与集体经济组织的协调合作还需不断积累经验等，这些都对想要在集体土地建租赁房市场分得一杯羹的房企，提出了更高的资金实力和运营管理能力要求。

整体看来，《试点方案》意义重大，对于预防房地产经济泡沫，使租居者能够享受基本的公共服务，农民能够享受土地红利都将产生积极影响。期待试点城市之一的成都能够尽快出台具体的实施细则，最终实现惠民利民，以及促进经济发展、维护社会稳定的城市发展愿景。

相关法律法规文件中有关集体土地建设租赁住房内容摘录

《中华人民共和国土地管理法（2019年修订版）》

第六十三条 土地利用总体规划、城乡规划确定为工业、商业等经营性用途，并经依法登记的集体经营性建设用地，土地所有权人可以通过出让、出租等方式交由单位或者个人使用，并应当签订书面合同，载明土地界址、面积、动工期限、使用期限、土地用途、规划条件和双方其他权利义务。

前款规定的集体经营性建设用地出让、出租等，应当经本集体经济组织成员的村民会议三分之二以上成员或者三分之二以上村民代表的同意。

通过出让等方式取得的集体经营性建设用地使用权可以转让、互换、出资、赠与或者抵押，但法律、行政法规另有规定或者土地所有权人、土地使用权人签订的书面合同另有约定的除外。

集体经营性建设用地的出租，集体建设用地使用权的出让及其最高年限、转让、互换、出资、赠与、抵押等，参照同类用途的国有建设用地执行。具体办法由国务院制定。

第六十四条 集体建设用地的使用者应当严格按照土地利用总体规划、城乡规划确定的用途使用土地。

中共中央关于制定国民经济和社会发展第十四个五年规划和二〇三五年远景目标的建议

(2020年10月29日中国共产党第十九届中央委员会第五次全体会议通过)

"十四五"时期是我国全面建成小康社会、实现第一个百年奋斗目标之后，乘势而上开启全面建设社会主义现代化国家新征程、向第二个百年奋斗目标进军的第一个五年。中国共产党第十九届中央委员会第五次全体会议深入分析国际国内形势，就制定国民经济和社会发展"十四五"规划和二〇三五年远景目标提出以下建议。

(……)

八、优化国土空间布局，推进区域协调发展和新型城镇化

坚持实施区域重大战略、区域协调发展战略、主体功能区战略，健全区域协调发展体制机制，完善新型城镇化战略，构建高质量发展的国土空间布局和支撑体系。

(……)

31. 推进以人为核心的新型城镇化。实施城市更新行动，推进城市生态修复、功能完善工程，统筹城市规划、建设、管理，合理确定城市规模、人口密度、空间结构，促进大中小城市和小城镇协调发展。强化历史文化保护、塑造城市风貌，加强城镇老旧小区改造和社区建设，增强城市防洪排涝能力，建设海绵城市、韧性城市。提高城市治理水平，加强特大城市治理中的风险防控。坚持房子是用来住的、不是用来炒的定位，租购并举、因城施策，促进房地产市场平稳健康发展。有效增加保障性住房供给，完善土地出让收入分配机制，探索支持利用集体建设用地按照规划建设租赁住房，完善长租房政策，扩大保障性租赁住房供给。深化户籍制度改革，完善财政转移支付和城镇新增建设用地规模与农业转移人口市民化挂钩政策，强化基本公共服务保障，加快农业转移人口市民化。优化行政区划设置，发挥中心城市和城市群带动作用，建设现代化都市圈。推进成渝地区双城经济圈建设。推进以县城为重要载体的城镇化建设。

(……)

中华人民共和国国民经济和社会发展第十四个五年规划和2035年远景目标纲要

第二十九章　全面提升城市品质

第四节　完善住房市场体系和住房保障体系

坚持房子是用来住的、不是用来炒的定位，加快建立多主体供给、多渠道保障、租购并举的住房制度，让全体人民住有所居、职住平衡。坚持因地制宜、多策并举，夯实城市政府主体责任，稳定地价、房价和预期。建立住房和土地联动机制，加强房地产金融调控，发挥住房税收调节作用，支持合理自住需求，遏制投资投机性需求。加快培育和发展住房租赁市场，有效盘活存量住房资源，有力有序扩大城市租赁住房供给，完善长租房政策，逐步使租购住房在享受公共服务上具有同等权利。加快住房租赁法规建设，加强租赁市场监管，保障承租人和出租人合法权益。有效增加保障性住房供给，完善住房保障基础性制度和支持政策。以人口流入多、房价高的城市为重点，扩大保障性租赁住房供给，着力解决困难群体和新市民住房问题。单列租赁住房用地计划，探索利用集体建设用地和企事业单位自有闲置土地建设租赁住房，支持将非住宅房屋改建为保障性租赁住房。完善土地出让收入分配机制，加大财税、金融支持力度。因地制宜发展共有产权住房。处理好基本保障和非基本保障的关系，完善住房保障方式，健全保障对象、准入门槛、退出管理等政策。改革完善住房公积金制度，健全缴存、使用、管理和运行机制。

国土资源部关于加强保障性安居工程用地管理有关问题的通知

国土资电发〔2011〕53号

各省、自治区、直辖市国土资源厅（国土环境资源厅、国土资源局、国土资源和房屋管理局、规划和国土资源管理局），各派驻地方的国家土地督察局：

近年来，各级国土资源管理部门围绕落实党中央、国务院确定的房地产调控和保障性住房建设目标任务，采取积极有效的政策措施，调整优化土地供应和利用结构，千方百计增加住房用地供应总量，优先满足保障性住房用地供应，对于加大保障性住房和普通商品住房有效供给，稳定房地产市场预期，促进房地产市场和土地市场规范发展等，发挥了积极作用。但是，目前一些地方在落实2011年保障性安居工程建设和房地产市场调控任务时，为缓解土地供求矛盾，多渠道、多位置布置保障性安居工程，出现了擅自利用农村集体土地和企业自用土地建设公共租赁住房以及建设销售"小产权房"等倾向性问题。

为认真贯彻落实《国务院办公厅关于进一步做好房地产市场调控工作有关问题的通知》（国办发〔2011〕1号），进一步加强保障性安居工程用地管理，依法依规确保保障性安居工程用地的供应，现就有关问题通知如下：

（……）

三、严禁擅自利用农村集体土地兴建公共租赁住房

各地要严格执行国务院《关于严格执行有关农村集体建设用地法律和政策的通知》（国办发〔2007〕71号），坚决制止乱占滥用耕地的建设行为，严禁擅自利用农村集体建设用地建设公共租赁住房。对于商品住房价格较高、建设用地紧缺的个别直辖市，确需利用农村集体建设用地进行公共租赁住房建设试点的，城市人民政府必须按照控制规模、优化布局、集体自建、只租不售、土地所有权和使用权不得流转的原则，制订试点方案，由省级人民政府审核同意，报国土资源部审核批准后方可试点。未经批准，一律不得利用农村集体建设用地建设公共租赁住房。

2011年4月29日

国土资源部关于做好 2012 年房地产用地管理和调控重点工作的通知

国土资发〔2012〕26 号

各省、自治区、直辖市国土资源主管部门，新疆生产建设兵团国土资源局，各派驻地方的国家土地督察局，部机关相关司局（办）：

2011 年，国土资源系统上下齐心协力，攻坚克难，较好地落实了《国务院办公厅关于进一步做好房地产市场调控工作有关问题的通知》（国办发〔2011〕1 号）要求，城市住房用地管理和调控工作取得明显成效，住房用地供应稳中有升，结构持续优化；保障房用地应保尽保，提前两月完成供地；住房用地价格调整合理，高价地异常情况趋稳，促进了土地市场平稳健康发展。为贯彻落实中央经济工作会议、全国住房保障工作座谈会议和全国国土资源工作会议精神，继续坚持并深入贯彻中央关于房地产市场的调控政策，按照部重点工作安排，切实做好 2012 年房地产用地管理和调控工作，现将有关问题通知如下：

（……）

三、坚决落实保障性安居工程建设用地，实现"应保尽保"

今年继续对保障性安居工程建设用地实行计划指标单列。国务院批准用地城市中心城区经部审查通过的保障性安居工程用地，由部安排计划指标，其他城市由省（区、市）安排计划指标。各省级国土资源主管部门要及时与住房城乡建设（房地产、规划、住房保障）主管部门沟通协调，根据本地区承担的建设任务，分项细化测算用地量，合理提出新增建设用地需求。

对保障性安居工程建设用地特事特办、加快审批。国务院批准用地城市按部规定要求，对保障性住房用地单独组卷，先行申报，其他市、县由各省级国土资源主管部门组织专项报批，计划单列，审批结果于 3 月底前在线报部。保障性安居工程用地要优先安排使用存量土地，鼓励在商品住房小区多安排配建，以有利于方便群众生活和工作，减轻新建设施配套成本压力。

继续对落实国家保障性安居工程建设用地情况实行目标责任考核，由地方各级国土资源主管部门主要负责同志负全责。各地在 3 月底前向社会公布住房用地供应计划时，要将保障性安居工程用地供应计划单独列出向社会公示。部将视各地工作进展情况，不定期开展督促检查，并从 3 季度起对用地落实情况实行月调度，对落实不力的将予以公开通报。

加强利用集体建设用地建设租赁住房试点管理。对于商品住房价格较高、建设用地紧缺的直辖市和少数省会城市，确需利用农村集体建设用地进行租赁住房建设试点的，要按照"严格审批、局部试点、封闭运行、风险可控"的要求，由省级人民政府审核同意试点方案并报部审核批准后，可以开展试点工作。

（……）

2012 年 2 月 15 日

住房城乡建设部、国土资源部关于加强近期住房及用地供应管理和调控有关工作的通知

建房〔2017〕80号

各省、自治区、直辖市住房城乡建设厅（建委、房地局、规划局）、国土资源主管部门：

为贯彻落实党中央、国务院关于房地产工作的决策部署，坚持"房子是用来住的、不是用来炒的"这一定位，加强和改进住房及用地供应管理，改善住房供求关系，稳定市场预期，促进房地产市场平稳健康发展，现就有关事项通知如下：

（……）

（六）增加租赁住房有效供应。建立健全购租并举的住房制度，培育和发展住房租赁市场。将新建租赁住房纳入住房发展规划，采用多种方式增加租赁住房用地有效供应。鼓励房地产开发企业参与工业厂房改造，完善配套设施后改造成租赁住房，按年缴纳土地收益。在租赁住房供需矛盾突出的超大和特大城市，开展集体建设用地上建设租赁住房试点。鼓励个人依法出租自有住房，盘活存量住房资源。

（……）

中华人民共和国住房和城乡建设部
中华人民共和国国土资源部
2017年4月1日

住房城乡建设部、国家发展改革委、公安部、财政部、国土资源部、人民银行、税务总局、工商总局、证监会关于在人口净流入的大中城市加快发展住房租赁市场的通知

建房〔2017〕153号

各省、自治区、直辖市住房城乡建设厅（建委、房地局）、发展改革委、公安厅（局）、国土资源主管部门、工商局（市场监督管理部门）、证监局，中国人民银行上海总部、各分行、营业管理部、省会（首府）城市中心支行、副省级城市中心支行，各省、自治区、直辖市、计划单列市财政厅（局）、国家税务局、地方税务局：

当前人口净流入的大中城市住房租赁市场需求旺盛、发展潜力大，但租赁房源总量不足、市场秩序不规范、政策支持体系不完善，租赁住房解决城镇居民特别是新市民住房问题的作用没有充分发挥。为进一步贯彻落实《国务院办公厅关于加快培育和发展住房租赁市场的若干意见》（国办发〔2016〕39号），加快推进租赁住房建设，培育和发展住房租赁市场，现就有关事项通知如下。

（……）

（三）增加租赁住房有效供应。

鼓励各地通过新增用地建设租赁住房，在新建商品住房项目中配建租赁住房等方式，多渠道增加新建租赁住房供应，优先面向公租房保障对象和新市民供应。按照国土资源部、住房城乡建设部的统一工作部署，超大城市、特大城市可开展利用集体建设用地建设租赁住房试点工作。鼓励开发性金融等银行业金融机构在风险可控、商业可持续的前提下，加大对租赁住房项目的信贷支持力度，通过合理测算未来租赁收入现金流，向住房租赁企业提供分期还本等符合经营特点的长期贷款和金融解决方案。支持金融机构创新针对住房租赁项目的金融产品和服务。鼓励住房租赁企业和金融机构运用利率衍生工具对冲利率风险。

积极盘活存量房屋用于租赁。鼓励住房租赁国有企业将闲置和低效利用的国有厂房、商业办公用房等，按规定改建为租赁住房；改建后的租赁住房，水电气执行民用价格，并应具备消防安全条件。探索采取购买服务模式，将公租房、人才公寓等政府或国有企业的房源，委托给住房租赁企业运营管理。

要落实"放管服"改革的总体要求,梳理新建、改建租赁住房项目立项、规划、建设、竣工验收、运营管理等规范性程序,建立快速审批通道,探索实施并联审批。

(……)

住房城乡建设部　国家发展改革委　公安部
财政部　国土资源部　人民银行
税务总局　工商总局　证监会
2017年7月18日

中国证监会、住房城乡建设部关于推进住房租赁资产证券化相关工作的通知

证监发〔2018〕30号

中国证监会各派出机构,各省、自治区、直辖市住房城乡建设厅(建委、房地局),新疆生产建设兵团建设局,上海证券交易所、深圳证券交易所,中国证券业协会(报价系统),中国证券投资基金业协会,中国房地产估价师与房地产经纪人学会:

为贯彻落实党的十九大精神和2017年中央经济工作会议提出的关于加快建立多主体供给、多渠道保障、租购并举的住房制度要求,按照《国务院办公厅关于加快培育和发展住房租赁市场的若干意见》(国办发〔2016〕39号)和《关于在人口净流入的大中城市加快发展住房租赁市场的通知》(建房〔2017〕153号),加快培育和发展住房租赁市场特别是长期租赁,支持专业化、机构化住房租赁企业发展,鼓励发行住房租赁资产证券化产品,现就有关事宜通知如下:

一、总体要求

(一)重要意义。住房租赁资产证券化,有助于盘活住房租赁存量资产、加快资金回收、提高资金使用效率,引导社会资金参与住房租赁市场建设;有利于降低住房租赁企业的杠杆率,服务行业供给侧结构性改革,促进形成金融和房地产的良性循环;可丰富资本市场产品供给,提供中等风险、中等收益的投资品种,满足投资者多元化的投资需求。

(二)基本原则。坚持市场化、法治化原则,充分发挥资本市场服务实体经济和国家战略的积极作用;明确优先和重点支持的领域;加强监管协作,推动业务规范发展;积极履行监管职责,切实保护投资者合法权益,合力防范风险。

二、住房租赁资产证券化业务的开展条件及其优先和重点支持领域

(三)发行住房租赁资产证券化产品应当符合下列条件:一是物业已建成并权属清晰,工程建设质量及安全标准符合相关要求,已按规定办理住房租赁登记备案相关手续;二是物业正常运营,且产生持续、稳定的现金流;三是发起人(原始权益人)公司治理完善,具有持续经营能力及较强运营管理能力,最近两年无重大违法违规行为。

（四）优先支持大中城市、雄安新区等国家政策重点支持区域、利用集体建设用地建设租赁住房试点城市的住房租赁项目及国家政策鼓励的其他租赁项目开展资产证券化。

（五）鼓励专业化、机构化住房租赁企业开展资产证券化。支持住房租赁企业建设和运营租赁住房，并通过资产证券化方式盘活资产。支持住房租赁企业依法依规将闲置的商业办公用房等改建为租赁住房并开展资产证券化融资。优先支持项目运营良好的发起人（原始权益人）开展住房租赁资产证券化。

（六）重点支持住房租赁企业发行以其持有不动产物业作为底层资产的权益类资产证券化产品，积极推动多类型具有债权性质的资产证券化产品，试点发行房地产投资信托基金（REITs）。

三、完善住房租赁资产证券化工作程序

（七）支持住房租赁企业开展资产证券化。住房租赁企业可结合自身运营现状和财务需求，自主开展住房租赁资产证券化，配合接受中介机构尽职调查，提供相关材料，协助开展资产证券化方案设计和物业估值等工作，并向证券交易场所提交发行申请。

（八）优化租赁住房建设验收、备案、交易等程序。各地住房建设管理部门应对开展住房租赁资产证券化中涉及的租赁住房建设验收、备案、交易等事项建立绿色通道。对于在租赁住房用地上建设的房屋，允许转让或抵押给资产支持专项计划等特殊目的载体用于开展资产证券化。

（九）优化住房租赁资产证券化审核程序。各证券交易场所和中国证券投资基金业协会应根据资产证券化业务规定，对申报的住房租赁资产证券化项目进行审核、备案和监管，研究建立受理、审核和备案的绿色通道，专人专岗负责，提高审核、发行、备案和挂牌的工作效率。

四、加强住房租赁资产证券化监督管理

（十）建立健全业务合规、风控与管理体系。中国证监会和住房城乡建设部推动建立健全住房租赁资产证券化业务的合规、风控与管理体系，指导相关单位完善自律规则及负面清单，建立住房租赁资产证券化的风险监测、违约处置、信息披露和存续期管理等制度规则，引导相关主体合理设计交易结构，切实做好风险隔离安排，严格遵守执业规范，做好利益冲突防范以及投资者保护，落实各项监管要求。研究探索设立专业住房租赁资产证券化增信机构。

（十一）建立健全自律监管体系。中国证券业协会、中国证券投资基金业协会、中国房地产估价师与房地产经纪人学会要加强配合，搭建住房租赁资产证券化自律监管协作平台，加强组织协作，加快建立住房租赁企业、资产证券化管理人、物业运营服务机构、房地产估价机构、评级机构等参与人的自律监管体系，研究推动将住房租赁

证券化项目运行表现纳入住房租赁企业信用评价体系考核指标，依法依规对严重失信主体采取联合惩戒措施。

（十二）合理评估住房租赁资产价值。房地产估价机构对住房租赁资产证券化底层不动产物业进行评估时，应以收益法作为最主要的评估方法，严格按照房地产资产证券化物业评估有关规定出具房地产估价报告。承担房地产资产证券化物业估值的机构，应当为在住房城乡建设部门备案的专业力量强、声誉良好的房地产估价机构。资产支持证券存续期间，房地产估价机构应按照规定或约定对底层不动产物业进行定期或不定期评估，发生收购或者处置资产等重大事项的，应当重新评估。

（十三）积极做好尽职调查、资产交付与持续运营管理工作。资产证券化管理人、房地产估价机构、评级机构等中介机构应勤勉尽责，对有关交易主体和基础资产进行全面的尽职调查，确保符合相关政策和监管要求。发起人（原始权益人）应切实履行资产证券化法律文件约定的基础资产移交与隔离、现金流归集、信息披露、提供增信措施等相关义务，并积极配合中介机构做好尽职调查。

五、营造良好政策环境

（十四）培育多元化的投资主体，提升资产支持证券流动性。中国证监会、住房城乡建设部将共同努力，积极鼓励证券投资基金、政府引导基金、产业投资基金、保险资金等投资主体参与资产证券化业务，建立多元化、可持续的资金保障机制。

（十五）鼓励相关部门和地方政府通过市场化方式优先选择专业化、机构化或具有资产证券化业务经验的租赁住房建设或运营机构参与住房租赁市场，并就其开展租赁住房资产证券化予以政策支持。

（十六）建立健全监管协作机制。中国证监会、住房城乡建设部建立住房租赁资产证券化项目信息共享、日常监管及违规违约处置的工作机制，协调解决住房租赁资产证券化过程中存在的问题与困难，推动住房租赁资产证券化有序发展。中国证监会各派出机构及上海、深圳证券交易所等单位与各省级住房城乡建设主管部门应加强合作，充分依托资本市场，积极推进符合条件的企业发行住房租赁资产证券化产品，拓宽融资渠道；加强资产证券化的业务过程监管，防范资金违规进入房地产市场，严禁利用特殊目的载体非法转让租赁性质土地使用权或改变土地租赁性质的行为。

中国证券监督管理委员会
中华人民共和国住房和城乡建设部
2018 年 4 月 24 日

地方层面

北　京

北京市国土资源局、北京市发展和改革委员会、北京市规划委员会、北京市住房和城乡建设委员会、北京市农村工作委员会、北京市财政局、北京市地方税务局关于印发北京市利用农村集体土地建设租赁住房试点实施意见的通知

京国土耕〔2014〕467号

各区县政府、各有关部门：

经市政府同意，现将《北京市利用农村集体土地建设租赁住房试点实施意见》印发给你们，请认真贯彻执行。

北京市国土局

北京市发展改革委

北京市规划委

北京市住房城乡建设委

北京市农委

北京市财政局

北京市地税局

2014年10月28日

北京市利用农村集体土地建设租赁住房试点实施意见

各区县政府、各有关部门：

为进一步完善我市农村集体建设用地利用机制，拓宽租赁住房建设渠道，促进农村产业结构优化升级，加快推进首都城乡统筹发展，依据《国土资源部办公厅关于北京市利用集体土地建设租赁住房试点意见的函》（国土资厅函〔2011〕865号），经市政府同意，现就我市利用农村集体土地建设租赁住房（以下简称集体租赁住房）试点工作提出如下意见。

一、指导思想和基本原则

（一）指导思想。

坚持以科学发展观为指导，以切实维护农民利益、保障农民长远生计、解决困难群众住房问题为核心，根据党的十八届三中全会精神和国家现行政策，积极稳妥开展集体租赁住房试点工作，着力盘活农村集体土地，推进城乡统筹发展和新农村建设，探索建立城乡统一的建设用地市场。

（二）基本原则。

尊重农民意愿，维护农民权益。集体租赁住房建设，要切实尊重农民意愿，维护农民利益，使农民和农村集体通过出租房屋获得长期稳定收益，分享城乡统筹发展成果。

符合规划，用途管制。集体租赁住房用地必须符合国民经济和社会发展纲要、土地利用总体规划、城乡规划，且权属清晰。严格执行土地用途管制，不得违规占用农用地。

规范有序，结果可控。集体租赁住房建设，应统筹规划，循序渐进。严格控制试点规模总量，经批准后方可实施，防止以各种名义擅自扩大用地和建设规模。

注重监管，只租不售。集体租赁住房建设，必须依法履行相关报批手续，不得违法出租和转让建设用地使用权，房屋建成后只进行出租和周转使用，不得出售或以租代售，不得从事其他经营活动。

二、试点范围

在我市重点产业功能区、城乡结合部、重点新城及其他租赁住房需求强烈的区域，分批开展试点，适当集中建设，循序渐进，待运行规范后逐步推开。

三、政策措施

（一）严格项目准入条件。

集体租赁住房是一种农民集体持有的租赁产业（租赁物业），可依法出租获取收益。其用地按照城镇居住用地标准进行规划和管理，仅用于租赁住房建设。在统筹考虑首都城乡发展和产业整体布局的前提下，确定集体租赁住房建设类型、用地规模和空间布局，优先在产业比较完备、居住配套相对不足的区域布局，并配置必要的居住公共服务设施。

集体租赁住房项目的套型结构和面积标准原则按照北京市公共租赁住房建设的相关技术规定，进行规划、设计和建设。

集体租赁住房项目的资本金及其他配套资金应落实筹集方式和资金来源。

（二）明确项目运营模式。

集体租赁住房由农村集体经济组织自主进行开发建设。项目建成后，鼓励农村集体经济组织在符合相关规定的前提下，将集体租赁住房作为我市公共租赁住房房源，由各级住房保障机构或其授权的相关主体，按照我市相关要求进行租赁和运营管理。房屋的租赁年期、经营方式和租金分配等事项由双方协商确定，并签订书面合同。

（三）规范项目审批程序。

集体租赁住房项目以农村集体经济组织为主，按照试点管理的相关要求，办理相关批准手续，具体如下：

1. 试点申请。农村集体经济组织应按照本意见的相关规定拟定试点项目建设实施方案，方案包括：项目名称、建设地点、用地面积与四至范围、土地利用现状及相关图件、用地规划及相关图件、建设规模、项目必要性可行性分析、资金来源和测算，以及项目建设和运营模式等内容。方案由集体经济组织成员大会或成员代表大会通过，经乡镇政府初审同意，报区县政府核准后，由区县政府正式函报市国土局申请试点。

2. 试点批准。收到试点申请后，由市国土资源局牵头组织发改、规划、建设、农村等相关部门，按照本意见的相关规定对项目方案进行审核。符合试点要求的，由市国土资源局报市政府批准同意，并报国土资源部备案。

3. 项目报批。建设项目正式被列为试点后，农村集体经济组织正式向发改、规划、国土和建设等主管部门申请办理项目预审、立项、规划、用地和开工建设等批准手续。

发改、规划、国土和建设等相关主管部门依据市政府的批准文件，进行项目审查。同时，项目用地预审、立项批复、规划意见、用地批复和建设工程施工许可证等，均应注明：该项目只能用于租赁，不得对外销售。具体如下：

（1）项目预审手续。市或区县国土部门对试点项目的项目性质、建设主体、用地合规性、用地规模等进行审查，出具《建设项目用地预审意见》。

（2）项目立项手续。市发展改革部门对试点项目的项目性质、建设主体、投资来源、招投标方案等方面进行审查，出具项目批复文件。

（3）项目规划手续。市规划行政主管部门（含分局）根据相关规划要求，对试点项目出具规划条件等规划意见，规划意见中应包含用地性质、建筑性质、用地位置和范围、建筑规模、控制高度、容积率、绿地率等相应的规划要求。

（4）项目用地手续。区县国土分局对试点项目的土地权属、地类、土地规划、是否违法等情况进行全面审查，属于存量建设用地的，报市国土局核准后，正式上报区县政府下达项目用地批复。

（5）项目施工手续。区县建设部门对试点项目工程建设进行审查，依据上述项目立项、规划、用地手续，出具项目建设工程施工许可证，并对项目施工过程进行监管。

4. 项目报备。区县政府应及时将项目审批情况上报市集体租赁住房试点工作联席会议（市国土局）。

（四）严格住房建设监管。

集体租赁住房项目涉及民生和公共安全，为确保其工程建设质量，应依法进行公开招标。

集体租赁住房项目由所在区县建设行政主管部门依法进行质量安全监督管理，对涉及结构安全、使用功能、观感质量和建筑节能等方面进行重点监督。集体租赁住房的建筑结构和附属设施设备，应当符合国家及本市相关法规、规范要求，不得危及人身安全。

（五）严格土地和住房权属管理。

在取得项目建设相关批准文件后，项目建设单位应当依法办理土地和房屋登记手续，取得土地使用权证，以及房屋所有权证。其中，土地使用权证按项目整体核发，房屋所有权证按幢核发，均不予分割办理单元产权证。同时，土地使用权证应注明：仅用于租赁住房建设，未经批准，不得出让、转让、抵押，不得转租，不得改变土地用途。房屋所有权证应注明：不得转让和抵押。

（六）严格集体资产管理。

除规划公共服务设施及人防工程外，集体租赁住房及其附属设施设备归农村集体经济组织所有。

农村集体经济组织应严格按照本市农村集体资产管理和村合作经济组织会计制度的有关规定，管理集体租赁住房等相关集体资产。对集体租赁住房的收益分配等重大事项，农村集体经济组织应严格履行民主程序，定期公布账目，接受集体经济组织成员监督。要健全完善收益分配机制，切实维护计划生育家庭的合法权益，集体租赁住房租赁收益分配方案须得到集体经济组织成员大会或成员代表大会通过。

（七）严格税费收缴管理。

集体租赁住房建设及其租赁收益等相关税费政策，由市财政部门、地税部门按国家和北京市的相关规定执行。

（八）加强舆论引导。

市、区县、乡镇各级政府和有关部门，以及各村级基层组织，要加强舆论正面引导，正确理解集体租赁住房的相关政策措施，为集体租赁住房建设试点工作营造良好的舆论氛围。

四、组织领导

（一）加强组织领导。

市、区县、乡镇各级政府及有关部门应按照市委、市政府的统一部署，高度重视集体租赁住房建设试点工作，将此项工作列入重要议事日程，统一认识，周密部署，稳步推进。

（二）建立联席会议制度。

为做好集体租赁住房建设试点工作，建立由市国土局牵头，市发展改革委、市住房城乡建设委（市住保办）、市规划委、市农委、市财政局、市地税局等部门组成的联席会议制度，定期召开试点工作联席会议，及时通报试点进展情况，会商和解决相关问题。

相关区县政府是各试点的具体责任主体，也应成立相应的联席会议机构，全面负责组织实施当地集体租赁住房建设试点工作，专题确定试点具体实施方案、领导责任、实施主体及相关部门具体职责等试点工作内容，统筹安排，全面协调乡镇政府、村级组织、村民以及相关部门等各方关系，将试点工作各项内容落到实处。

（三）明确职责分工。

国土、发改、规划、建设、农村、财政、税务等相关部门及相关区县政府，要结合职责，对照试点实施方案，强化集体租赁住房建设和租赁监管的部门联动和信息共享，形成工作合力，严格按照相关规定，切实加强集体租赁住房的规划建设、批后监管、用途管制和服务保障工作，及时查处集体租赁住房相关的违法违规行为，确保各项政策措施抓好抓实，并积极研究制定推进集体租赁住房建设的相关配套政策。

市国土局负责牵头组织和统筹协调整体试点工作，具体负责定期召开试点工作联席会议，及时通报试点进展情况，会商和解决相关问题；负责集体租赁住房试点项目的用地管理、审核工作，以及相关用地政策研究。

市发展改革委按照审批权限负责集体租赁住房建设项目立项审批、投资计划办理等工作。

市规划委负责研究试点区域相关集体租赁住房规划，配合区县做好集体租赁住房试点项目工作，出具规划意见。

市住房城乡建设委负责指导区县住房建设部门，对集体租赁住房的建设施工、房屋产权、房屋租赁、房屋建筑结构安全等方面进行监督管理。

市农委负责指导农村集体经济组织严格集体租赁住房资产管理，完善集体租赁住房的收益分配等机制。

市财政局、市地税局严格按国家的相关规定，贯彻落实集体租赁住房建设及其租赁收益等相关税费政策。

区县政府应会同乡镇政府共同依法负责具体试点项目的组织、指导和监督，对于未经批准擅自建设租赁住房或者将租赁住房销售的，应当依法予以查处，切实防止对外出售和以租代售。区县相关部门应当按照北京市房屋租赁管理相关规定，依法加强集体租赁住房项目建设和租赁的治安、消防、户籍、人口计生、规划、税务、国家安全和城市管理综合执法等监督管理工作。

村级组织应当协助配合有关行政部门做好集体租赁住房建设和租赁经营的监督管理工作。

五、本意见自发布之日起实施，有效期5年。

北京市规划和国土资源管理委员会关于印发《关于统筹利用集体建设用地政策的有关意见》的通知

市规划国土发〔2017〕69号

各有关区政府：

为指导各区开展统筹利用集体产业用地试点实施，经市政府批准，现将《关于统筹利用集体建设用地政策的有关意见》予以印发，请各区政府在试点实施中遵照执行。

特此通知。

附件：关于统筹利用集体建设用地政策的有关意见

北京市规划和自然资源管理委员会
2017年3月6日

附件

关于统筹利用集体建设用地政策的有关意见

为盘活我市农村集体建设用地，提高土地集约节约利用水平，实现建设用地减量发展，加快非首都功能疏解，促进城乡一体化发展进程，经市政府批准，提出如下意见，指导各区开展统筹利用集体建设用地试点实施。

一、积极稳妥探索以土地使用权入股、联营试点模式

（一）在保持集体土地所有权不变的前提下，依法经过民主程序，由镇级联管公司以土地使用权入股、联营等形式与其他单位共同兴办企业。

（二）土地使用权的入股期限最高不得超过40年。土地使用权进行价值评估后方能入股，作为收益分配的基本依据。集体经济组织在新成立企业的持股比例不得低于51%，且应有保底分红。

（三）入股后的土地使用权不得出让、转让或者出租。入股联营兴办的企业以厂房等建筑物抵押时，应经土地所有权人同意。

（四）在用地标准上，应结合我市减量发展有关要求，按照不同行业和经营规模，严格控制用地标准。

二、探索乡镇统筹利用集体产业用地模式

（一）按照发展权共享的原则，为解决不同规划下土地所有权主体权益不均衡等问题，探索乡镇统筹的适宜用地模式。

（二）以镇为实施单元，各村集体经济组织严格履行民主程序后，以土地使用权入股，成立镇级联营公司。土地使用权登记在镇级联营公司名下，但应坚持土地所有权不变。

（三）各村集体经济组织一次性授权镇级联营公司，开展入股后土地的开发、经营与利用。一次性授权事项包括：开展集体建设用地报批、整治开发、拆除腾退、规划建设、合同签订、运营管理、收益分配等。

（四）镇级联营公司的股权由各村持有，作为收益分配的依据，并保障各村作为镇级联营公司股东的法定决策权和监督权。社会资本不得进入镇级联营公司。

三、采取自征自用方式保护农民长远生计

（一）产业用地办理征地手续后，可定向为集体经济组织办理土地出让手续并进行工程建设。

（二）集体经济组织应自筹资金投资，不得引入外部资本。

（三）项目建成后，由集体经济组织用于建设自持物业及经营，并应优先安置本集体劳动力，不得转让。

（四）项目运营收益应按规定纳入农村集体资产管理、使用，保障农民长远收益。

四、试点推进利用集体土地建设租赁住房

（一）在产业定位和用地上，将集体租赁住房定位为一种农村集体持有的租赁产业（即租赁物业）；其用地按照城镇居住用地标准进行规划和管理。

（二）在规划建设标准上，统筹考虑首都城市发展和产业整体布局，参照北京市公租房的规划、建设和用地标准，确定集体租赁住房的建设类型、用地规模和空间布局。

（三）在项目管理要求上，集体租赁住房的项目主体为农村集体经济组织，其用地须符合规划且权属清晰，并按照有关程序办理用地手续。

（四）在建设运营管理模式上，以农村集体经济组织为主体进行开发建设，项目建成后由住房管理部门授权的主体统一趸租、运营和管理。

（五）在权属管理上，除规划公共服务设施及人防工程外，土地使用权和房屋所有权均归集体经济组织，只核发整体产权证，不得分割，只租不售。

五、积极推进城乡建设用地增减挂钩试点

（一）建新与拆旧联动，产业与宅基地统筹考虑。挂钩项目区原则上应在本区行政辖区内设置。

（二）拆旧区的拆迁补偿安置费用，可纳入建新地块一级开发成本；拆旧地块的复垦费用，可由政府或社会单位投资。

（三）建新地块占用的农用地由拆旧地块的建设用地平衡置换，不再办理农转用手续，相应新增建设用地土地有偿使用费不需缴纳。涉及征地的，应依法办理征地手续。

（四）涉及占用耕地挂钩的，不需另行耕地占补平衡，耕地开垦费不需缴纳。

（五）建新地块上市或供地前，拆旧区应完成同比例新增耕地验收和挂钩指标归还。

六、探索集体经济组织内部宅基地转让、出租机制

（一）按照公开、公平、自愿、有偿的原则，允许村民将闲置宅基地和房屋，转让或出租给农村集体经济组织，由集体经济组织在内部进行再分配、利用。

（二）探索保障集体经济组织成员居住权益以及宅基地转让条件。购买取得宅基地的村民，应符合宅基地申请条件。

（三）探索宅基地转让机制、回购机制、价格形成机制以及相关税费政策。

（四）探索闲置宅基地利用政策及相关审批机制，促进闲置宅基地的盘活利用，提高农民住房财产性收益。乡镇政府应做好前期审核工作，严格审核村民转让资格及条件。

北京市人民政府关于下达2017年利用集体土地建设租赁住房供地任务的通知

京政字〔2017〕6号

各有关区政府，市政府各有关部门：

为加强本市住房保障和房地产市场调控工作，推进土地供给侧结构性改革，集约节约利用集体土地资源，加大租赁住房用地供应，现将2017年利用集体土地建设租赁住房供地任务下达给你们，并就有关事项通知如下：

一、合理选取地块

用于建设租赁住房的集体土地，应符合土地利用总体规划和城乡规划，具有一定的交通、市政等配套基础设施和公共服务设施条件。各有关区政府要统筹考虑村庄整治、城乡一体化，结合"三城一区"和产业功能区规划建设，在毗邻产业园区、交通枢纽和新城的区域优先选择适宜地块建设租赁住房。

二、加强规划建设和管理

（一）利用集体土地建设租赁住房的用地应按照城镇居住用地标准进行规划和管理，纳入各区职住平衡规划指标评价体系，在规划建设标准上要统筹考虑城市发展和产业整体布局，结合区域实际情况和市场需求，合理确定用地规模、空间布局和套型设计标准。

（二）利用集体土地建设租赁住房以镇级统筹为基本原则，以镇级集体经济组织为主体，统一办理立项、规划、用地等手续。有条件的村级集体经济组织，也可作为建设主体。

（三）集体经济组织可利用自有资金或各区住房保障机构预付的部分租金用于项目开发建设；也可以建设用地的预期收益向金融机构申请抵押贷款，或以土地使用权入股、联营的方式与国有企业联合实施项目开发建设。

（四）利用集体土地建设的租赁住房为集体经济组织持有的租赁产业（即租赁物业），其土地使用权和房屋所有权归集体经济组织，或由集体经济组织与合作企业根据合同约定共享产权，只核发整体产权证，不得分割，只租不售。

（五）利用集体土地建设的租赁住房租金水平应统筹考虑区位、配套服务、市场需求等因素，参考周边市场物业水平合理确定，并与房屋租赁市场接轨。

三、严格落实责任

各有关区政府和市有关部门要按照市委、市政府的工作部署，细化政策措施，层层落实责任，确保完成任务。区政府要抓紧编制项目实施方案，及早开展地上物拆除腾退工作，确保于2017年10月底前完成建设用地占地批复，实现用地供应。市有关部门要积极支持配合，进一步优化审批流程，简化审批手续，加快审批进度。市规划国土委要发挥好牵头作用，加强统筹协调，定期向市政府报告工作进展情况；市政府督查室要加强督促检查，推动任务落实。要将利用集体土地建设租赁住房供地任务落实情况纳入对区政府和市有关部门的绩效考核，对工作不落实、态度不积极、进展缓慢、弄虚作假的单位和责任人员依法依纪严肃追究责任。

附件：北京市2017年利用集体土地建设租赁住房供地任务

北京市2017年利用集体土地建设租赁住房供地任务

单位	2017年任务量/hm²
朝阳区	40
海淀区	40
丰台区	40
石景山区	5
昌平区	40
顺义区	40
通州区	40
大兴区	40
房山区	40
门头沟区	5
怀柔区	5
密云区	5
平谷区	5
延庆区	5
合计	350

北京市规划和国土资源管理委员会、北京市住房和城乡建设委员会关于进一步加强利用集体土地建设租赁住房工作的有关意见

京规划国土发〔2017〕376号

各区人民政府、各有关单位：

为推进我市土地供给侧结构性改革，进一步加强利用集体土地建设租赁住房工作，落实我市2017—2021年集体土地供应任务，拓宽租赁住房建设渠道，建立租购并举的住房体系，努力建设国际一流的和谐宜居之都，经市政府批准，就进一步加强我市利用集体土地建设租赁住房工作提出如下意见。

一、指导思想和基本原则

（一）指导思想。

全面贯彻落实习近平总书记两次视察北京重要讲话精神，进一步落实"四个中心"的首都城市战略定位，坚持"房子是用来住的，不是用来炒的"要求，推进我市土地供给侧结构性改革，集约节约利用集体土地资源，加大租赁住房用地供应，加强本市住房保障和房地产调控工作，建立租购并举的住房体系，努力建设国际一流的和谐宜居之都。

（二）基本原则。

1. 符合规划，用途管制。集体租赁住房用地应符合国民经济和社会发展纲要、土地利用总体规划、城乡规划，且权属清晰。严格执行土地用途管制，不得违规占用农用地。

2. 市场对接，规范有序。坚持市场经济改革方向，发挥市场配置资源的决定性作用，租户选择、租金水平、户型设计对接市场需求，并按照有关租赁管理政策进行管理和规范。

3. 注重监管，只租不售。集体租赁住房建设，应依法履行相关报批手续，不得违法出租和转让建设用地使用权，房屋建成后只进行出租使用，不得出售或以租代售。

4. 自主运作，维护农民权益。尊重农民集体意愿，切实履行民主程序，统筹考虑

政策篇

农民集体经济实力，合理确定项目运作模式，维护农民权益，使农民和农村集体通过出租房屋获得长期稳定收益，分享城乡统筹发展成果。

二、政策措施

（一）严格项目准入条件。

集体租赁住房是农民集体持有的租赁产业（租赁物业），可依法出租获取收益。未经批准，不得出让、转让，不得转租，不得改变土地用途。不得对外出售或以租代售。坚决杜绝变相开发建设小产权房。

（二）合理选取建设地点。

用于建设租赁住房的集体土地，应符合以下条件：

1. 符合土地利用总体规划和城乡规划。
2. 具有一定的交通等配套基础设施和公共服务条件。
3. 结合"三城一区"和产业功能区，坚持毗邻产业园区、毗邻交通枢纽和毗邻新城。

（三）统筹考虑村庄整治、城乡一体化工作进程。

集体租赁住房项目可结合腾退疏解、减量要求，开展城乡建设用地增减挂钩工作。区政府应在增减挂钩批准后，3年内完成拆旧地块的复垦和挂钩指标的归还。

（四）明确项目运营模式。

1. 关于项目主体。

集体租赁住房建设以镇级统筹为基本原则，以镇级集体经济组织为主体，统一办理相关立项、规划及用地等手续。有条件的村级集体经济组织，也可作为项目申报主体。

集体经济组织以土地使用权入股与国有企业合作开发的，可以集体经济组织为项目申报主体，也可以成立的新企业为申报主体。

农村集体经营性建设用地入市试点区域，也可在项目地块公开入市交易后，由土地竞得者进行开发建设。

2. 关于建设资金。

集体租赁住房项目的资本金及其他配套资金，可通过以下方式筹集解决：

（1）集体经济组织自有资金，市、区住房保障专业运营机构、园区管理机构或签约租赁的企业支付租金，用于项目开发建设。

（2）农村集体经济组织以建设用地的预期收益，向金融机构申请抵押贷款，获得金融资本的支持。加强与国家开发银行等政策性银行合作，充分利用长期、低息政策性信贷资金。金融监管部门引导有关银行针对符合相关政策的项目，按照风险可控、产业可持续原则开展相关金融产品创新。

（3）由农村集体经济组织以土地使用权入股、联营的方式，与国有企业联合开发建设。但集体经济组织在新成立企业的持股比例不得低于51%，且应有保底分红。

3. 关于规划布局及用地标准。

集体租赁住房用地按照城镇居住用地标准进行规划和管理。在统筹考虑首都城乡发展和产业整体布局的前提下，确定集体租赁住房的建设类型、用地规模和空间布局，优先在产业比较完备、居住配套相对不足的区域布局，并配置必要的教育、医疗等居住公共服务设施。

4. 关于住房套型结构和标准。

集体租赁住房的套型结构和面积标准，可结合区域实际情况，按照市场需求，进行规划、设计和建设，实施全装修成品交房。

5. 关于租赁模式。

项目建成后，在符合相关规定的前提下，租赁住房的租金水平可统筹考虑区位、配套、市场需求等因素，并参考周边市场物业水平，与房屋租赁市场接轨。农村集体经济组织应制定出租方案，经民主决策后公开进行。租赁年期、租金价格及支付方式等事项由相应的出租方与承租人协商确定，并可依法约定租金调整方式。鼓励签订长期住房租赁合同，但单次租期不得超过10年。除承租人另有要求外，单次租赁期限不低于3年；承租人要求承租3年或以内的，出租机构不得拒绝。

鼓励趸租集体租赁住房作为公租房房源，面向公租房备案家庭或人才配租，或由保障家庭自行承租，依规申请政府租金补贴，经住房保障管理部门确认纳入全市保障性住房筹集计划的，可依据规定享受公共租赁住房税费减免优惠政策。

区政府应加强租赁引导，与产业布局、就业人群相结合，促进职住平衡。鼓励将集体租赁住房委托给专业化运营企业进行管理和运营，提高租赁业务和物业管理的标准化、专业化水平。

（五）规范项目审批程序。

进一步优化项目审批程序，建立快速审批通道，探索实施并联审批。

1. 项目申请。项目申报单位应拟定项目建设实施方案，方案内容包括：项目名称、建设地点、用地面积与四至范围、土地利用现状及规划情况、项目申报主体、资金来源、运营模式以及项目推进计划等。实施方案由区政府审核后，由区政府函报市规划国土委。

2. 试点批准。由市规划国土委牵头组织发展改革、建设、农村等相关部门，对项目实施方案进行审核。符合试点要求的，由市规划国土委报市政府批准后实施。

3. 项目报批。申报单位向规划国土、发展改革和建设等主管部门申请办理项目规划、预审、立项、用地和开工建设等批准手续，其中可同步办理的审批手续应同步开展。

项目规划、预审、立项等手续可并联开展,农转用批复、占地批复可与项目立项同步办理。

规划条件、用地预审、立项批复、用地批复和建设工程施工许可文件等,均应注明:该项目只能用于租赁,不得对外销售。

4.项目报备。各区政府应及时将项目审批情况上报市集体租赁住房试点工作联席会议(市规划国土委)。

(六)严格不动产的产权管理。

以集体经济组织为申报主体的,集体租赁住房涉及的土地使用权和房屋所有权归农民集体所有。以集体经济组织与国有企业合作成立的企业申报的,集体租赁住房涉及的土地使用权和房屋所有权归新成立的企业所有。

在取得项目建设相关批准文件后,项目单位应当依法办理不动产权利证书(土地使用权)。权利证书按项目整体核发,并注明:仅用于租赁住房建设,未经批准,不得出让、转让,不得转租,不得改变土地用途,不得出售。项目建成后,项目单位应依法办理不动产权利证书(房屋所有权),权利证书按项目整体核发,均不予分割办理单元产权证书,权利证书应注明:仅用于租赁住房运营管理,不得出售。

(七)严格住房建设监管。

集体租赁住房项目应当按照国家及我市有关规定,依法进行公开招标,规划设计方案应经专家审核。

集体租赁住房项目由所在区建设、规划行政主管部门依法进行质量安全监督管理,对涉及的结构安全、使用功能、观感质量和建筑节能等方面进行重点监督。集体租赁住房的建筑结构和附属设施设备,应当符合国家及本市相关法规、规范要求,不得危及人身安全。

(八)严格集体资产管理。

除规划公共服务设施及人防工程外,归农民集体所有的集体租赁住房及其附属设施设备,纳入固定资产台账,加强监管。农村集体经济组织应严格履行民主程序,制定分配方案。其中,已完成集体产权制度改革的村集体,应按照社区股份合作经济组织章程规定,进行公开、公平、公正分配,并按照本市农村集体经济组织财务公开有关规定,定期公布账目,接受集体经济组织成员监督。

(九)税费收缴管理。

由市财政部门、地税部门、国税部门针对房屋租赁行业特点,结合国家相关扶持政策,依法征缴。

三、保障机制与措施

（一）加强组织领导。

市、区、乡镇各级政府及有关部门应按照市委、市政府的统一部署，高度重视集体租赁住房建设工作，将此项工作列入重要议事日程，统一认识，周密部署，稳步推进。

（二）建立联席会议制度。

为做好集体租赁住房建设试点工作，建立由市规划国土委牵头，市发展改革委、市住房城乡建设委、市农委、市财政局、市地税局、市国税局、市金融局、市银监局、市交通委、市水务局、市环保局、市文物局等部门组成的联席会议制度，定期召开试点工作联席会议，审核试点项目实施方案，及时通报试点进展情况，会商和解决相关问题。

相关区政府是试点项目的责任主体，也应成立相应的联席会议机构，全面负责组织实施辖区内集体租赁住房建设试点工作，专题确定试点具体实施方案、领导责任、实施主体及相关部门具体职责等试点工作内容，统筹安排，全面协调乡镇政府、村级组织、村民以及相关部门等各方关系，将试点工作各项内容落到实处。

（三）明确职责分工。

规划国土、发展改革、建设、农村、财政、税务等相关部门及相关区政府，要结合职责，对照试点实施方案，强化集体租赁住房建设和租赁监管的部门联动和信息共享，形成工作合力，严格按照相关规定，切实加强集体租赁住房的规划建设、批后监管、用途管制和服务保障工作。及时查处集体租赁住房相关的违法违规行为，确保各项政策措施抓好抓实，并积极研究制定推进集体租赁住房建设的相关配套政策。

市规划国土委负责牵头组织和统筹协调集体租赁住房建设用地相关工作，具体负责定期召开试点工作联席会议，及时通报试点进展情况，会商和解决相关问题。

市发展改革委负责按国家及市政府规定权限，指导办理项目立项、投资计划等工作。

市住房城乡建设委负责指导区住房建设部门，对建设施工、房屋租赁、住房保障、房屋质量、建筑结构安全等方面进行监督管理。

市农委负责指导农村集体经济组织严格集体租赁住房资产管理并依据本集体经济组织章程完善收益分配等机制。

市财政局、市地税局、市国税局严格按国家的相关规定，贯彻落实项目建设及其租赁相关财政扶持政策。

各区政府应责成乡镇政府依法负责具体项目的组织、指导和监督，对于未经批准擅自建设租赁住房或者将租赁住房销售的，应当依法予以查处，切实防止对外出售和以租代售。集体租赁住房合作开发建设企业、住房租赁企业、房地产经纪机构等企业参与违规行为的，相关主管部门依法严肃查处，计入企业不良信用档案。

各区相关部门应当按照北京市房屋租赁管理相关规定，依法加强集体租赁住房项目建设和租赁的治安、消防、户籍、人口计生、规划、税务、国家安全和城市管理综合执法等监督管理工作。各区应研究制定相关配套政策，支持农村集体经济组织建设租赁住房，缓解集体经济组织资金压力。

村级组织应当协助配合有关行政部门做好集体租赁住房建设和租赁经营的监督管理工作。

（四）加强舆论引导。

市、区、乡镇各级政府和有关部门以及各村级基层组织，要加强舆论正面引导，正确理解集体租赁住房的相关政策措施，为集体租赁住房建设工作营造良好的舆论氛围。

四、本意见自发布之日起实施

本意见自发布之日起实施，有效期为5年。《关于印发北京市利用农村集体土地建设租赁住房试点实施意见的通知》（京国土耕〔2014〕467号）自本意见实施之日起不再执行。

北京市规划和国土资源管理委员会
北京市住房和城乡建设委员会
2017年10月31日

北京市住房和城乡建设委关于加强北京市集体土地租赁住房试点项目建设管理的暂行意见

京住保〔2018〕14号

各区人民政府，各有关部门，各有关单位：

集体土地建设租赁住房是加快建立多主体供给、多渠道保障、租购并举住房制度的重要组成部分。为完成《北京城市总体规划（2016年—2035年）》中确定的租赁类住房建设任务，加快推进集体土地租赁住房建设，严格工程质量管理，提升规划设计水平，打造国际一流和谐宜居之都精品优质示范工程，根据《关于进一步加强利用集体土地建设租赁住房工作的有关意见》（市规划国土发〔2017〕376号）及有关文件精神，现就集体土地租赁住房工程建设管理工作提出以下指导意见：

一、严格落实主体责任

（一）各区人民政府是推进本区试点项目建设的责任主体。区住房城乡建设委员会应建立建设工作推进协调机制，定期组织区规划国土、发改、农村等部门召开联席会，指导项目建设单位加快办理建设手续，确保项目尽早开工建设。

（二）集体土地租赁住房项目建设单位是建设管理第一责任主体，要按照法律法规和本市相关政策规定建立健全工程建设管理机构和工作机制，依法加强勘察、设计、施工、监理等全过程管理，督促建设工程有关单位和人员落实质量安全责任。

二、加快项目手续办理

（三）建立项目绿色审批通道机制。按照简政放权、优化管理、主动服务的原则，市级相关部门应将集体土地租赁住房试点项目建设纳入市级绿色审批通道，靠前指导，主动服务，有效解决审批过程中的技术衔接问题。各区人民政府应同步建立绿色审批通道机制，进一步简化审批条件，压缩办理时限，切实提高审批效率。

（四）实行行业统筹，分阶段并联审批。以用地批复、立项文件、建设工程规划许可证、建筑工程施工许可证为节点，规划国土、发展改革、住房城乡建设等部门按照行业管理职责牵头组织协调，推动各阶段相关部门直接沟通，加快并联审批。

（五）按照我市优化营商环境相关政策，集体土地租赁住房试点项目纳入市规划国土委牵头组织的"多规合一"协同平台进行建设工程设计方案多部门综合研究，加强全过程监督、施工图联审和联合验收。其中，属于社会投资的项目，按照简化流程办理建设工程规划许可证、施工许可证等审批手续。

三、提升规划设计质量

（六）建设集体土地租赁住房应坚持城乡统筹原则。依据城市总体规划确定的地区规划功能，按照职住平衡、产城融合、建设用地和建设规模增减挂钩的规划要求，加强项目统筹策划，以需定产，实施一体化设计。乡镇政府应统筹协调，组织农村集体经济组织与建设单位完成需求、设计、建设、运营管理等全寿命周期的策划方案，报区政府审核通过后实施。

（七）项目设计应坚持多元化与标准化相结合的原则。应综合考虑周边就业人群、公租房备案家庭以及城市运行服务和保障人员等需求，租金负担等因素，建设多种形式的租赁住房，具体包括：成套租赁住房、租赁型职工集体宿舍。成套租赁住房户型以90平方米以下中小户型为主，公共服务配套原则上按照《北京市居住公共服务设施配置指标》（京政发〔2015〕7号，以下简称《配置指标》）执行。租赁型职工集体宿舍在按照《配置指标》安排居住公共服务设施时，可以适当增加职工日常生活所需建设内容，机动车停车位可参照《公共租赁住房建设与评价标准》执行，教育类配套设施可以不安排。成套租赁住房与租赁型职工集体宿舍具体建设比例由各区住房保障管理部门依据本区项目周边需求测算研究提出，设计方案报区政府同意后实施。

（八）单体设计应遵循长寿化和可变性相结合的原则。充分考虑全寿命期可持续发展，适度超前，建设百年住宅。所有项目实施全装修成品交房，租赁型职工集体宿舍实施装配式装修。鼓励项目采用装配式建筑，鼓励应用绿色高星级建筑和超低能耗建筑等绿色节能环保技术。

（九）推行租赁住房规划设计方案阶段专家评审制度。区住房城乡建设委和区规划国土分局共同组织专家对规划设计方案进行评审，为建设单位提供技术服务。专家评审后的规划设计方案，建设单位可以按照我市优化营商环境相关政策的规定，申请施工图联审，确保施工图设计质量。

四、严格工程招投标和施工许可管理

（十）集体土地租赁住房项目招投标事项，按照我市优化营商环境相关政策执行。区住房城乡建设委等部门要加强集体土地租赁住房建设工程招投标活动监管，规范工程发包承包活动，鼓励项目实施工程总承包模式，坚决打击围标串标、虚假招标等违法违规行为，严禁挂靠、以包代管行为。

（十一）各区住房城乡建设委依法核发集体土地租赁住房项目施工许可证，严禁未批先建。各区住房城乡建设委应加强施工许可批后监管，完善监督检查制度，通过"双随机"等工作措施，对取得施工许可证后的施工行为进行监督检查，发现违法违规行为要及时处理。

五、严格工程质量安全管理

（十二）严格落实工程建设各方主体质量责任。强化工程建设、勘察、设计、施工、监理、材料供应、预拌混凝土生产及检测等参建方质量责任。督促落实建设、勘察、设计、施工和监理五方负责人及预拌混凝土、混凝土预制构件、钢筋供应企业法定代表人质量终身责任制，严格落实好"两书一牌"制度。项目建设可参照我市保障性安居工程预拌混凝土生产质量实施驻厂监理。

（十三）严格落实安全生产五方主体责任。工程建设、勘察、设计、施工、监理单位要落实安全生产责任体系"五落实五到位"相关规定。建设单位要成立专职安全生产管理机构，配备专职安全生产管理人员，加强对各参建单位履约情况的管理，强化对施工单位安全生产费用使用情况的检查，确保用于安全生产方面的费用足额及时支付。

（十四）加强监督执法检查，强化责任追究。各区建设工程质量安全监督部门要把集体土地租赁住房工程作为日常监管的重点，进一步强化对个人违法违规行为的追责力度，严肃查处项目建设中存在的违法违规行为。大力推进社会监督，实行集体土地租赁住房工程实体质量第三方检验制度，坚决杜绝集体土地租赁住房"带病交用"。

六、加强竣工验收管理

（十五）集体土地租赁住房建成后，市住房城乡建设委协调指导区住房城乡建设委完成验收工作。各区住房城乡建设委要加强项目竣工验收指导监督，推行预验房制度，对工程竣工验收的组织形式、验收程序、执行验收标准等情况进行现场监督，发现有违反建设工程质量管理规定行为的，应当责令改正。建设单位应在验收合格之日起15日内，向工程所在地区政府建设主管部门备案。

七、抓好项目配套设施建设

（十六）集体土地租赁住房项目应与周边区域配套市政基础设施、公共服务设施统筹考虑。各项目所需的教育、医疗等公共服务设施，由各区人民政府通过区域平衡解决，降低项目成本负担。各区人民政府应会同各市政专业公司逐一梳理项目周边市政基础设施建设情况，根据先易后难原则，选择市政条件成熟的项目先实施，市政配套条件不完善的项目，各区可结合本区区域规划编制集体土地租赁住房市政基础设施建设计划。具体投资和建设参照保障房项目周边市政配套建设模式组织实施。

（十七）红线内公共服务配套设施，除必须征地的110kV以上电力设施外，其他教育、医疗等公共服务配套可以由各区人民政府选择以占地方式或征地方式建设。选择占地方式建设的，租赁房建设单位建成后由相关政府部门以购买服务方式进行运营管理；选择征地方式建设的，公共服务设施应独立选址占地，与集体租赁住房项目分开，由各区政府按现行投资、建设和运营体制组织实施。相关政府部门应加强对各市政专业公司的监督管理，加强统筹协调，确保住宅工程与配套设施同步规划、同步报批、同步建设、同步验收、同步交用。

八、规范配租运营管理

（十八）集体土地租赁住房配租由区政府按照"统筹分配、统筹管理"原则，优先满足项目周边就业人群、公租房备案家庭以及城市运行服务和保障人员，实现产城融合、职住平衡目标。鼓励公租房备案家庭按市场价直接承租集体土地租赁住房，各区人民政府对符合条件的申请家庭加大租房补贴力度。

（十九）集体土地租赁住房配租运营管理纳入全市统一的住房租赁监管平台，签订房屋租赁合同，依法办理房屋租赁备案登记，建立健全租金监测监管机制，定期发布区域房屋租金价格，稳定租赁市场。鼓励将集体土地租赁住房委托给专业化运营企业进行管理和运营，提高房屋租赁运营和物业管理的标准化、专业化水平。

（二十）各区人民政府要健全合同履约监管机制，维护好农村集体经济组织、农民、企业和承租人等相关主体的合法权益，保障集体经济组织持久稳定收益，促进集体土地租赁住房可持续发展。

（二十一）各区人民政府可结合本意见制定实施细则。

北京市住房保障和住房制度改革工作领导小组办公室
2018年6月1日

北京市住房和城乡建设委员会、北京市发展和改革委员会、北京市规划和自然资源委员会印发《关于进一步优化政策性住房项目建设审批制度的意见》的通知

京建发〔2018〕518号

各区人民政府，各有关部门，各有关单位：

为贯彻落实《国务院办公厅关于开展工程建设项目审批制度改革试点的通知》（国办发〔2018〕33号）要求，建立科学合理、便捷高效的政策性住房项目建设审批制度，经市政府同意，现将《关于进一步优化政策性住房项目建设审批制度的意见》印发给你们，请认真遵照执行。

2018年11月13日

关于进一步优化政策性住房项目建设审批制度的意见

为建立科学合理、便捷高效的政策性住房项目建设审批制度，加快项目建设手续办理，根据国务院办公厅《关于开展工程建设项目审批制度改革试点的通知》（国办发〔2018〕33号）精神，结合我市优化营商环境和"多规合一"有关政策，现就进一步优化我市政策性住房项目建设审批制度提出如下意见：

一、意见适用范围

本意见适用我市政策性住房项目开工建设审批手续办理，包括公租房（租赁房）、棚改等定向安置房、共有产权房、集体土地租赁房。凡已列入我市2018年度政策性住房建设计划，以及今后列入全市政策性住房建设计划的项目，均按此意见办理手续。

二、建立政策性住房项目建设审批绿色通道

（一）减少前置审批环节，优化审批阶段。政策性住房项目在"多规合一"平台生成后纳入全市政策性住房年度建设计划，按照工程建设项目审批制度改革措施明确的立项用地规划许可、工程建设许可、施工许可、竣工验收四个阶段办理。其他各类许可、评价等事项纳入相关阶段并行推进。

（二）行业统筹，分阶段并联审批。发展改革、规划国土、住房城乡建设等部门按照行业管理进行综合协调，加强各阶段相关部门横向沟通，实现各行政审批无缝衔接、并联办理、实时流转、信息共享。

（三）市住房城乡建设委要建立政策性住房项目建设审批手续办理全程跟踪督办机制，确保各项审批手续依规快速办理。

三、与优化营商环境和"多规合一"协同平台有机衔接

（一）按照《关于进一步明确优化营商环境政策适用范围的通知》（市规划国土发〔2018〕159号），没有中央及地方各级政府公共财政直接投资的政策性住房项目均属于社会投资项目，可直接适用我市优化营商环境相关政策。

（二）政策性住房项目规划设计方案通过专家评审会后，区规划国土部门将项目及时纳入"多规合一"协同平台，通过优化工作流程，进行建设工程设计方案多部门综合研究，同步将建设项目信息推送交通、水务、园林、消防、民防等相关部门，加快办理建设工程规划许可证等手续。

（三）推行告知承诺制。对于能通过事中事后监管且不会产生严重后果的审批事项，可调整完成时序或不再作为相关许可的前置要件，由申请人按照要求作出书面承诺，同步开展各类评价和审查工作。节能评估、环境影响评价、水影响评价、交通影响评价等各类评价，申请人作出书面承诺后，可在施工许可前完成。

四、分类简化审批前置条件

根据各类政策性住房的土地供应方式进行分类简化审批：

（一）通过市场招拍挂方式取得土地的政策性住房项目（主要包括共有产权房），签订土地出让合同后，按照我市优化营商环境政策，可纳入"多规合一"协同平台，通过优化工作流程，简化办理规划许可、施工许可等相关手续。

（二）通过国有土地划拨或协议出让取得土地的政策性住房项目（主要包括公租房、租赁房、定向安置房），如建设主体与原土地使用方已签订协议且相关区政府对项目地块情况书面承诺无争议，可以将用地预审文件作为办理施工许可的前置用地手续。

（三）涉及集体土地的棚户区改造及一级开发项目（主要包括棚改安置房和三定三限安置房），如建设主体与原土地使用方已签订协议且相关区政府对项目地块情况书面

承诺无争议，可以将用地预审文件作为办理施工许可的前置用地手续，项目征地及供地工作随棚户区改造（一级开发）同步完成。

（四）集体土地建设租赁房，包括通过占地或出让方式（集体建设用地使用权流转试点）取得土地的项目，在取得占地批复与规划条件，或签订土地出让合同后，可纳入"多规合一"协同平台，通过优化工作流程，简化办理规划许可、施工许可等相关手续。

五、压缩时限，分期建设

（一）政策性住房项目各项行政审批许可办理时限，已按我市优化营商环境政策改革压缩的，适用该办理时限。其他的行政许可事项应按照中央关于深化放管服改革与优化营商环境工作部署，进一步简化流程、优化服务，主动压缩行政许可审批时间。

（二）涉及房屋征收拆迁的政策性住房项目可按用地条件进行分期建设，具备建设条件的地块，可先行办理用地、工程规证、施工许可等工程建设手续。

六、实施全过程监督

（一）对于实行告知承诺制的审批事项，各审批部门应当在规定时间内对申请人履行承诺的情况进行检查，对申请人未履行承诺的，撤销行政审批决定并依法追究申请人的相应责任。

（二）建立信用评价机制，将企业和从业人员违法违规、不履行承诺的不良行为向社会公开，构建"一处失信，处处受限"的联合惩戒机制。

本意见自印发之日起实施。

附件[①]：
1. 政策性住房项目建设审批流程图（招拍挂出让项目）
2. 政策性住房项目建设审批流程图（国有土地划拨或协议出让项目）
3. 政策性住房项目建设审批流程图（涉及集体土地的棚改定向安置房及一级开发项目）
4. 政策性住房项目建设审批流程图（集体土地建设租赁房项目）

北京市住房和城乡建设委员会办公室
2018年11月14日印发

---

① 附件具体内容略。

北京市规划和自然资源委员会、北京市住房和城乡建设委员会关于我市利用集体土地建设租赁住房相关政策的补充意见

京规自发〔2018〕64号

各区人民政府、各有关单位：

为进一步落实中央关于"坚持房子是用来住的，不是用来炒的"定位，加快建立多主体供给、多渠道保障、租购并举的住房制度，进一步规范我市集体土地租赁住房项目申报、投资合作、运营管理等工作，在《关于进一步加强利用集体土地建设租赁住房工作的有关意见》（市规划国土发〔2017〕376号）基础上，市政府批准，就相关配套政策提出如下补充意见。

一、农村集体经济组织可以土地使用权作价入股、联营的方式与国有企业合作

（一）由农村集体经济组织以土地使用权入股、联营的方式与国有企业联合开发建设的，农村集体经济组织持股比例在区政府监督指导下，由双方协商确定。

（二）在办理建设用地审批及前期手续时，可以农村集体经济组织与国有企业成立的新企业作为申报主体；也可先以农村集体经济组织作为申报主体，后续涉及主体变更的，区政府审核同意后，据此办理后续相关手续。

区政府应加快推进总规实施工作，积极稳妥开展集体建设用地政策机制研究，在分区规划和村庄规划中统筹用地布局。变更主体时，应确保集体资产不得流失，切实维护农村集体和农民合法权益。

（三）以农村集体经济组织与国有企业成立新企业作为申报主体的，由双方签订入股联营合同。土地使用权入股、联营期限不得超过50年，合作期满后双方按照合同约定和届时有关规定执行。

国有企业在作价入股（联营）成立的新企业中所持股份转让、变更的，需提前告知农村集体经济组织，变更方案要报区政府批准。农村集体经济组织享有优先受让股份的权利，股权变更不得改变集体土地租赁住房原用途。

二、农村集体经济组织可以项目经营权出租的方式与社会资本合作

鼓励农村集体经济组织以项目经营权出租方式与社会企业合作开发建设，项目经营权出租应符合相关规定。采取以项目经营权出租方式的，应报区政府按有关集体资产管理程序审定。企业取得项目经营权后，应整体持有并持续出租运营，不得将经营权转租给其他单位。

项目经营权出租期限由双方约定，最长不超过50年。

合同期满或提前终止合同的，应对项目移交的内容、标准、方式、程序等依法协商进行约定，其中涉及破产、重组、撤销及实际控制权改变等资产处置的，应事先书面告知集体经济组织并在合同中提前约定处置意见，约定农村集体经济组织与企业收益分享比例，并报区政府同意后组织实施。

三、规范集体建设用地使用权地价评估行为，合理确定农村集体土地入股联营价格

农村集体经济组织对外合作开发集体租赁住房项目，可委托有资质的土地估价机构，遵循有关规定，采用预期租金收益法、成本估算法、市场比较法等多种估价方法进行估价，为集体经济组织确定投资入股土地的正常市场价格提供参考。采用预期租金收益法考虑市场租金变化等因素，还原确定集体租赁住房的成本回收周期及入股集体土地的市场价格；采用成本估算法，分析集体租赁住房用地与国有建设用地在成本构成上的差异，考虑开发建设等周期因素，确定入股联营集体土地使用权的市场价格；采用市场比较法遵循同权同价原则，合理考虑周边及同等条件地块近期市场交易情况，确定入股联营集体土地使用权的市场价格。

项目合作双方应按照公开、公平、公正原则，参考土地估价结果，在区政府统筹监督指导下，平等协商确定项目合作集体土地使用权价格，并在农村集体经济组织内部进行公示。

四、用地选址要符合规划

要求集体租赁住房项目用地必须符合城乡规划和土地利用总体规划，区政府应按照总规和分区规划确定的产业发展方向和用地布局，坚持毗邻产业园区、毗邻交通枢纽和毗邻新城原则，在提前考虑市政配套条件相对完备的基础上，与城乡规划的集中建设区统筹规划，优先选择在集中建设区内进行布局，满足市场需求，完善职住平衡。

集约节约用地，鼓励优先使用存量建设用地。确需占用耕地的，可结合"拆除腾退"和减量发展的要求，由区政府通过开展城乡建设用地增减挂钩项目落实。

五、丰富租赁住房类型，满足城市功能和市场需求

各区政府应综合考虑集体土地租赁住房项目周边就业人群、城市运行服务和保障人员及城市中低收入家庭的实际需求，以市场为导向，重点建设职工集体宿舍、公寓及成套租赁住房。

公共服务配套设施要综合考虑租赁房屋的不同属性，根据项目自身特点及周边实际需求进行配置，非成套住宅、公寓按其属性与运营需要进行配置。街区能够统筹的成套住宅项目可不配置养老设施。

六、建立快速审批通道，优化营商环境

市、区各相关行政主管部门按照全市优化营商环境相关政策及"多规合一"协同平台意见，并联对集体土地租赁住房项目手续进行审批。

环境影响评价、水影响评价、交通影响评价等工作在施工前完成。

除涉及农转用以外使用存量集体建设用地的，由各区政府负责依法审批。

占地及农转用批复可与项目立项、林地许可同步办理。缴纳防洪费不作为核发占地及农转用批复的前置条件，但项目所在区政府应做好费用缴纳的监管工作。

大兴区集体土地租赁住房的抵押登记按改革试点政策办理。

本补充意见与《关于进一步加强利用集体土地建设租赁住房工作的有关意见》（市规划国土发〔2017〕376号）内容不一致的，以本补充意见为准。

本补充意见自发布之日起施行，有效期5年。

北京市规划和自然资源委员会
北京市住房和城乡建设委员会
2018年12月12日

北京市住房和城乡建设委员会、北京市财政局关于印发《北京市发展住房租赁市场专项资金管理暂行办法》的通知

京建发〔2020〕253 号

各区人民政府、各相关单位：

经市政府批准，现将《北京市发展住房租赁市场专项资金管理暂行办法》印发给你们，请遵照执行。

特此通知。

北京市住房和城乡建设委员会
北京市财政局
2020 年 9 月 4 日

北京市发展住房租赁市场专项资金管理暂行办法

第一章　总则

（……）

第六条　专项资金主要用于多渠道筹集租赁房源，支持集体土地建设租赁住房，改建租赁住房，完善房屋租赁数据、信息和管理等。

第二章　集体土地建设租赁住房

第七条　集体土地建设租赁住房项目的建设单位可以申请专项资金，建设单位也可根据双方协议委托运营单位申请专项资金。

第八条　申请专项资金的集体土地建设租赁住房项目，应当符合下列条件：

（一）符合《北京城市总体规划（2016 年 –2035 年）》，纳入我市新增集体土地租赁住房供地范围；

（二）邻近产业园区、交通枢纽或产业新城，具备基础设施和公共服务条件；

（三）取得建设工程施工许可手续，并正式开工；

（四）建设单位、运营单位承诺投入使用后严格按照规划用途使用房屋，全部房源及租赁合同纳入住房租赁监管服务平台管理，租金及涨幅符合有关规定。

第九条　区住建（房管）、区财政部门应当核算集体土地租赁住房项目的成本租金。集体土地租赁住房项目的首期租金不得高于或变相高于周边同类房屋的均价。

第十条　申请专项资金的集体土地租赁住房项目全部投入使用后3年内租金等费用的涨幅应当符合下列规定：

（一）成套住房不超过全市平均租金涨幅；

（二）非成套住房不超过全市平均租金涨幅的50%；

（三）集体宿舍不得上涨。

3年后租金等费用的涨幅原则上不得超过周边同类房屋租金的平均涨幅。

第十一条　专项资金按照套、间补助。补助标准为成套住房4.5万元/套，非成套住房3万元/间，集体宿舍（使用面积20平方米以上，居住人数4至8人）5万元/间。

建筑面积超过120平方米的套（间）不予补助。

第十二条　专项资金应当用于集体土地租赁住房的建设费用，包括偿还借款本息、建筑安装、装修、项目自身应负担的红线内市政基础设施和公共配套建设。

已竣工的项目，专项资金可用于后期运营相关支出，包括配套家电、物业服务等。

第十三条　区住建（房管）、区财政部门在企业承诺可追溯的前提下，可以一次性拨付专项资金。申请单位应当建立专用账户，实行专款专用。

第十四条　申请单位应于专项资金到账后每季度通过住房租赁监管服务平台上报项目进展情况和专项资金使用情况，直至项目竣工并投入运营。区住建（房管）、区财政部门应当对申请单位项目进展情况和资金使用情况进行实时监督，发现异常及时处置。

第三章　改建租赁住房

第十五条　符合下列条件的改建租赁住房项目，可以申请专项资金：

（一）符合本市改建租赁住房的有关规定；

（二）取得竣工验收备案；

（三）具备基本居住条件，人均使用面积4平方米以上；

（四）房源全部纳入住房租赁监管服务平台管理；

（五）项目实施主体承诺租金及涨幅符合规定。

第十六条　区住建（房管）、区财政部门应当核算改建租赁住房项目的成本租金。首期租金不高于周边同类房屋的租金，投入使用后3年内租金不得上涨，3年后租金涨幅原则上不得超过周边同类房屋租金的平均涨幅。

第十七条　专项资金按间补助。补助标准为使用面积15平方米以下的1万元/间，使用面积15平方米及以上的2万元/间。

第十八条 专项资金应当用于改建发生的装修费用,和项目后期运营支出,包括配套家电、物业服务等。

(……)

第七章 附则

第三十七条 本办法由市住房城乡建设委会同市财政局负责解释。

第三十八条 本办法自印发之日起实施,申请时间截至 2021 年 12 月 31 日。

北京市住房和城乡建设委员会、北京市发展和改革委员会、北京市规划和自然资源委员会关于进一步加强全市集体土地租赁住房规划建设管理的意见

京建发〔2020〕365号

各区人民政府，各有关部门，各有关单位：

为加快推进集体土地租赁住房项目开工，增加租赁房源供应，稳定租赁市场，经市政府同意，现就进一步加强全市集体土地租赁住房规划建设管理工作提出以下意见：

一、加强组织领导

（一）建立集体土地租赁住房项目建设工作专班。专班由市政府分管副市长担任召集人，分管副秘书长负责日常协调工作，成员单位包括市住房城乡建设委、市发展改革委、市规划自然资源委、市交通委、市生态环境局、市水务局、市园林绿化局等单位和各区政府。办公室设在市住房城乡建设委，负责专班日常工作，牵头梳理各区、各部门项目推进过程中的重点、难点问题及意见建议，提请专班会商。

专班要加强对各区、各部门督导考核力度，定期向市政府报送集体土地租赁住房建设进展情况、工作信息。

（二）明确部门职责分工。以集体土地租赁住房项目立项文件、建设工程规划许可证、建筑工程施工许可证为节点，发展改革、规划自然资源、住房城乡建设等部门按照行业管理职责分别牵头组织协调，加快审批。

（三）实行建设计划管理。集体土地租赁住房建设用地按照城镇居住用地标准进行规划和管理。各区政府应根据本区集体土地租赁住房土地供应情况，结合房屋租赁实际需求，申报本区集体土地租赁住房年度计划开工建设项目；市住房城乡建设委、市发展改革委、市规划自然资源委等部门统筹确定全市集体土地租赁住房年度建设计划。

二、落实主体责任

（一）各区政府是推进项目建设的第一责任主体，全面负责本行政区域内集体土地租赁住房项目规划选址、手续办理、工程建设、资金使用等各项工作。

各区政府应将工作重心上移，坚持政府主导，加快建立完善本区集体土地租赁住房项目统筹协调工作机制，指导各乡镇、村集体经济组织加强项目管理，建立项目管理规章制度，严格落实工程建设各项法律法规、标准规范及施工图设计文件的要求，有序推进项目实施。

各区政府要加强项目建设全过程管理，按照"村地区管"要求，统筹搭建集体土地租赁住房建设管理平台，优先选择信誉高、资金实力强的专业公司合作，对接区域内需求集中的用房单位。无合作企业且村集体经济组织无力独自开发建设的项目，区政府应暂缓供地。

（二）各区政府应依据城市总体规划及分区规划，统筹考虑园区就业人员、中心城区疏解人口及本区公共租赁住房备案家庭、新就业无房职工、城市运行和服务保障行业务工人员等租赁需求，科学确定本区集体土地租赁住房项目供应规模与选址，明确房源性质、产品定位。

各区政府应在公共服务配套完善、交通便利的项目中统筹规划一定比例的小户型，并在项目规划综合实施方案中予以明确。

（三）各区政府要切实提高集体土地租赁住房项目供地质量，在正式供地之前应完成地上物拆迁拆除工作。

各区政府应同步统筹规划集体土地租赁住房项目周边配套市政基础设施建设，结合本区区域规划尽快编制集体土地租赁住房市政基础设施建设计划，明确投资建设主体、责任部门，加快组织实施，确保同步建设、同步交用。

（四）全市重点在中心城区周边城乡结合部及土地资源较多且有利于服务重点功能区的地带，平原多点新城靠近产业园区的地区，以及市郊铁路沿线、地铁站点、交通枢纽周边等配套相对完善区域规划布局集体土地租赁住房，原则上每个区级产业园区均需规划建设集体土地租赁住房，促进职住平衡、站城融合、产城融合。

三、进一步完善设计建设方式

（一）优化指标配置。尊重市场，依据居住人群需求特点及项目实际，弹性、合理配置居住公共服务设施。公寓型、宿舍型租赁住房配套商业服务设施建筑规模原则按不高于地上总建筑规模15%的比例配置；住宅型租赁住房配套商业服务设施按照《北京市居住公共服务设施配置指标》配置，确有需求的配置比例也可适当提高至地上总建筑规模的15%；地下可按需求配置商业，具体由区政府结合实际确定。配套商业可与住宅在同地块内统一规划布置，但要着重处理好业态兼容、人车分流等影响居住品质的重点问题。

公寓型、宿舍型租赁住房机动车停车位参照公租房有关建设标准，原则按照0.2辆/户设置，住宅型租赁住房原则按照0.6~0.9辆/户设置。各区可结合项目具体规划指标及周边公共交通组织情况，适当调整机动车停车位设置，满足实际需求。

公寓型、宿舍型租赁住房建筑间距及日照暂按《北京地区建设工程规划设计通则》中集体宿舍要求执行，住宅型租赁住房原则参照《北京地区建设工程规划设计通则》中住宅要求执行。

（二）鼓励集体土地租赁住房项目业态混合兼容，建设宜居宜业综合社区。同一项目地块建筑内可兼容多种功能，租赁住房、研发、办公、商业等用途可混合利用，促进产业融合和新业态发展，提高项目资源在功能组合和空间配置上的优化增效。

（三）高标准设计建设。针对集体土地租赁住房项目特点，明确全市统一的集体土地租赁住房项目设计方案审查协同机制。遵循项目建设长寿化和可变性相结合的原则，单体设计要充分考虑全寿命期可持续发展，集体土地租赁住房项目全面实施全装修成品交房，鼓励公寓型、宿舍型租赁住房实施装配式装修，鼓励项目应用装配式建筑、绿色高星级建筑和超低能耗建筑等绿色节能环保技术。

（四）优化建设方式。鼓励集体土地租赁住房项目采用工程总承包方式，具备条件或有必要提前进行土方、护坡、降水施工的项目，可先行开展土方、护坡、降水等施工准备工作。建设单位应当加强项目风险管理，同步办理质量和安全监督手续，最迟应在主体工程施工前取得建筑工程施工许可证。

四、加强租赁运营管理

（一）鼓励各区政府趸租集体土地租赁住房作为公租房使用，或由集体土地租赁住房建设单位、运营单位直接向各区政府确定的公租房家庭配租使用。作为公租房使用的房源，运营期间按照本市公租房管理相关规定执行。

（二）各区政府应加强供需对接引导工作，鼓励项目建设单位将房源直接对接租赁住房需求集中的社会单位、企业。加强政策宣传指导，严格运营管理，明确集体土地租赁住房只租不售，不得出让、转让，不得转租，不得改变土地用途。

（三）严禁"以租代售"，运营单位应按月收取租金，经承租人同意，也可按季、年收取租金，但不得一次性收取12个月以上租金。

（四）市区住房城乡建设部门要落实监管责任，将集体土地租赁住房统一纳入全市租赁监管服务平台，加强租金监测和出租合同管理，规范出租经营。

五、加大税费减免及金融支持力度

（一）纳入全市政策性住房建设计划的集体土地租赁住房项目，租赁住户使用水、电、气、热执行居民价格。

（二）纳入全市公共租赁住房建设筹集计划的集体土地租赁住房项目，按照国家及本市公租房政策规定运营管理的，可享受税收优惠政策。

（三）农村集体经济组织或新成立的合作企业，可以集体土地租赁住房项目运营权质押、项目预期收益及履行村民（股东、社员）大会民主程序并经区政府审定同意的资产抵押等方式，在符合地方政府债务管理的前提下，向金融机构申请获得金融资本支持。探索推进保险资金、住房公积金等长期资金参与集体土地租赁住房建设；在项目稳定运营一定期限后，鼓励支持项目建设单位探索通过资产证券化、不动产投资信托基金等方式融资。

本意见自印发之日起施行。此前规定与本意见不一致的，以本意见为准。

2021年1月5日印发

上 海

关于单位租赁房建设和使用管理的试行意见

沪府办发〔2009〕30号

单位租赁房是指本市企业、产业园区开发管理主体、高校、部队及其他单位利用自用土地建设或者以旧建筑改建,提供给本单位职工短期租住的职工宿舍,包括本市农村集体经济组织利用农村集体建设用地建设、主要定向提供给产业园区、产业集聚区内员工租住的市场化租赁宿舍。

近年来,本市部分产业园区、企事业等单位积极探索,在自用土地或农村集体建设用地上,建设了一批人才公寓、职工宿舍和来沪务工人员宿舍等单位租赁房,这既有利于完善房地产市场供应结构,有效缓解部分市场租赁需求;也有利于引进、留住各类人才和务工人员,帮助他们解决阶段性的居住问题。为了引导、规范单位租赁房的建设和使用,现提出试行意见如下:

一、单位租赁房建设的基本要求

(一)主要目标

在坚持住房制度市场化改革方向和加快完善住房保障制度的前提下,总结各单位在实践中的创新做法,按照"政府引导、规范运作,只租不售、封闭运行"的要求,规范以单位自用土地建设职工宿舍及农村集体建设用地建设市场租赁房,多渠道解决单位职工、引进人才、来沪务工人员及其他人员临时的过渡性居住需求。

(二)基本原则

1. 符合城乡规划。项目选址应符合城乡规划和土地利用规划,主要选择与生产性活动区域适当分离的相对独立区域。

2. 符合环保要求。项目选址应注重环境条件,避开噪声超标或有毒有害、易燃易爆等区域。

3. 符合基本设施配套要求。项目选址应考虑市政和公建配套设施,满足基本生活的需求。

4. 符合相关法律、法规和政策的规定。新建和旧建筑物改建均应符合国家和本市相关法律、法规、政策以及建筑设计、建设规范和技术标准的规定。严禁变相违规建设福利房、解困房。

（三）管理部门

市住房保障房屋管理局是本市行政区域内单位租赁房建设和使用管理的行政主管部门，负责相关政策的研究制定、实施和协调等工作。

市、区县规划土地、农业、建设、发展改革、经济信息化等部门按照职责分工，负责单位租赁房的管理工作。

区县政府按照属地化管理原则，负责本辖区内单位租赁房建设和使用管理的统筹规划、组织实施和协调监管。

二、单位租赁房的建设

（一）用地性质和权属

经审核批准用于建设租赁房的单位自用土地和建设市场化租赁宿舍的农村集体建设用地，其用地性质不变、土地权属不变。

（二）利用自用土地建设

有以下三种方式：

1. 新建。本市企业、产业园区开发管理主体、高校、部队及其他单位在新建（包括改建、扩建）建设项目中，可以建设单位租赁房。其中，企业范围内的行政办公及生活服务设施用地面积未超过总用地面积7%的，可安排未超过部分用地用于建设单位租赁房；已达到用地面积的，原则上不再调整。如有特殊情况，应在通过市有关行政主管部门共同认定后，适当提高生活配套设施用地比例，用于建设单位租赁房。产业园区开发管理主体有自用土地的，可以利用自用土地新建单位租赁房。

2. 拆除重建。在符合企业范围内的行政办公及生活服务设施用地面积不超过总用地面积7%的条件下，经办理相关建设项目审批程序后，单位可以在已建成的厂区、产业园区、高校校区或部队营区内建设单位租赁房。

3. 非居住房屋改建。利用闲置非居住房屋改建单位租赁房的，按照《闲置非居住房屋临时改建宿舍的规定（试行）》执行。

（三）利用其他土地建设

单位自用土地不足的，由区县政府根据区域内产业发展和土地使用等情况，统筹安排下列用地建设单位租赁房。

1. 产业结构调整土地。在区县行政范围内，结合城市规划和产业调整，对实施产业结构调整后腾出的存量土地，采取公开挂牌方式出让，结合项目建设的实际特点，设置一定的建设要求，由单位受让后建造单位租赁房，定向提供给单位内符合条件的职工租住。

2.农村集体建设用地。结合本市集体建设用地有偿使用和使用权流转试点,按照"城乡统筹、合理布局、节约土地、集约发展"的原则,在符合城乡规划和土地利用规划、建设用地总量不增加的前提下,镇、村集体经济组织可以利用闲置的镇、村企业用地或废弃的其他集体建设用地,建设限定供应的市场化租赁宿舍。

(四) 项目审批

单位租赁房建设项目应按照国家和本市有关固定资产投资管理的要求,办理相应建设工程行政审批手续。

(五) 建设资金

单位租赁房建设资金由建设单位自筹解决。其中,农村集体土地建设市场化租赁宿舍可以由镇、村两级集体投资参与建设,按投资比例分享收益。经济收益主要用于社会保障、发展集体经济。涉及村级集体投资的,具体方案需经村民会议或村民代表会议讨论通过。项目建设实施方案需符合区县、镇的城乡规划、土地利用规划。镇政府应对实施方案严格把关,并由建设主体按规定办理相关手续。

(六) 建设标准

单位租赁房项目的建设应符合建设部发布、2006年2月1日起施行的《宿舍建筑设计规范》及其他国家和本市现行的有关建筑标准规范规定。

单位租赁房项目公建配套建设,参照本市保障性住房项目的有关标准执行。

(七) 竣工验收

单位租赁房项目建设单位应按有关规定办理竣工验收手续。验收通过后,建设单位应按规定向市、区县建设管理部门进行竣工备案。

(八) 权属登记

单位租赁房项目建成后,建设单位应按照有关规定办理房地产登记。单位租赁房登记为职工(集体)宿舍的,不得分割办理小产权证。

除随同单位资产整体处置外,单位租赁房不得单独转让、单独办理房地产转移登记。单位租赁房办理房地产转移登记后,不得改变原用途。

三、单位租赁房的使用管理

(一) 租赁和物业服务机构

单位租赁房出租经营前,单位租赁房产权单位应成立或委托相应的租赁和物业服务机构(以下简称"租赁服务机构"),负责单位租赁房的租赁管理和物业服务。物业服务标准参照《住宅物业分等服务标准》相关等级设定,并可根据承租人需求,有偿提供相关专项服务。

(二) 供应对象

单位租赁房应提供给本单位签订聘用(劳动)合同的职工租住。具体申请租赁条件由各单位自行制定,并在单位范围内公布。

职工宿舍在本单位职工租住需求基本满足的前提下,可由上级单位调剂使用,安排系统内其他单位符合条件的职工租住。

由产业园区开发管理主体建设的,应供应园区内企业符合条件的引进人才或来沪务工人员租住。

利用农村集体建设用地建设的市场化租赁宿舍,应优先提供给周边产业园区、产业聚集区内的引进人才和来沪务工人员租住。

(三) 租期管理

单位租赁房租赁期限一般不超过3年。其中,来沪务工人员承租的,应根据其劳动合同中的用工期限约定租期。

单位可以通过调整租金或者租金补贴等经济方式调节承租人实际支付的租金水平,建立租赁退出机制。

(四) 租约管理

单位租赁房租赁应签订房屋租赁合同。房屋租赁合同一般一年一签。签订房屋租赁合同时,租赁服务机构应对申请租住人员的身份证明、聘用(劳动)合同等材料进行登记,并送所在地街道、乡镇的人口管理部门备案。一旦租住人员发生变化,应及时办理变更登记及备案。房屋租赁合同签订后,由租赁服务机构到房屋所在地区县房地产登记机构办理房屋租赁合同登记备案。非本市户籍的租赁人员必须办理居住证或临时居住证。出租单位应根据市政府有关规定,落实对租赁房屋的治安和消防安全责任,督促办理居住登记。

(五) 税费优惠

对按照政府规定价格向规定对象出租单位租赁房所取得的租金收入,按照有关规定实行税收优惠。

经市有关行政主管部门认定的单位租赁房项目的水、电、煤等公用事业建设和收费标准,参照居住类房屋标准执行,实行按幢计量和按照居民生活用水、用电、用气标准计价。

需要按照民用公用事业标准建设和收费的单位租赁房项目,由建设单位向市住房保障房屋管理局提出申请。由市住房保障房屋管理局会同市发展改革委、市建设交通委共同审核认定后出具批复,并抄送相关公用事业单位。

(六)拆迁补偿

单位租赁房经营期间,因国有土地收回或农村集体土地征收而需要进行拆迁补偿的,房屋按市场重置价格计算,土地仍按照原用地属性和收益标准进行补偿。

四、单位租赁房的其他管理规定

(一)违规处理

单位租赁房建设和使用中涉及的违规建设、租赁等行为,由相关行政管理部门按照有关法律、法规的规定进行处罚。

(二)试行期限

本意见自印发之日起试行,试行期为3年。本意见试行前已建成并经营的职工宿舍、人才公寓和来沪务工人员宿舍,可以参照本意见相关规定执行。

上海市住房保障和房屋管理局
上海市规划和国土资源管理局
上海市农业委员会
上海市城乡建设和交通委员会
上海市发展和改革委员会
上海市经济和信息化委员会
2009年8月12日

政策篇

上海市人民政府关于批转市住房保障房屋管理局等六部门制订的《本市发展公共租赁住房的实施意见》的通知

沪府发〔2010〕32号

各区、县人民政府，市政府各委、办、局：

市政府同意市住房保障房屋管理局、市发展改革委、市建设交通委、市规划国土资源局、市财政局、市地税局制订的《本市发展公共租赁住房的实施意见》，现转发给你们，请认真按照执行。

2010年9月4日

本市发展公共租赁住房的实施意见

为进一步建立健全本市住房保障体系，积极发展公共租赁住房，根据国务院《关于解决城市低收入家庭住房困难的若干意见》（国发〔2007〕24号）、《关于坚决遏制部分城市房价过快上涨的通知》（国发〔2010〕10号）以及住房城乡建设部等七部门《关于加快发展公共租赁住房的指导意见》（建保〔2010〕87号）的精神，结合实际，现就本市发展公共租赁住房提出如下实施意见。

一、明确总体要求

（一）基本思路。公共租赁住房是政府提供政策支持，由专业机构采用市场机制运营，根据基本居住要求限定住房面积和条件，按略低于市场水平的租赁价格，向规定对象供应的保障性租赁住房。发展公共租赁住房，要符合深化住房制度改革和加快完善住房保障体系的总体要求，符合"以居住为主、以市民消费为主、以普通商品住房为主"的原则，有效缓解本市青年职工、引进人才和来沪务工人员及其他常住人口的阶段性居住困难，进一步扩大住房保障政策覆盖面，促进住房租赁市场的规范和健康发展。

（二）基本原则。一是科学规划，合理布局。发展公共租赁住房应符合城市经济社会发展规划、土地利用总体规划和城镇规划，采取大分散、小集中的方式布局，集中设置的项目尽可能在交通较便捷、公共设施较齐全的区域安排。二是规范管理，只租不售。公共租赁住房着重解决阶段性居住困难，满足基本居住需要，应规范供应程序和租赁管理，对规定对象实行有期限租赁并只租不售。三是政府支持，机构运作。政府采取政策优惠、专项投入等方式，支持一批公共租赁住房专业运营机构，通过各种渠道筹集并经营公共租赁住房。四是市、区（县）联手，以区（县）为主。市政府主要负责全市公共租赁住房的政策制定、规划统筹和资源调配；区（县）政府作为公共租赁住房工作的责任主体，应因地制宜、规范管理，组织开展本区（县）公共租赁住房的实施。

（三）落实管理部门。市住房保障领导小组负责对本市公共租赁住房的政策、发展规划和阶段性任务等重大事项进行决策协调。市住房保障房屋管理局是本市公共租赁住房工作的行政主管部门。区（县）政府按照属地化管理原则，负责本辖区公共租赁住房建设、筹集和供应的实施管理。区（县）住房保障房屋管理部门是本区（县）公共租赁住房工作的管理部门。市和区（县）发展改革、城乡建设、规划土地、财政、税务、工商、国资、民政、金融、人力资源社会保障、农业、经济信息化、公安、监察等部门按照职责分工，负责公共租赁住房的相关管理与监督工作。

（四）积极组建公共租赁住房运营机构。由市、区（县）政府组织和扶持一批从事公共租赁住房投资和经营管理的专业运营机构（以下简称"运营机构"），负责公共租赁住房投资、建设筹措、供应和租赁管理，并引导各类投资主体积极参与。运营机构应按公司法有关规定组建，具有法人资格，采取市场机制进行运作，以保本微利为营运目标，着重体现公共服务的功能。

（五）认真编制公共租赁住房发展规划和实施计划。区（县）政府应根据本区域经济发展水平、市场租赁住房供应情况和规定对象的需求等因素，统筹安排，合理布局，确定公共租赁住房供应规模，编制公共租赁住房的发展规划和年度实施计划，报市住房保障领导小组备案。公共租赁住房建设用地应符合土地利用总体规划和城镇规划，纳入年度土地供应计划，规划和土地部门应予重点保障，并将所建公共租赁住房相关要求作为土地供应的前置条件。

二、多渠道筹集房源

（一）拓展房源筹集渠道。由市、区（县）政府统一安排和协调房源筹集工作，运营机构可利用多种渠道筹集公共租赁住房，主要为：结合旧城区改造、产业结构调整、市政基础设施建设、大型居住社区建设等项目，合理选址、集中新建或配建；从新建、配建的经济适用住房和其他保障性住房中，经规定程序批准转化；按有关规定，综合利用农村集体建设用地，适当集中新建；对因产业结构和城市结构调整而闲置的厂房、仓库、办公等非居住用房进行改建或改造；收购或代理经租闲置的存量住房。特别要积极探索房地产开发企业或社会机构定向投资建设和提供房源。

（二）明确房源要求和标准。公共租赁住房主要为成套小户型住宅或集体宿舍。新建公共租赁住房，应符合安全卫生标准和节能环保要求，确保工程质量和安全。成套建设的公共租赁住房要综合考虑住宅使用功能与空间组合、居住人口等要素，合理确定套型比例和结构，套均建筑面积一般控制在40～50平方米。以集体宿舍形式建设的公共租赁住房，应符合宿舍建筑设计规范的有关规定。公共租赁住房出租的房屋条件和人均承租面积标准，应符合《上海市居住房屋租赁管理实施办法》的规定。公共租赁住房在使用前可进行简易装修，配置必要的家具和家用电器等设备。

（三）严格权属管理。公共租赁住房建设实行"谁投资、谁所有"，投资者权益可按有关规定依法转让。要加强公共租赁住房权籍管理，做好权属登记工作。

三、规范供应管理机制

（一）制定符合实际的准入条件。申请公共租赁住房的对象（包括单身和家庭）应同时具备四项条件：一是具有本市常住户口，或持有《上海市居住证》和连续缴纳社会保险达到规定年限；二是已与本市就业单位签订一定年限的劳动或工作合同；三是在本市无自有住房或人均住房建筑面积低于15平方米，因结婚分室居住有困难的，人均面积可适当放宽；四是申请时未享受本市其他住房保障政策。各区（县）政府根据上述基本条件，可结合本区（县）经济社会发展等情况，制定具体的准入标准，并可适时调整；准入标准应向社会公布，公布前，应报市住房保障领导小组备案。

（二）严格申请和审核程序。申请对象主要向工作单位所在地的运营机构提出申请，也可以向本市户籍所在地的运营机构提出申请。申请对象应如实填报申请表，按要求提交户籍证明或居住证、身份证、劳动或工作合同、住房状况等资料，承诺对提交资料的真实有效性负责，经申请对象所在单位确认后，交运营机构审核。对审核通过的申请对象，运营机构应出具登记证明，报区（县）住房保障机构备案。区（县）住房保障机构应对申请审核情况进行检查，发现有不符合规定的，向运营机构提出整改意见，运营机构应及时落实整改。

（三）提高房源使用效率。各区（县）应根据申请对象的人口结构、住房需求、承受能力等情况，制定公共租赁住房的租赁供应标准；可根据房源供应等情况，实行轮候供应制度。

（四）加快建立租赁信息管理平台。市、区（县）应建立全市联网的公共租赁住房服务信息平台，并与房地产租赁合同登记信息系统、实有人口管理信息系统相衔接，形成完整的全市住房租赁服务信息网络系统，发布房源信息、提供租赁服务、实行监督管理。公共租赁住房信息、居住人口信息的管理和使用按《上海市实有人口业务数据信息共享管理办法》（沪府办〔2010〕12号）规定执行。

四、健全租赁管理机制

（一）合理确定租赁价格。按略低于市场租金水平，确定公共租赁住房的租赁价格，具体由各运营机构按规定制订,报送住房所在地的区(县)物价部门和住房保障部门备案后实施。在租赁合同期限内,运营机构不可单方面调整租赁价格。

(二)保证租金支付。承租人应根据合同约定,按时支付租金,符合条件的可按规定申请提取公积金账户内的存储余额,用于支付租金。用人单位可根据本单位的有关规定,向承租公共租赁住房的职工发放相应的租金补贴,租金补贴可直接支付给出租单位。用人单位集体安排承租的,应配合运营机构建立租金支付或租金汇集交付制度。

(三)规范租赁行为。公共租赁住房的租赁服务和管理可由运营机构自行实施,也可委托专业机构实施。出租单位应与承租人签订租赁合同,使用统一的住房租赁合同示范文本,并办理租赁合同登记手续。租赁合同期限一般不低于两年,合同到期后承租人仍需租赁的,运营机构应重新进行资格审核,符合条件的可续租,租赁总年限一般不超过6年。单位集体租赁的,出租单位应与用人单位签订租赁合同。

(四)强化退出管理。租赁双方应严格按合同约定承担责任和义务。对承租人发生将所承租的公共租赁住房出借、转租或闲置的,擅自改变承租住房居住用途的,享受其他住房保障政策的,违反物业管理公约拒不整改的,以及其他违反租赁合同约定情况的,出租单位可与其解除租赁合同。对承租人拖欠租金和其他费用的,可通报其所在单位,从其工资收入中直接划扣。对承租人按合同约定应腾退住房而不腾退的,出租单位可要求用人单位协同督促腾退;拒不腾退的,严格按合同约定履行,必要时可通过司法途径解决,并可采取在适当范围公告通报、纳入本市个人信用联合征信系统、5年内不得享受本市住房保障政策等措施。

五、加大政策支持力度

(一)保证政府投入。公共租赁住房建设涉及的行政事业性收费和政府性基金,按经济适用住房的相关政策执行;建设用地可采用出让、租赁或作价入股等方式有偿使用。市和区(县)政府可投资入股运营机构,通过合理让渡或不参与分配租赁收益等方式,支持和保证运营机构持续发展公共租赁住房:在国有土地上单独选址、集中建设的公共租赁住房,可将土地出让金作为政府的投入部分作价入股;市和区(县)政府提供其他土地、房产的,其中低于市场价部分可折价入股。市和区(县)政府对公共租赁住房建设和运营给予资金支持。

(二)完善配套政策。市、区(县)政府完善相关配套政策,支持和推动公共租赁住房健康、有序发展。运营机构在公共租赁住房建设、筹集和运营中所涉及的税收,按相关优惠政策执行。新建的公共租赁住房,特别是集体宿舍,可根据实际情况,适度增加建筑容积率和建筑覆盖率;有条件的公共租赁住房项目,可增加建设一部分商业等经营性设施。公共租赁住房项目的水、电、燃气等设施的建设和收费标准,按居住类房屋标准执行,实际使用量按居民生活用水、用电、用气标准计价。结合实有人口管理要求,相关部门应对公共租赁住房承租人的户籍管理、就学和就医等问题制定相关的配套政策。

（三）创新投融资机制。市有关部门及金融管理部门应按有关规定，结合本市实际，积极支持金融机构、公共租赁住房运营机构和有关单位，探索创新公共租赁住房的投融资机制。鼓励金融机构发放公共租赁住房中长期贷款；支持符合条件的企业通过发行中长期债券等方式筹集资金；探索运用保险资金、信托资金和房地产信托投资基金，拓展公共租赁住房融资渠道。政府投资建设的公共租赁住房，纳入住房公积金贷款支持保障性住房建设试点范围。同时，积极研究其他融资渠道及投融资机制。

六、加强管理和监督

（一）市和区（县）住房保障房屋管理、发展改革、城乡建设、规划土地、财政、税务、工商、国资、民政、金融、人力资源社会保障、农业、经济信息化、公安、监察等部门要根据各自职责，加强对公共租赁住房建设筹集、申请审核、供应分配和租后管理工作的监督，依法查处违法违规行为。公共租赁住房建设筹集、申请审核、供应分配和租后管理工作接受社会监督，有关部门要及时受理监督举报，并向社会公开处理结果。

（二）市、区（县）住房保障房屋管理部门要加强对公共租赁住房运营的监督管理。对公共租赁住房建设、经营和管理过程中存在滥用职权、玩忽职守、徇私舞弊等违法违规行为的，各相关职能部门要依法依纪严肃追究相关单位和人员的责任。

（三）继续鼓励有条件的单位（含经济、科技、产业等园区）利用自用土地发展单位租赁房，按市政府办公厅《关于单位租赁房建设和使用管理的试行意见》（沪府办发〔2009〕30号）等规定，规范运行方式，完善管理机制。本意见自发布之日起实施。市相关部门可根据各自职责，制定相关配套实施办法；区（县）政府可结合本区域实际情况，制定相关实施细则。

上海市住房保障和房屋管理局
上海市发展和改革委员会
上海市城乡建设和交通委员会
上海市规划和国土资源管理局
上海市财政局
上海市地方税务局
2010年9月1日

上海市人民政府办公厅印发《关于加快培育和发展本市住房租赁市场的实施意见》的通知

沪府办〔2017〕49号

各区人民政府，市政府有关委、办、局，有关单位：

经市政府同意，现将《关于加快培育和发展本市住房租赁市场的实施意见》印发给你们，请认真按照执行。

上海市人民政府办公厅
2017年9月15日

关于加快培育和发展本市住房租赁市场的实施意见

为贯彻《国务院办公厅关于加快培育和发展住房租赁市场的若干意见》（国办发〔2016〕39号），落实《上海市住房发展"十三五"规划》，现就加快培育和发展本市住房租赁市场提出以下实施意见：

（……）

四、加大租赁住房供应，实现住有所居目标

（……）

（三）引导产业园区和集体经济组织建设租赁住房。鼓励有条件的企事业单位、产业园区利用产业类工业用地，按照规定的比例，统一规划、集中设置，配套建设单位租赁房、职工宿舍等租赁住房。稳妥有序开展利用集体建设用地建设租赁住房试点工作，探索优化试点项目审批程序，完善集体租赁住房建设和运营机制。（责任部门：市规划国土资源局、市经济信息化委、市住房城乡建设管理委、市房屋管理局、相关区政府）

（……）

政策篇

上海市规划和国土资源管理局关于印发《关于加快培育和发展本市住房租赁市场的规划土地管理细则（试行）》的通知

沪规土资规〔2017〕3号

各区规土局、各派出机构：

为贯彻落实《关于加快培育和发展本市住房租赁市场的实施意见》（沪府办〔2017〕49号），积极推进本市住房租赁市场发展，指导本市租赁住房规划土地有关工作，制定《关于加快培育和发展本市住房租赁市场的规划土地管理细则（试行）》。现予印发，请按照执行。

上海市规划和国土资源管理局
2017年11月1日

关于加快培育和发展本市住房租赁市场的规划土地管理细则（试行）

为加快培育和发展本市住房租赁市场，建立租购并举的住房制度，按照国务院办公厅《关于加快培育和发展住房租赁市场的若干意见》（国办发〔2016〕39号）、住房城乡建设部等九部门《关于在人口净流入的大中城市加快发展住房租赁市场的通知》要求，根据《关于加快培育和发展本市住房租赁市场的实施意见》（沪府办〔2017〕49号）规定，制定本细则。

一、适用范围

本细则适用于租赁住房的规划、土地、不动产登记等管理工作。

二、工作要求

（一）坚持规划引领。根据全市租赁住房专项规划，优化城乡规划和土地利用规划，在合理控制人口和用地规模的前提下，确定租赁住房规模，完善本市租赁住房空间布局、土地使用、公共服务设施配套等规划控制要求。

（二）合理规划布局。依据人口变化，人口空间布局导向，在主城区、新城、核心镇等未来就业人口集中地区，通过新增用地或盘活存量建设用地建设租赁住房。重点布局在产业集聚区、商业商务集聚区、交通枢纽地区（含轨交站点周边）、高校、科研园区等交通便捷、生产生活便利、租赁住房需求集中区域，布局应充分体现不同居住类型混合融合发展。

各区租赁住房涉及空间和用地相关规划要求的，应结合浦东新区和各郊区总体规划暨土地利用总体规划、主城区单元规划和控制性详细规划细化落实。

（三）完善公共服务配套。结合租赁住房规划规模，合理确定单元内公共配套服务设施。已批控制性详细规划住宅建筑规模总量不变，将住宅转为租赁住房的，公共服务设施配套不需增设。已批控制性详细规划基础上增加租赁住房，或由其他类型功能调整为租赁住房的，需按新增租赁住房规模增设除公园绿地、养老福利设施、行政办公设施外的各类公共服务设施，增设的公共服务设施应符合相关配置标准。

（四）建立住房用地供应时序调控机制。通过定期评估区域人口变化情况、绿地及公共空间和公益性设施实施情况，依据常住人口调控目标和年度任务，调控住房用地的供应时序。

三、用地分类

租赁住房用地在规划用地分类中对应"四类住宅组团用地（Rr4）"，具体包括：供职工或学生居住的宿舍或单身公寓、人才公寓、公共租赁房、全持有的市场化租赁住房等住宅组团用地。控制性详细规划编制中可在普适图则备注栏明确具体类型。

混合用地中租赁住房用地比例小于等于10%的可直接在用地性质中兼容，大于10%的应当在用地性质中予以明确。

四、控制性详细规划编制

（一）根据项目实际情况，确定容积率、建筑高度等规划指标。其中一般地区容积率不大于2.5，轨道交通站点300米范围内地区，根据评估情况可适当提高容积率；建筑高度应符合地区高度分区，最高不大于100米。具体指标应根据地区发展的总体需求、交通条件、生态环境、空间景观，经规划研究后合理确定。

（二）租赁住房应当根据新增人口相应增加公共服务和市政基础设施，满足服务配套和城市安全要求。

（三）已批控制性详细规划为规划住宅用地（Rr1、Rr2和Rr3）调整为租赁住房用地的，不涉及容积率、建筑高度等其他指标调整的，在建设项目规划管理阶段予以执行。

其他规划用地调整为租赁住房用地的，或规划住宅用地调整为租赁住房用地需调整容积率、建筑高度等指标的，可按照上海市控制性详细规划实施深化（B类程序）执行。

五、土地供应

住房租赁市场前期培育阶段，租赁住房用地可参照本市有关保障性住房用地供应方式实施土地供应，经市区政府部门认定后，采取定向挂牌方式供应。随着住房租赁市场健全完善，租赁住房用地应采取公开招拍挂方式出让。

六、出让年期

租赁住房用地最高出让年限不超过70年。

七、地价管理

（一）构建租赁住房用地地价管理体系，租赁住房用地价格以市场化配置为主，合理对接地块储备成本。

（二）出让人应根据租赁住房用地市场评估价格，结合本市租赁住房市场实际情况，以及租赁住房用地前期储备情况、全生命周期管理要求，经集体决策，综合确定地块出让起始价或底价。

八、建设规划管理

（一）租赁住房的建设规划管理应当符合经批准的控制性详细规划，严守安全底线，切实保障租住人员的生命和财产安全。同时考虑租赁使用的特点及市场需求，创造与上海的地域条件、经济水平和国际化大都市居住水平相适应的生活环境。

（二）租赁住房建设应合法合规，严格依据经批准的控制性详细规划，在土地招拍挂出让阶段核提出让条件环节中，明确有关租赁住房的具体建设规划管理要求，并纳入出让合同。建设工程设计方案的审批、工程规划许可证的核发及竣工验收阶段应当审核各项管理内容，确保落实全生命周期管理要求。

（三）租赁住房地块内部规划设计标准按以下要求执行：

租赁住房鼓励围合式布局，应以南北朝向为主，允许布置部分东西朝向住房，同时应保证50%以上居室的冬至日满窗日照有效时间不少于连续1小时；

新建高层租赁住房建筑间距不得小于《技术规定》中所明确的高层居住建筑最小间距。低层、多层租赁住房间距仍应按照《技术规定》有关居住建筑的间距要求执行；

租赁住房的建筑退界不得小于《技术规定》明确的居住建筑最小退界距离，且应当同时满足建筑间距的要求。

（四）建筑单体设计要求。租赁住房的房型可根据区域位置、周边环境、市场需求等综合因素合理确定。建筑设计应按照绿色、低碳、可持续的理念，符合装配整体式建筑要求，倡导建筑新技术的应用，鼓励开发、设计单位在房型设计及建筑室内空间上创新理念，满足市场租赁的需求。

（五）社区空间环境的营造应遵循以下要求：

租赁住房应提升空间品质，重视建筑形体与空间的整体环境效果，倡导开放式街区理念，引导增加邻里交往空间的设置。通过户外连廊、底层架空等方式提供活动场地与空间等公共用途的，其建筑面积可不计入容积率，同时不得围合封闭改作他用。

租赁住房可根据实际需求情况，在不超过地块建筑总量10%的范围内，重点建设物业服务用房、运动场地、养育托管点、文化活动室、生活服务点等公共服务设施以及给水泵站、燃气调压站、小型垃圾压缩站等市政设施，并引导设置社区食堂、便利店、洗衣房、共享单车投放点、快递投放柜等经营性服务设施。

九、全生命周期管理

（一）受让人应在土地出让年限内持有租赁住房物业。租赁住房物业应全部用于社会化租赁，不得销售。

（二）租赁住房用地应参照本市经营性用地出让管理有关规定，由出让人征询相关职能部门意见，将项目建设、功能、运营管理等要求及相关监管和违约处置要求纳入土地出让合同。

十、转让管理

租赁住房用地和房屋应按照出让合同约定持有，不得整体或分割转让。对因破产、重组等特殊情形，需整体转让的，须经出让人或相关管理部门同意。

受让人的出资比例、股权结构、实际控制人等应按照出让合同约定不得改变，确需改变的，需经出让人或相关管理部门同意。

整体转让或出资比例、股权结构、实际控制人等改变后，租赁住房规划用途和实际使用性质不得改变，必须继续用于租赁，并按租赁使用合同保持原租赁关系。

上述转让管理要求应纳入土地出让合同，同时约定相关违约责任。

十一、抵押管理

土地出让合同中明确，租赁住房用地和房屋抵押的，抵押权实现时，抵押物买受人资格须经政府相关管理部门认定，符合租赁住房运营管理要求。

十二、登记管理

对出让合同约定的整体持有的租赁用地和房屋，应当核发一本不动产权证，不得分证办理，并在不动产登记簿上和不动产权证书上注明"整体持有，不得分证办理"。

根据出让合同的约定，租赁住房用地转让条件、受让人的出资比例、股权结构等内容也应当记载于不动产权证和不动产登记簿上。

不动产权利人办理转移登记或变更登记时，应提供出让人或相关管理部门审核同意的意见。

十三、存量建设用地转型

（一）住宅、商业服务业、商务办公及符合地区转型要求的工业仓储等存量建设用地，在统筹考虑总量控制、区位条件、环保、地区交通、公共配套的前提下，可转型为租赁住房用地。

存量建设用地可按照《上海市城市更新规划土地实施细则》等相关规定，由区政府牵头组织开展更新评估，确定公共要素内容，编制实施计划，经区政府集体决策同意后，开展控制性详细规划的调整。

（二）存量建设用地经规划调整为租赁住房用地的，可由权利人按照存量补地价方式，通过签订土地出让补充合同，按新的规划用途开发建设。

存量建设用地按规定调整为租赁住房用地的，按租赁住房用地最高出让年限不超过70年。

区规土管理部门通过委托土地评估机构进行市场评估，经区政府集体决策后，由权利人按照新土地使用条件下土地使用权市场价格与原土地使用条件下剩余年期土地使用权市场价格的差额，补缴出让价款。权利人可凭土地出让补充合同至不动产登记机构办理变更登记。

十四、施行日期

本细则自 2017 年 11 月 1 日起施行，有效期至 2019 年 10 月 31 日。

上海市松江区人民政府《集体经营性建设用地入市"1+5"配套文件》的通知

沪松府规〔2018〕6号

松江区农村土地制度改革试点工作领导小组成员单位：经区政府同意，现将松江区集体经营性建设用地入市"1+5"配套文件（"1+5"配套文件中"1"指《上海市松江区农村集体经营性建设用地入市管理办法》，"5"分别为《上海市松江区农村集体经营性建设用地基准地价》《上海市松江区农村集体经营性建设用地土地增值收益调节金征收使用管理实施细则》《上海市松江区农村集体经营性建设用地使用权抵押贷款试行管理办法》《关于松江区建立农村土地民主管理机制的实施意见》《上海市松江区农村集体经营性建设用地集体收益分配管理规定》）印发给你们，请遵照执行。

附件[①]：
1. 上海市松江区农村集体经营性建设用地入市管理办法
2. 上海市松江区农村集体经营性建设用地基准地价
3. 上海市松江区农村集体经营性建设用地土地增值收益调节金征收使用管理实施细则
4. 上海市松江区农村集体经营性建设用地使用权抵押贷款试行管理办法
5. 关于松江区建立农村土地民主管理机制的实施意见
6. 上海市松江区农村集体经营性建设用地集体收益分配管理规定

---

① 附件具体内容略。

上海市人民政府关于印发《本市全面推进土地资源高质量利用的若干意见》的通知

沪府规〔2018〕21号

各区人民政府,市政府有关委、办、局:

现将《本市全面推进土地资源高质量利用的若干意见》印发给你们,请认真按照执行。

上海市人民政府
2018年11月15日

关于本市全面推进土地资源高质量利用的若干意见

2014年本市提出土地利用"总量锁定、增量递减、流量增效、存量优化、质量提高"的基本策略后,经过全市上下共同努力,目前建设用地总量约束共识已经形成,新增建设用地逐年大幅减少,存量建设用地盘活初显成效。但也要看到,上海土地供需矛盾依然突出,土地利用质量仍有差距,还存在土地利用强度不充分、土地配置效率不协调、土地利用绩效不均衡等问题。为落实市委、市政府关于加快"五个中心"建设、提升城市能级和核心竞争力、构筑新的战略优势和品牌优势的部署,现提出本市全面推进土地资源高质量利用若干意见如下:

(……)

六、坚持质量绩效导向,提高土地资源经济密度

(三)高效配置乡村土地资源。落实乡村振兴战略,加强乡村整体谋划。建立完善乡村层面"多规合一"的国土空间规划,优化调整村庄用地布局,实施综合生态修复,提高乡村空间品质。通过村内平移、跨村归并、城镇安置等方式推进农民集中居住,完善乡村基础设施和公共服务设施,探索多元安置路径和宅基地自愿有偿退出机制。

鼓励农业生产和村庄建设等用地复合利用，促进农业与旅游、文化、教育、康养等产业的深度融合。盘活乡村存量建设用地，利用空闲农房和宅基地，探索发展乡村旅游等，有序推进集体建设用地建设租赁住房试点。规范设施农用地管理，优化乡村用地分类，乡村建设用地可以实施"点状"布局与供地，多个地块组合开发。加强示范引领，试点开展"新江南田园"建设行动计划。

（……）

本意见自印发之日起施行，有效期至 2023 年 10 月 31 日。

市住房城乡建设管理委、市房屋管理局、市财政局关于印发《上海市中央财政支持住房租赁市场发展试点资金使用管理办法》的通知

沪建房管联〔2020〕443号

各区人民政府，市政府有关委、办、局，各有关单位：

市住房城乡建设管理委、市房屋管理局、市财政局制定了《上海市中央财政支持住房租赁市场发展试点资金使用管理办法》，经市政府同意，现印发给你们，请认真按照执行。

市住房城乡建设管理委

市房屋管理局

市财政局

2020年8月24日

上海市中央财政支持住房租赁市场发展试点资金使用管理办法

第一章 总则

第一条 为规范中央财政支持住房租赁市场发展试点资金的管理和使用，提高资金使用效益，加快建立租购并举的住房制度，根据财政部、住房城乡建设部《关于开展中央财政支持住房租赁市场发展试点的通知》（财综〔2019〕2号）、《关于印发〈中央财政城镇保障性安居工程专项资金管理办法〉的通知》（财综〔2019〕31号）等文件要求，结合本市实际，制定本办法。

第二条 本办法所称中央财政支持住房租赁市场发展试点资金（以下简称专项资金），是指中央财政预算安排，用于支持本市开展住房租赁市场发展试点工作的支出。

第三条 专项资金的使用管理，应当遵循公平、公开、公正，重在发展与规范，

绩效优先的原则。

第四条 专项资金由市、区财政、房屋管理部门按照职责分工管理。

财政部门负责年度专项资金使用计划审核，分配、下达专项资金预算，对专项资金的使用管理情况进行监督和绩效管理。

房屋管理部门负责年度专项资金使用计划编制，组织实施奖补项目申报审查、绩效目标制定、绩效评价等工作。

第二章　使用范围

第五条 专项资金的使用范围：

（一）新建租赁住房项目。

（二）非居住存量房屋改建和转化租赁住房项目。

（三）租赁住房基础数据采集。

（四）住房租赁企业规范开展住房租赁经营业务。

（五）住房租赁信息化建设。

（六）与加快构建住房租赁体系相关的基础性工作。市房屋管理部门可根据本市住房租赁市场发展情况和上一年度绩效评价结果，在本办法规定的使用范围内，适当调整奖补对象和项目，优化奖补标准和条件，并在年度专项资金使用计划中向社会公布。

第六条 有下列情形之一的，专项资金不予奖补。

（一）以下市场主体不得申请专项资金：

1. 在申请之日起的前一年内，存在被行政处罚、被列入异常经营名录、被列为失信被执行人等明显市场风险情形的企业。

2. 未按规定到房屋管理部门办理开发企业资质、经纪机构备案或租赁企业开业申报（本市为信息记载）的企业。

3. 以自然人的名义从事住房租赁经营业务。

（二）以下情形不得申请专项资金：

1. 租金年度涨幅超过5%的租赁住房项目。

2. 平均租赁期限不满6个月的短期租赁住房项目。

3. 产权不明晰、违法违规建设、安全质量不达标的租赁住房。

4. 已享受保障性住房优惠政策的公共租赁住房项目或单位租赁住房项目。

5. 市政基础设施建设、旧城改造等与住房租赁市场没有明显关联的领域。

6. 存在"以租代售"等违法违规或其他易引发社会矛盾行为等情形的。

第三章　对象、标准和条件

第七条 新建租赁住房项目，是指在本市行政区域内，利用新增建设用地、存量建设用地转型、集体建设用地，以及综合用地（土地用途含租赁住房）等，开发建设自持用于市场化租赁的项目。

（一）奖补对象：从事新建租赁住房项目开发建设的房地产开发企业。

（二）奖补标准：根据申请项目规划批复中载明的租赁住房总建筑面积，按照平均200元/平方米的标准予以奖补。具体标准在年度专项资金使用计划中明确。

（三）奖补条件：

1. 申请企业在本市注册并具有独立法人资格，取得房地产开发企业资质。

2. 申请项目的用地性质为Rr4，综合用地的土地用途含租赁住房。

3. 申请项目取得《建筑工程施工许可证》，并已实际开工。

4. 申请项目的套均面积不高于100平方米（套均面积，是指规划批复中载明的租赁住房面积/套数）。

5. 同一项目只能享受一次奖补。

第八条 非居住存量房屋改建和转化租赁住房项目（以下简称"非转租"项目），是指在本市行政区域内，将符合条件的非居住存量房屋按规定改建转化为租赁住房（参照居住房屋租赁标准改建转化的为Ⅰ类项目，参照宿舍标准改建转化的为Ⅱ类项目）。

（一）奖补对象：作为实施单位，实际从事"非转租"项目租赁运营的住房租赁企业。

（二）奖补标准：

1. Ⅰ类项目根据租赁住房专项测量确定的出租单元数量，按照平均0.75万元/套的标准予以奖补。具体标准在年度专项资金使用计划中明确。

各区可结合区域发展实际，在平均标准±10%的范围内，合理确定Ⅰ类项目的实际奖补金额。执行浮动奖补标准的区，应当制订操作细则并报备市房屋管理部门。

2. Ⅱ类项目根据所在区指定管理部门认定验收时确定的可供出租床位数量（等于实际可居住人数），按照以下标准予以奖补。具体标准在年度专项资金使用计划中明确：

（1）每套4张床位的，平均1万元/套；

（2）每套5~6张床位的，平均0.8万元/套；

（3）其他的，平均0.75万元/套。

（三）奖补条件：

1. 申请企业在本市注册并具有独立法人资格，已到房屋管理部门办理信息记载手续，并办理住房租赁公共服务平台用户认证。

2. 申请项目已取得所在区指定管理部门核发的认定验收证明。

3. 利用非自有房屋改建转化的，申请企业与出租人签订的租赁合同租期不低于5年。

4. 申请项目符合本市改建及转化相关文件要求。其中，Ⅱ类项目的人均承租面积不得低于4平方米，每套居住人数不得超过8人。

5. 申请项目已实际投入运营，并按规定为承租人（或承租单位）提供住房租赁合同网签服务。

6. 同一项目只能享受一次奖补。

第九条 租赁住房基础数据采集，是指通过对新建、"非转租"项目进行专项测量，鼓励市场主体上报存量租赁住房基础信息等方式，采集我市租赁住房基础数据。

（一）奖补对象：

1. 负责租赁住房项目专项测量的房屋调查机构。

2. 上报存量租赁住房基础信息的住房租赁企业。

（二）奖补标准：

1. 新建项目测量，按照 1.5 元/平方米的标准予以奖补；"非转租"项目测量，按照 2.1 元/平方米的标准予以奖补。

2. 住房租赁企业上报存量租赁住房基础信息的，按照平均 500 元/套的标准予以奖补。

（三）奖补条件：

1. 房屋调查机构进行专业测量，市场主体上报基础信息，均应执行市房地产交易中心制定的统一规则，并接受市房地产交易中心的检查。

2. 同一房源只能享受一次奖补。

第十条　住房租赁企业规范开展住房租赁经营业务，是指住房租赁企业开展业务时，严格遵守国家和我市有关规定，全面履行合同义务。

（一）奖补对象：在我市规范开展住房租赁经营业务的专业化、规模化住房租赁企业。

（二）奖补标准：根据专业化、规模化住房租赁企业举借的对公贷款利息支出进行贴息，贴息金额不超过企业当年实际贷款利息总支出的 40%，且贴息利率不超过 2 个百分点。

（三）奖补条件：

1. 申请企业已到房屋管理部门办理信息记载手续，并办理住房租赁公共服务平台用户认证。

2. 专业化、规模化住房租赁企业，是指运营房源在 2000 套（间）以上的企业。

第十一条　住房租赁信息化建设，是指依托市住房租赁公共服务平台，不断拓展完善系统功能，更好地发挥平台在交易服务、行业监管和市场监测等方面的作用。

（一）支持对象：承担市住房租赁信息化项目建设任务的单位。

（二）资金安排：根据我市预算管理规定立项及执行。

第十二条　与加快构建住房租赁体系相关的基础性工作，包括住房租赁管理机制创新、住房租赁立法研究、住房租赁市场运行分析、住房租金动态监测、住房租赁经营主体和从业人员信用评价、租赁数据采集规则制定、承租权转让（交换）管理、住房租赁政策实施效果评估等内容。

专项资金用于上述基础性工作的，应当符合我市预算管理的有关规定。

第四章　专项资金的申请、审核和发放

第十三条　市房屋管理部门应当在年度专项资金使用计划中，明确当年奖补的具体标准、申请流程和各区绩效目标。

专项资金的申请主体应当按照年度专项资金使用计划的要求提交资料,并对申请资料的合法性、真实性、完整性、有效性负责。

第十四条 市、区房屋管理部门每年定期集中受理专项资金的申请。

属于本办法第五条第(一)(二)(三)(四)项规定范围的,由申请主体向房源所在地的区房屋管理部门提出申请,其中涉及贷款贴息的向注册所在地的区房屋管理部门提出申请;属于本办法第五条第(五)(六)项规定范围的,由申请主体向市房屋管理部门提出申请。

第十五条 区房屋管理部门受理的,可通过材料审核、现场检查等方式进行审查,并可会同区财政等部门引入专家评审、委托第三方机构评审等评审机制。审查结果应当在政府部门网站上公示。公示后无异议的,区房屋管理部门、区财政部门应当将当年本区专项资金使用安排,报送市房屋管理部门、市财政部门备案。

第十六条 区有关部门审查通过并报送上级部门备案的,专项资金转移支付至相应的区进行落实;市房屋管理部门审查通过的,由市房屋管理部门根据市财政专项资金拨付管理规定报市财政部门申请支付。

第十七条 专项资金的发放方式:

(一)对新建租赁住房项目,审查通过后一次性发放。

(二)对"非转租"项目,审查通过后按年度分两期发放。首次发放奖补总额的50%,第二年发放50%。

(三)对租赁住房基础数据采集,以及住房租赁经营主体规范开展住房租赁业务,审查通过后一次性发放。

(四)对住房租赁信息化建设和其他项目,按照本市有关规定和相关合同约定执行。

第五章 监督管理和绩效评价

第十八条 市、区财政部门应当对专项资金实行专项管理、分账核算,及时拨付专项资金,不得截留、挤占、挪作他用,不得用于平衡本级预算。

第十九条 各区房屋管理部门应当会同区财政部门,根据市房屋管理部门编制的年度专项资金使用计划,组织对本区奖补项目实施情况、专项资金使用情况、绩效目标完成情况等开展绩效评价。

市房屋管理部门应当会同市财政部门,根据各区绩效评价结果,及时完善专项资金使用管理的相关制度。上一年度的绩效评价结果作为向各区分配专项资金的重要参考依据,与本年度专项资金安排适当挂钩。

第二十条 申请主体应当履行下列责任:

(一)如实提供申请材料。

(二)取得的专项资金应当用于住房租赁业务。

(三)健全必要的财务管理制度,专项、专人审批开支,开设独立财务台账进行核算。

(四)按要求提供专项资金使用、项目执行情况报告。

（五）自觉接受各级政府及派出机关、有关部门的日常监督检查、专项审计和绩效评价。其中，属于"非转租"项目的，每年取得专项资金前均应提交上一年度的审计报告。

（六）责任范围内的其他工作事项。

第二十一条　申请主体违反本办法规定，有弄虚作假，采取虚报、多报等方式骗取专项资金，转移、侵占、挪用专项资金等行为的，依据《财政违法行为处罚处分条例》（国务院令第427号）等规定进行处理，并依法追究申请主体及其负责人和有关人员的法律责任。

市房屋管理部门有权要求存在上述违规行为的申请主体退回专项资金，取消其后续项目专项资金的申请资格；同时，按照《上海市公共信用信息归集和使用管理办法》的规定，将其失信信息归集至本市公共信用信息服务平台，由相关管理部门对失信责任主体实施联合惩戒。

第二十二条　有关行政管理部门或承担公共职能的组织及其工作人员违反本办法规定，不依法履行职责的，按照《中华人民共和国公务员法》《中华人民共和国监察法》等国家有关规定，由有权机关责令改正，对负有责任的领导人员和直接责任人员，依法追究责任并严肃处理；构成犯罪的，移送司法机关依法追究刑事责任。

第六章　附则

第二十三条　本办法所称房地产开发企业，是指依法设立、具备独立法人资格、有房地产开发资质并实际经营的经济实体。

本办法所称住房租赁企业，是指依法设立、具备独立法人资格、经营范围含有"住房租赁经营"或"住房租赁"，并实际从事住房租赁经营业务的经济实体。

本办法所称房地产经纪机构，是指依法设立、具备独立法人资格、经过房管部门备案并实际从事房地产经纪活动的中介服务机构。

第二十四条　本办法由市房屋管理部门会同市财政部门解释。

第二十五条　本办法自印发之日起施行，有效期3年。

上海市住房和城乡建设管理委员会关于印发《上海市租赁住房规划建设导则》的通知

沪建房管联〔2020〕483号

各有关单位：

为引导培育涵盖规划、设计、建设、运营等租住全生命周期的品质建管理念，加快推进本市租赁住房规划建设，现将《上海市租赁住房规划建设导则》印发给你们，请遵照执行。

市住房城乡建设管理委
市房屋管理局
市规划资源局
2020年10月22日

相关附件[①]：
上海市租赁住房规划建设导则

---

① 附件具体内容略。

上海市人民政府印发《关于本市"十四五"加快推进新城规划建设工作的实施意见》的通知

沪府规〔2021〕2号

各区人民政府，市政府各委、办、局：

现将《关于本市"十四五"加快推进新城规划建设工作的实施意见》印发给你们，请认真按照执行。

上海市人民政府
2021年2月23日

关于本市"十四五"加快推进新城规划建设工作的实施意见

新城是上海推动城市组团式发展，形成多中心、多层级、多节点的网络型城市群结构的重要战略空间。国务院批复的《上海市城市总体规划（2017—2035年）》（以下简称"上海2035总体规划"）明确，将位于重要区域廊道上、发展基础较好的嘉定、青浦、松江、奉贤、南汇等5个新城，培育成在长三角城市群中具有辐射带动作用的综合性节点城市。必须把新城高水平规划建设作为一项战略命题，抓住"十四五"关键窗口期，举全市之力推动新城发展。为此，现提出本市"十四五"加快推进新城规划建设工作的实施意见如下：

（……）

（三）优化住宅空间布局，完善多样化住房供应体系

促进新城住房规划建设与轨道交通建设、就业岗位分布、公共设施配套联动发展，引导人口和住房合理分布。加大住房用地供给，提供高品质、特色化的国际社区、创业社区、高品质商品住宅等多样化居住产品，保持新城房地产市场平稳健康发展。完善多主体供给、多渠道保障、租购并举的住房制度，推进人才安居工程，探索支持利

政策篇

用集体建设用地规划建设租赁住房，提升新城"十四五"新增住房中政府、机构和企业持有的租赁性住房比例，在轨道交通站点周边优先规划建设公共租赁住房。

本实施意见自 2021 年 3 月 1 日起施行。《上海市新城规划建设导则》由上海市新城规划建设推进协调领导小组办公室另行印发。

上海市松江区人民政府关于印发《上海市松江区农村集体经营性建设用地入市管理办法》的通知

沪松府规〔2021〕2号

各镇人民政府、街道办事处，区政府各部门：

经区政府第149次常务会议审议通过，现将《上海市松江区农村集体经营性建设用地入市管理办法》印发给你们，请认真遵照执行。

2021年7月1日

上海市松江区农村集体经营性建设用地入市管理办法

第一章　总则

第一条（目的与依据）

为全面贯彻落实《中华人民共和国土地管理法》，引导和规范松江区农村集体经营性建设用地入市，建立城乡统一的建设用地市场，健全城乡发展一体化体制机制，结合松江区农村土地制度改革试点成果，制定本办法。

第二条（适用范围）

本办法适用于松江区行政区域内的农村集体经营性建设用地入市管理。

第三条（基本原则）

在确保土地公有制性质不改变、耕地红线不突破、农民利益不受损的前提下，农村集体经营性建设用地使用权应遵循公开、公平、公正和诚信原则，实行有偿、有期限、可入市的使用制度。

积极探索和建立农村持续发展和农民持续增收机制，以及农民参与、共建共享的利益分配机制，处理好兼顾国家、集体、个人的土地增值收益分配关系，充分发挥市场的决定性作用。

坚持规划统筹、引领和国土空间用途管制，按照严控增量、盘活存量的原则，加强村庄设计品质，优先推进存量集体建设用地入市，提高农村集体建设用地利用水平。

第四条（管理职责）

松江区人民政府负责本行政区域内农村集体经营性建设用地入市区域统筹、综合管理和监督工作。区规划资源部门负责制定入市年度计划，规范入市程序，落实入市具体工作。区农业农村部门做好农村土地民主管理、集体资产管理、土地增值收益分配指导和入市备案工作，区财政部门负责土地收益征缴业务指导；区税务部门做好税收征缴业务指导；区发改委（金融银监部门）负责抵押融资业务指导。

集体土地入市前，集体经济组织应征询相关职能部门意见，本区农业、规划资源、发改、经委、建设、房屋管理、生态环境、绿化市容、交通、民防、卫生防疫、水务、文物等相关职能部门提出各项建设要求、管理要素、监管考核和违约处置等要求，作为土地出让条件纳入监管协议，并按照"谁提出、谁负责、谁监管"的原则，对受让人的合同履约情况进行要素评定，依法实施监管。

各镇人民政府（街道办事处）应积极配合落实入市相关工作，并加强基层民主管理和入市收益监管。

松江区人民政府成立农村集体经营性建设用地入市协调机构，负责协调解决出让中的相关问题，集体研究有关事项。协调机构应由发改委、农委、经委、生态环境、建设、规划资源、交通、卫生防疫、水务、财政、税务等部门组成，入市地块所在镇人民政府（街道办事处）及集体经济组织应委派代表参加。

第二章 入市方式和程序

第五条（入市权利双方）

农村集体经营性建设用地入市出让人是代表其所有权的农民集体，可由农村集体经济组织代表农民集体负责入市工作。其中，属于镇（街道）农民集体所有的，由镇（街道）集体经济组织代表集体行使所有权，属于村集体所有的，由村集体经济组织代表集体行使所有权；分别属于两个及以上农民集体所有的，由各村集体经济组织共同行使集体所有权。集体经济组织尚未依法取得法人资格的，可以通过授权或者委托其他具有法人资格的组织代理实施入市，并明确双方权利义务关系。

境内外的自然人、法人和其他组织，除法律另有规定外，均可依照本办法的规定受让农村集体经营性建设用地使用权，并进行土地开发、利用和经营。

第六条（入市类型）

依法取得、符合规划的集体存量建设用地，具备开发建设所需基础设施等基本条件的，可以直接就地入市。

根据郊野单元村庄规划等国土空间规划，经市人民政府批准后，在确保建设用地不增加，耕地数量不减少、质量有提高的前提下，对村庄内零星、分散的集体建设用地先复垦后，可按计划调整到符合规划的区域入市。

第七条（入市形式）

农村集体经营性建设用地入市形式包括使用权出让、租赁等有偿使用方式：

（一）农村集体经营性建设用地使用权出让，是指集体土地所有权人在国家和本市土地管理规定下，将农村集体经营性建设用地使用权在一定年限内让与土地使用者，并由土地使用者支付土地使用权出让费的行为。

（二）农村集体经营性建设用地使用权租赁，是指集体土地所有人在国家和本市土地管理规定下，将土地使用权以一定年限租赁给使用者使用，由土地使用者作为承租人支付土地租金的行为。

第八条（入市条件）

农村集体经营性建设用地入市，应具备以下条件：

（一）农村集体经营性建设用地属农民集体所有，并完成集体土地所有权、使用权确权登记，持有集体建设用地所有权证，土地权属清晰、无争议；涉及耕地的，需完成农村土地承包经营权的解除。

（二）符合控制性详细规划、村庄规划，符合国土空间用途管制要求。

（三）符合国家和本市产业政策、环保政策，符合农村集体经营性建设用地入市政策，具备开发条件。

（四）无违法用地行为，无司法机关依法裁定查封或其他形式限定土地权利的。

（五）具备必要的通路、通水、通电、土地平整等开发建设条件。

（六）法律法规规定的其他条件。

第九条（计划管理）

区人民政府统筹管理，尊重农民意愿，根据经济社会发展规划、产业政策、国土空间规划、土地利用年度计划、土地市场状况和所有权人意向申请，控制节奏，统筹安排年度出让计划。

第十条（决策程序）

农村集体经营性建设用地入市事项，应召开本集体经济组织成员或成员代表会议，经五分之四以上成员或成员代表同意，并形成决议。

第十一条（前期开发）

入市的农村集体经营性建设用地可由集体土地所有权人自行或委托土地储备机构实施前期开发，达到土地供应条件。

第十二条（出让方案）

地块出让前，出让人应当通过协调机构征询各部门意见，并拟定出让方案。出让方案应包括地块的名称、出让面积、土地用途、容积率、出让方式、出让年限、出让起始价、现场竞价方式、竞买保证金、加价幅度、房屋土地权属调查报告书、地块位置示意图、出让条件、出让收入分配方案等内容。

出让方案应经集体经济组织成员或成员代表会议五分之四以上同意，经镇人民政府（街道办事处）审核，报松江区人民政府批准后组织实施。

第十三条（入市申请与出让）

出让人向市土地交易中心提交农村集体经营性建设用地出让申请，委托市土地交易中心编制出让文件，发布出让公告，组织出让工作。

第十四条（统一交易市场）

本市农村集体经营性建设用地入市实行与国有建设用地同等入市制度，在全市统一的土地交易市场内进行，实施统一规则、统一平台、统一监管。

遵循公开、公正、公平的原则，在全市统一的国有土地交易市场的基础上，增加农村集体经营性建设用地入市交易的服务、管理功能，完善交易监管规则。

第十五条（出让方式）

农村集体经营性建设用地使用权出让应采取招标、拍卖、挂牌或协议方式。

第十六条（出让年限）

农村集体经营性建设用地使用权出让年限，参照国家和本市有关国有建设用地的规定，最高出让年限应与国有建设用地使用权等同。

第十七条（出让合同）

受让人应按照成交确认书或中标确认书约定的时间签订出让合同和监管协议。

出让合同应由出让人、受让人共同签订，合同文本报松江区规划资源局备案。

监管协议应由出让人、受让人、松江区规划资源局共同签订。

第十八条（土地开发、利用和经营的要求）

农村集体经营性建设用地应参照国有建设用地，加强土地利用全要素全生命周期管理。

受让人应按出让合同的规划用地性质、规划要求、开发期限和条件等约定进行开发、利用和经营。

受让人在出让地块上进行开发建设的，应按本市规划管理、建筑业管理、房地产管理以及交通、环保、卫生、环卫、消防等城市管理的有关规定办理各项申请审批手续。

第十九条（违法查处）

受让人不按照批准的用途和条件使用农村集体建设用地的，应按照违法用地和违法建设相关规定进行查处。

第三章　地价管理和收入分配

第二十条（地价管理）

集体建设用地使用权应与国有土地"同权、同价、同责"，土地价格应通过具有土地估价资质的估价机构进行市场评估，在此基础上结合经营性用地全要素管理要求，综合确定出让地块出让起始价或底价，并经集体经济组织成员或成员代表会议五分之四以上同意。

第二十一条（土地增值收益分配）

松江区人民政府应结合农村集体产权制度改革，参照国有土地收益分配方式，探索农村持续发展及农民增收机制、公共服务配套设施建设与国有土地同责机制以及不同区域间土地增值收益的平衡机制，兼顾近期与远期、公益性与经营性、入市地块所在区域与整个地区间的关系，按照合理比例收取农村集体经营性建设用地入市土地增值收益调节金，并解决农民基本保障。

农村集体经济组织应制定经成员认可的土地增值收益分配办法，取得的收益纳入农村集体资产统一管理，分配情况纳入农村"三资"监管平台公开，接受集体内部审计监督和政府监管。

第四章 土地使用权登记和抵押

第二十二条（土地使用权登记）

在签订出让合同、并按出让合同约定付清全部出让价款后，受让人方可申请办理土地初始登记，领取不动产权利证书。

第二十三条（土地使用权抵押）

依法取得的农村集体经营性建设用地使用权及其地上的建筑物、构筑物及其他附属物可以设定抵押权。土地使用权抵押，抵押人与抵押权人应签订抵押合同，设定抵押关系应依法办理抵押登记。

集体建设用地抵押时所担保的主债权仅限于开发建设该出让地块的贷款，且不得超过合同约定的土地出让价款总额。以房屋在建工程、新建房屋连同土地抵押等情形，应当按照《上海市房地产抵押办法》相关规定办理。

设定抵押关系和处理抵押物之前，应征询土地所有权人意见，土地所有权人享有优先购买权。抵押权实现后，不得改变土地所有权性质和出让合同约定的使用条件。

第五章 土地使用权转让、续期和收回

第二十四条（土地转让）

出让人和协调机构应在农村集体经营性建设用地出让前明确物业持有和转让管理要求，受让人可依法和按照出让合同约定转让农村集体经营性建设用地使用权，但下列情形除外：

（一）集体经济组织以协议方式取得农村集体经营性建设用地使用权的，建设用地使用权不得擅自整体或分割转让。建设用地使用权人出资比例结构、项目公司股权结构、实际控制人均不得改变。

（二）工业用地产业项目类和研发总部产业项目类建设用地使用权不得整体或分割转让；建设用地使用权人出资比例结构、项目公司股权结构不得改变，确需改变的，应事先经出让人和协调机构同意。

（三）营利性教育、医疗、养老等设施用地应由受让人整体持有，不得分割转让；确需整体转让的，应事先经出让人和协调机构同意，或由出让人按照出让合同约定的

价格和方式优先回购。

（四）属于房屋建设工程转让的，受让人应付清土地出让价款并领取不动产权利证书，取得建设工程规划许可证、建设工程施工许可证，并完成房屋建设开发投资总额的百分之二十五以上。

农村集体经营性建设用地使用权转让后，受让人应按照原出让合同中约定的权利和义务履行。

第二十五条（到期续期）

农村集体经营性建设用地使用权出让合同约定使用期限届满，受让人要求继续使用土地的，应当至迟于届满前一年向出让人提出申请续期。经出让人和协调机构同意继续使用土地的，应重新签订出让合同，支付土地出让价款，并办理土地变更登记手续。

第二十六条（使用权收回）

受让人依法取得的农村集体经营性建设用地使用权，未违反合同约定的，在出让合同约定的使用年限届满前，不得收回。

出让合同约定的使用年限届满，受让人未申请续期的，或者申请续期但未获批准的，土地使用权由集体经济组织无偿收回，其地上建筑物、构筑物和其他附着物按照出让合同的约定处理。

因公共利益需要，土地需征收为国有或出让人提前收回使用权的，可按出让合同约定终止合同，并给予受让人相应补偿。

第六章 附则

第二十七条（施行办法）

本办法自 2021 年 8 月 1 日起施行。国家、市级层面后续出台相关政策文件与本办法不一致的，按照国家、市相关政策文件执行。

上海市松江区农业农村委员会关于印发《关于上海市松江区农村集体经营性建设用地入市民主管理的实施意见》的通知

松农规〔2021〕1号

各镇人民政府、街道办事处，区政府各部门：

《关于上海市松江区农村集体经营性建设用地入市民主管理的实施意见》已经研究通过，现印发给你们，请结合实际认真贯彻执行。

上海市松江区农业农村委员会

2021年7月2日

关于上海市松江区农村集体经营性建设用地入市民主管理的实施意见

为适应新时期农业农村发展要求，通过编制农村集体土地利用规划，统筹安排农村各项土地利用活动，夯实农村土地管理基础，落实最严格的耕地保护制度，促进农村土地节约集约利用。根据《中华人民共和国土地管理法》《中华人民共和国城乡规划法》《上海市农村集体资产监督管理条例》等法律法规及有关文件要求，结合我区实际，现就建立农村集体经营性建设用地入市民主管理提出如下实施意见。

一、目标要求

通过建立农村集体经营性建设用地入市民主管理机制，突出农村集体经济组织及成员的主体地位，充分发挥农村集体经济组织管理农村土地的主动性、积极性和责任心，进一步优化农村规划布局，提高节约集约利用农村土地和耕地保护水平，夯实农村土地基层管理基础,推动建立和完善符合我区经济社会发展实际的农村集体经营性建设用地入市民主管理的长效机制。

二、主要内容

(一)建立农村集体经营性建设用地入市决策机制

1. 明确民主管理决策机构。根据《中华人民共和国土地管理法》规定,农民集体所有的土地依法属于村农民集体所有的,由村集体经济组织经营、管理;已经属于街镇农民集体所有的,由街镇集体经济组织经营、管理。充分发挥我区农村集体产权制度改革后成立的农村集体经济组织(街镇经济联合社和村经济合作社)的作用,由农村集体经济组织负责农村集体经营性建设用地入市工作,代表其行使所有权。

2. 完善民主管理决策内容。街镇经济联合社、村经济合作社对农村集体经营性建设用地入市等相关事项进行统一决策,包括:一是入市意向、入市方案;二是"农村集体经营性建设用地使用权出让合同"中须出让人同意的事项;三是农村土地利用规划成果、规划修改方案;四是授权委托、资金使用、收益分配等事项。

3. 确定民主管理决策程序。根据农村集体经济组织的"三会"(成员代表大会、理事会、监事会)议事规则,涉及农村集体经营性建设用地入市的会议由理事长召集并主持,会议形成的方案和意见经镇人民政府或街道办事处审批审核,提交成员代表大会经五分之四以上成员代表同意并形成决议;监事会要积极参与有关事项的管理和决策监督,主动收集并认真受理成员意见和建议,做好对决议事项实施和收益资金管理使用过程的全程监督,及时将问题向上级集体资产监督管理部门反映。

4. 落实公示制度和财务公开。农村集体经济组织应按照农村集体资金资产资源管理有关规定落实公示制度和财务公开。入市涉及的规划编制,入市调查、征询、论证、听证、公示等各阶段,村民可通过提出意见和建议反映意愿和需求。入市宗地出让、出租、作价入股等信息及成交价格、交易费用、税费交纳和收益支出等相关情况,及时向集体经济组织全体成员公示。

(二)建立农村集体经营性建设用地入市管理和监督机制

1. 强化区级层面监管。按照《上海市农村集体资产监督管理条例》,加强区级层面的监督管理,健全农村集体经营性用地入市的管理机制、决策机制、分配机制和监督机制。

2. 修改集体经济组织《章程》。各街镇要补充完善已修订的农村集体经济组织《章程》内容,增加农村集体经营性建设用地入市民主决策的相关内容。

3. 完善"三资"监管平台建设。加强农村集体"三资"信息管理系统的运用,将街镇经济合作社(村经济合作社)及所属集体企业纳入"三资"信息管理系统进行记账管理;涉及租赁等的入市等合同要按照《关于松江区农村集体资产经营管理平台上线运行有关工作的通知》进行规范操作。

4. 完善监督管理和考核机制。区相关部门要加强对农村土地民主管理工作的指导,强化责任落实，建立工作考核机制，定期开展土地管理模块落实情况检查和通报，不定期开展相关专题检查。检查结果作为年度评分考核的依据。

三、保障措施

（一）加强组织领导。各街镇要高度重视农村集体经营性建设用地入市工作，建立由主要领导牵头、分管领导具体抓落实的工作机制。区农业农村委、规划资源局和财政局等部门要充分做好指导工作，研究制定相关政策，确保民主管理工作顺利推进。

（二）加强宣传发动。各街镇、行政村要强化宣传动员，发挥舆论导向作用，通过报刊、电视、网络等媒体广泛宣传农村集体经营性建设用地入市进展情况，及时总结好做法、好经验、好典型，促进农村集体经营性建设用地入市的民主管理。

（三）落实共同责任。农村集体经营性建设用地入市民主管理工作涉及面广、工作内容多，必须发挥合力、齐抓共管，各街镇农经部门、村镇办、规划资源所等相关部门要严格落实工作职责，指导农村集体经济组织建立规范的土地民主管理制度。

本文由区农业农村委负责解释，自发布之日起实行，有效期至2023年12月31日。

沈　阳

沈阳市利用集体建设用地建设租赁住房试点工作实施方案

为增加租赁住房供应，缓解住房供需矛盾，构建租购并举的住房体系，建立健全房地产平稳健康发展长效机制，依据《国土资源部住房城乡建设部关于印发〈利用集体建设用地建设租赁住房试点方案〉的通知》（国土资发〔2017〕100号），结合沈阳市实际，制定本方案。

一、指导思想和基本原则

（一）指导思想

根据党的十九大会议精神，深化农村集体产权制度改革，保障农民财产权益，壮大集体经济，坚持"房子是用来住的，不是用来炒的"定位，准确把握住房的居住属性，以构建城乡统一的建设用地市场为主要目标，以市场为主满足多层次需求，以政府为主提供基本保障，建立多主体供给、多渠道保障、租购并举的住房体系，健全房地产市场平稳健康发展长效机制，让全体人民住有所居。

（二）基本原则

尊重农民意愿，维护农民权益。利用集体建设用地建设租赁住房（以下简称"集体租赁住房"），要切实尊重农民意愿，确保集体经济组织自愿实施、自主运作，使农民和农村集体通过出租房屋获得长期稳定收益，分享城乡统筹发展成果。

把握改革方向，提高服务效能。坚持市场经济方向，发挥市场配置资源的决定性作用，落实"放管服"要求，优化审批流程，提高办事效率。

规范有序，审慎稳妥，封闭运行。严格区别于小产权房，集体租赁住房从源头开始符合规划、完备各项手续、受不动产登记保护。审慎稳妥推进试点，保持平稳有序，封闭运行，风险可控。

强化部门协作，形成改革合力。注重与不动产统一登记、培育和发展住房租赁市场等改革协同，加强部门协作，形成合力全面推进改革。

二、工作目标

通过集体租赁住房项目，增加住房的有效供应，缓解住房供求矛盾。以项目为抓手，边试点,边总结,边提升,探索集体租赁住房建设和运营规则,形成可复制、可推广的经验和做法。

三、试点范围

在沈阳市行政范围内选择试点项目分批开展,地块从小到大,从易到难,循序渐进,逐步开展,首期试点拟选择1~2个地块。重点选择基础设施完备,医疗、教育、交通等公共设施配套齐全,有较大人口住宿需求的区域。特别是满足外来务工人员等新市民居住需求的城乡结合部,或者是新毕业大学生较为集中的产业园、科技园、创新园、自贸区等功能园区附近。

四、工作内容

(一)项目准入条件

1. 规划计划。市规划国土部门统一制定集体租赁住房项目年度实施计划,报市政府批准后实施,并可根据项目具体情况调整年度实施计划。适时委托专业机构编制沈阳市集体租赁住房开发专项规划。

2. 符合各类规划。集体租赁住房建设必须符合城乡规划、土地利用总体规划及环境保护等相关要求。

3. 以存量土地为主。集体租赁住房项目建设以存量集体建设用地为主,原则上不得占用耕地,如遇集体建设用地中插花农用地等情况,可采取增减挂钩的方式对用地布局进行优化。

4. 用地规模及用途。集体租赁住房项目土地用途确定为住宅用地,土地使用年期不得超过70年,用地规模参照国有建设用地中住宅用地规模进行控制,新民市、法库县、康平县不得超过7公顷,其他区(开发区)不得超过20公顷。

5. 权属地类认定。集体租赁住房项目需在集体土地权属无争议的前提下开展。如历史从未取得过集体土地使用权证书,需以地籍部门认定的权属地类为准,进行初始登记。

(二)项目前期准备

1. 确定实施主体。集体租赁住房项目可以由村镇集体经济组织自行开发运营,也可以通过联营、入股等方式建设运营。按照农民自愿的原则,集体租赁住房开发、运营方案由村民会议讨论决定,或者在村民会议授权的前提下,由村民代表会议讨论决定。以上两种方式均须征得村民会议三分之二以上成员或三分之二以上村民代表的同意。

2. 资金筹措准备。集体经济组织可以利用自有资金及向银行贷款建设租赁住房。鼓励村集体经济组织与乡镇(街道)合作或乡镇(街道)内部村与村之间合作,发挥各自土地、资金优势。

3. 前期土地整理。优先利用集体工矿、学校等便于土地整理的地块。如利用农民宅基地，需农民自愿，按照先补偿后搬迁、居住条件有改善的原则，采取重新安排宅基地建房、提供安置房及货币补偿等方式，或者多种方式相结合对农民进行公平合理的安置补偿，保障农民居住权。整理后剩余土地用于建设集体租赁住房项目。

（三）入股、联营合作

1. 合作企业。国有企业或民间资本均可以与集体经济组织以入股、联营方式建设运营，以国有企业投资为主。集体经济组织可自行选择合作单位，以协议方式入股、联营，入股、联营期限不得超过土地用途的使用年限。

2. 地价确定。集体建设用地使用权价格通过先评估国有划拨建设用地使用权价格，再核减集体建设用地转为国有建设用地过程中发生的各类费用的方式进行确定。市地价评审委员会根据地价评估结果、土地市场运行情况和区政府建议价格综合确定集体建设用地使用权价格，为村集体经济组织入股、联营提供依据和参考。

3. 签订协议。在县（市）、区政府、乡镇（街道）的指导下，集体经济组织与合作企业联合制定入股、收益分配方案，并签订合作协议，集体经济组织要有保底分红，同时约定合作期限、资产归属、参与就业等其他内容，方案及协议必须经集体经济组织成员大会或成员代表大会通过。

4. 成立公司。合作协议签订后，成立新公司，制定公司章程，办理工商登记等相关手续。

5. 收益分配。按照入股、联营合作协议，集体经济组织在新公司收益中，原则上实行按股分配。本集体经济组织成员可以根据在经济合作社或股份经济合作社中拥有的股份或份额，参加集体收益分配。对集体租赁住房的合作协议履行、收益分配等重大事项，集体经济组织应严格履行民主程序，定期公布账目，接受集体经济组织成员及董事会的监督。

6. 监督管理。县（市）、区政府、乡镇（街道）负责对合同执行及农民利益保障进行监管。各级农业主管部门按照国家、省市有关规定，对农村集体资产管理工作进行指导和监督。

（四）运营管理

集体租赁住房是一种集体持有的租赁产业（租赁物业），可依法出租获取收益。运营采取两种方式：一是纳入我市住房租赁信息服务与监管平台统一运营管理；二是由集体经济组织或入股、联营成立的新公司自行运营。对住房租赁企业进行统一登记管理，经营范围为"住房租赁经营"。

集体租赁住房的出租年期不得超过20年，出租合同到期后，原承租人可优先续租。可以由个人租赁或单位包租，单位包租的，只能安排本单位职工家庭住宿，禁止承租人将所承租的租赁住房转借、转租或改变用途，由房产管理部门、乡镇（街道）和县（市）、区政府负责监管。

（五）资产归属

集体租赁住房项目中，集体建设用地所有权归集体经济组织所有。

集体经济组织应严格按照国家、省市农村集体资产管理和《村集体经济组织会计制度》的有关规定，管理集体租赁住房等相关集体资产。

（六）项目实施程序

1. 试点项目申请。集体经济组织按照本方案的相关要求拟定试点项目实施方案，方案由集体经济组织成员大会或成员代表大会通过，经乡镇（街道）政府初审同意，报县（市）、区政府核准后，由县（市）、区政府正式上报市政府申请试点项目。

2. 试点项目批准。收到试点项目申请后，市政府组织市规划国土、发改、农委、房产、建委等相关部门对试点项目实施方案进行审查并提出意见，最终由市政府批准后实施，并报省国土资源厅备案。

3. 相关手续报批。试点项目实施方案获批后，由集体经济组织或入股、联营成立的新公司申请办理立项、规划、用地、建设及不动产登记等相关手续。各类手续均需注明："集体租赁住房项目，只租不售"。具体审批流程如下：

（1）项目立项备案等审批手续。市、县（区、开发区）发展改革部门对试点项目的项目性质、建设主体、投资来源、招投标方案等方面进行审查，办理项目批复文件。

（2）用地预审手续。市、县（区、开发区）规划国土部门对项目的用地合规性、用地标准等进行审查，办理《建设项目用地预审意见》。

（3）项目规划手续。市、县（区、开发区）规划国土部门根据相关规划要求，出具规划条件，规划条件中应包含地块位置、用地性质和用地范围，并核发乡村建设规划许可证。

（4）项目用地手续。集体经济组织或入股、联营成立的新公司申请使用集体建设用地，由市、县（区、开发区）规划国土部门进行初审，根据《辽宁省实施〈中华人民共和国土地管理法〉办法》相关规定，0.5公顷以下报县人民政府审批；0.5公顷以上报市规划国土部门审核后，上报市人民政府批准。市、县人民政府批准后，下达集体建设用地使用批复，批复中明确：土地坐落、面积、用途、使用年限，使用权类型为自用或入股联营使用。

（5）项目施工手续。市、县（区、开发区）建设主管部门依据项目立项、规划、用地手续，办理项目《建设工程施工许可证》。

（6）项目竣工手续。市、县（区、开发区）建设主管部门按规定办理竣工验收备案手续。

（7）不动产登记手续。集体经济组织或入股、联营成立的新公司在取得集体建设用地使用权批复后,办理不动产登记。集体租赁住房项目在取得项目竣工验收手续后,依法办理不动产权证书,不动产权证书按幢核发,均不予分割办理单元、单户产权证,同时注明不得转让、抵押。

五、支持政策

(一)规划和建设标准方面

健全集体建设用地规划许可制度,推进统一规划、统筹布局、统一管理,统一相关建设标准。集体租赁住房项目应符合城镇住房规划设计有关规范,套型结构和面积标准可结合区域实际需要,按市场需求进行规划、设计和建设,实施全装修成品交房,禁止建设低密度住宅。项目可设置一定比例的商业服务等配套设施,建筑面积不超过总建筑面积的15%。

(二)简化审批流程方面

优化项目预审、立项、规划、用地、施工、竣工验收、项目运营管理等审批程序,建立快速通道。在城乡控制性详细规划未覆盖的区域,规划指标可以在项目建设实施方案中同步设计,方案获批可作为控制性详细规划的依据。项目立项、用地预审、规划选址可在方案报批中一并审查,方案批复可作为立项、用地预审、规划选址审批的同效文件。同步受理工程报监和施工许可,勘察和设计、施工、监理同步、一体化招标。

(三)财税金融支持方面

引导金融机构加大对建设租赁住房的贷款支持力度,鼓励金融机构为符合条件的集体经济组织提供信贷支持。

(四)公积金提取方面

职工连续足额缴存住房公积金满3个月,本人及配偶在我市无自有产权(含尚未取得《房屋所有权证》)住房且租房自住的,可凭租赁备案证明提取夫妻双方住房公积金支付房租。

(五)公共服务方面

县(市)、区政府将承租人纳入居住地教育、医疗管理体系,享受沈阳市医疗服务项目及所在地义务教育,并将符合条件的集体租赁住房承租人纳入社保体系。另外,依托基层派出所开展人口居住和治安管理,承租人可按照国家有关规定凭登记备案的租赁住房合同依法申领居住证;依托街镇和村(居)委提供计划生育、劳动就业、法律援助等人口基本服务;依托基层党、团、工会等组织开展社区文化建设。

（六）公共事业性收费方面

集体租赁住房按照居民住宅水、电、气价格执行，非居住功能用房的水、电、气实行分别计价。

（七）配套设施建设方面

完善集体租赁住房项目道路、自来水、电、煤气、排水等综合管网建设。县（市）、区政府按照城市规划尽快落实集体租赁项目周边必要的医疗、教育等设施配套。如需配套建设城市公共交通设施，需规划相应的场地建设公交场站和办公用房，并与建设项目主体工程同步设计、建设、验收，在城市公交设施竣工后，由交通运输主管部门参加验收，验收合格的，交付交通运输主管部门配套相应的公交线路。

六、工作安排

（一）试点工作启动阶段（2017年9月—10月）

市政府成立集体租赁住房工作领导小组，并组织相关部门召开全市试点工作部署会议。

（二）试点实施方案编制及报批阶段（2017年10月—11月）

按照国家方案有关要求，结合我市实际，编制利用集体建设用地建设租赁住房试点实施方案。11月底前报国土部和住建部批准。

（三）试点推进实施和评估阶段（2017年12月—2019年11月）

市规划国土部门对集体建设用地进行摸底调查，组织有条件的农村集体经济组织座谈，做好政策宣传，了解经济组织意愿、需求等，上报市政府确定首批试点地块。研究制定沈阳市集体租赁住房试点工作实施意见及相关配套政策，全面启动试点项目实施工作。

相关县（市）、区政府及时进行试点项目跟踪评估，向市集体租赁住房工作领导小组书面汇报跟踪评估情况。2019年下半年，市集体租赁住房工作领导小组对试点工作情况进行中期评估，对发现的问题及时整改。

（四）总结完善阶段（2019年12月—2020年12月）

市集体租赁住房工作领导小组及时对试点的实施情况、取得成效及存在问题进行全面分析，完善各项规定，总结试点经验，并适时向市政府和省国土资源厅报告试点总体情况，提出进一步开展集体租赁住房试点工作的意见。

七、保障措施

(一) 组织领导

市政府成立市住房租赁试点工作领导小组,市政府主要领导任组长,分管领导为副组长,成员包括市发展改革委分管领导,市教育局、市公安局、市民政局、市财政局、市人力资源社会保障局、市规划和国土资源局、市建委、市交通局、市房产局、市农委、市环保局、市卫生和计生委、市金融办、市执法局、市法制办、市工商局、市国税局、市地税局、市住房公积金中心、市地铁集团、沈阳供电公司、市燃气公司、市水务集团、市政务服务办、人民银行沈阳营管部等部门、单位主要领导。

市领导小组负责统筹推进我市集体租赁住房试点工作,对具体试点项目方案进行审查,研究解决工作中的重大问题,研究制定推进集体租赁住房建设的相关配套政策。市领导小组办公室设在市规划国土局,负责日常协调工作。试点实施项目的县(市)、区政府也要成立相应的组织机构。

(二) 监督责任

对于未经批准擅自建设租赁住房或者将租赁住房销售的,应当依法予以查处。严格禁止小产权房通过试点工作补办手续成为集体租赁住房试点,对为以上情形办理手续的相关部门依法追究责任。对试点工作中违规、违法的行为和个人依法追究责任。

(三) 容错纠错机制保障

上级部门要加强对地方的分类指导,尊重基层首创精神,启动纠错容错机制,允许地方进行差别化探索,切实做到封闭运行、风险可控,发现问题及时纠偏。

(四) 宣传引导,营造舆论氛围

各级政府和有关部门要加强舆论正面引导,做好宣传和动员工作,为集体租赁住房试点工作营造良好的舆论氛围。

南　京

南京市利用集体建设用地建设租赁住房试点实施方案

为全面贯彻落实《国务院办公厅关于加快培育和发展住房租赁市场的若干意见》（国办发〔2016〕39号）等文件精神，按照《国土资源部住房城乡建设部关于印发〈利用集体建设用地建设租赁住房试点方案〉的通知》（国土资发〔2017〕100号）要求，结合南京实际，制定本方案。

一、指导思想

全面贯彻落实党的十九大精神，深入学习习近平总书记系列重要讲话精神，按照党中央、国务院关于房地产工作的决策部署，牢牢把握"房子是用来住的，不是用来炒的"定位，加快建立多主体供给、多渠道保障、租购并举的住房制度，着力构建城乡统一的建设用地市场，推进集体土地不动产登记，完善利用集体建设用地建设租赁住房规则，健全服务和监管体系，提高存量土地节约集约利用水平，为高水平全面建成小康社会提供用地保障，促进建立房地产平稳健康发展长效机制。

二、总体目标

到2020年底，建成一批利用集体建设用地建设租赁住房试点项目，建设集体租赁住房总建筑面积30万平方米左右，促进我市房地产市场持续稳定发展。

在符合城乡规划要求前提下，破解城乡建设用地管理二元结构，赋予集体建设用地居住和产业发展功能，促进城乡"同地、同价、同权"；盘活农村低效用地，优化公共基础设施配置，强化用地监管，促进农村地区节约集约用地；坚持人民立场，致力于满足新市民住房需求、致力于农村集体经济组织增收、致力于农民获得长远稳定收益。

以项目管理为抓手，以完善规则为主线，以可复制、可推广为标准，以支撑城乡统一市场建设为导向，新辟住宅用地供应渠道，增加住宅用地供应，缓解住房供求矛盾；围绕优化试点项目审批程序、完善集体租赁住房建设和运营机制、探索集体租赁住房监测监管机制、保障承租人基本公共服务权利等内容，全面推进利用集体建设用地建设租赁住房试点工作。

三、主要任务

（一）明确试点基本条件

1. 确定试点区域。在全市范围内符合条件的区域开展利用集体建设用地建设租赁住房项目试点工作，各试点区域所在区政府为试点工作的责任主体，确保将试点工作各项内容落到实处。（责任单位：各区政府）

2. 尊重农民意愿。按照充分尊重农民集体自主意愿的原则，确定试点项目前，应按照有关规定征得拟占用土地所有权所属集体经济组织三分之二以上成员或村民代表同意，确保集体经济组织自愿实施、自主运作。（责任单位：各区政府，市委农工委、市农委）

3. 明确实施主体。原则上以有意愿和条件的镇街、村集体经济组织为项目实施主体，统一办理相关立项、规划、用地及建设手续。鼓励集体经济组织通过入股、联营等方式与其他经济组织合作开发建设，合作双方需成立新企业实施项目开发建设的，集体经济组织所占份额比例必须高于50%。（责任单位：各区政府，市委农工委、市农委、市国资委）

4. 合理试点选址。在符合城乡规划、土地利用总体规划的前提下，结合园区布局、美丽乡村、特色小镇建设等，根据农村存量集体建设用地现状分布情况，综合选取产业集聚度较高、区域配套设施完善、居住需求旺盛、建设规模适中、便于实施启动的地块作为试点项目选址。（责任单位：各区政府，市规划局、国土局、房产局、发改委、经信委、建委）

（二）完善项目审批程序

5. 严格试点项目审批。对照试点基本条件，各区政府牵头组织在辖区内进行调查梳理，对具备试点条件的项目拟定实施方案（方案包括：项目名称、建设地点、用地面积与四至范围、土地利用现状及相关图件、用地规划及相关图件、建设规模、项目必要性可行性分析、资金来源和测算，以及项目建设和运营模式等内容）报市国土局申请试点。市国土局牵头组织发改、规划、建设、农委等相关成员单位联合审核，符合试点要求的，由市国土局报请领导小组批准纳入试点启动实施。（责任单位：各区政府，市国土局、发改委、规划局、建委、农委等）

6. 规范集体建设用地审批。试点项目用地纳入全市住宅用地供应计划管理；鼓励优先利用农村闲置废弃的存量建设用地和亟需转型的村镇企业用地；支持在行政区范围内使用通过土地整治形成的建新指标，整合分散、低效的集体建设用地保障试点项目建设用地需求，建新区实施方案需经市政府批准并报省厅备案；实施主体应与土地所有权人和原使用权人签订占用土地补偿协议，并依据立项批文、规划条件等向所在区国土部门申请建设用地，规划部门依据控制性详细规划办理规划手续，国土部门初审并按规定报经政府批准后，办理建设用地使用及登记手续。（责任单位：市国土局、发

改委、规划局，各区政府）

7. 支持规划建设审批。试点项目实施单位取得建设用地手续后，应按规定向所在区规划、环保、人防、消防、建设、房产、文物等主管部门申请办理项目规划审批、施工许可、竣工验收、房产测绘、消防审批、文物勘探等手续。各部门应视同国有土地建设项目，支持相关手续审批办理，并建立快速审批通道，提高办事服务效率。（责任单位：市建委、人防办、规划局、房产局、环保局、公安消防局、文广新局等，各区政府）

8. 加强项目产权管理。集体租赁住房建成经验收通过后，可按规定向国土部门申请办理不动产权利证书（包括土地使用权和房屋所有权），权利证书应按项目整体核发，不予分割办理不动产权登记，并在权利证书上注明，房屋类型为集体租赁住房，仅用于租赁，未经批准，不得转让、抵押。（责任单位：市国土局、房产局）

（三）加强住房租赁运营管理

9. 完善租赁运营方式。支持集体经济组织自行运营管理租赁住房，并纳入全市住房租赁试点企业范畴，享受相应的扶持政策；鼓励集体经济组织将集体租赁住房委托给专门的住房租赁企业进行管理和运营；为确保集体租赁住房项目规范运营，保障集体经济组织收益，可以由市、区住房保障平台整体租赁集体租赁住房作为租赁住房房源。（责任单位：各区政府，市房产局）

10. 规范租金及租期管理。集体租赁住房的租金水平应统筹考虑区位、配套、市场需求等因素，并参考周边市场物业水平，与房屋租赁市场接轨，防止租金异常波动；禁止以租代售；禁止承租人转租、闲置以及改变用途。（责任单位：市房产局、物价局）

11. 统筹实施租赁经营监管。集体租赁住房统一纳入涵盖信息发布、网上签约、市场监测的全市住房租赁交易服务监管平台，统筹开展对集体租赁住房经营进行全程监管。（责任单位：市房产局、物价局、国土局，各区政府）

12. 规范租赁收益分配。集体租赁住房运营收益分配应兼顾政府、农民集体、企业及个人利益，在保证集体经济组织基本利益得到保障的前提下，按照利益共享原则，实行项目投资收益和集体资产收益相结合的分配机制，项目投资收益按项目实际投资比例进行分配。农村集体经济组织应严格按照农村集体资产管理的有关规定，管理集体租赁住房等相关集体资产，完善集体资产收益分配机制。（责任单位：市农委、市委农工委、市国资委、房产局，各区政府）

（四）完善试点监督管理机制

13. 严格住房建设监管。集体租赁住房项目建设应依法进行公开招标，建设方主体应具备组织建设能力，涉及的施工图纸应经审查合格，由所在区建设行政主管部门依法进行质量安全监督管理，对涉及的结构安全、使用功能、观感质量和建筑节能等方面进行重点监督。集体租赁住房的建筑结构和附属设施设备，应当符合国家及本市相

关法规、规范要求，不得危及人身安全。（责任单位：市建委、房产局、公安消防局、各区政府）

14. 加强集体资产监督管理。农村集体经济组织是农村集体资产管理的主体，应严格按照农村集体资产管理的有关规定，管理集体租赁住房等相关集体资产。对集体租赁住房的收益分配等重大事项，农村集体经济组织应严格履行民主程序，定期公布账目，接受集体经济组织成员监督。要健全完善收益分配机制，切实维护计划生育家庭的合法权益，集体租赁住房租赁收益分配方案须得到集体经济组织成员大会或成员代表大会通过。（责任单位：市农委、市委农工委）

（五）加大政策支持力度

15. 给予项目建设金融支持。加强与国家开发银行等政策性银行合作，协调安排一定的贷款额度，支持以试点集体租赁住房项目预期收益向金融机构申请融资贷款。（责任单位：市金融办、房产局）

16. 加强财税政策支持。集体租赁住房建设及其租赁收益等相关税费政策，由财政、地税、国税部门按相关规定执行，根据试点推进需要，适时提供税收优惠支持力度并给予一定的财政补贴。（责任单位：市财政局、地税局、国税局）

17. 完善公共基础设施配套。供应对象以家庭为单位的租赁住房，应严格按居住区配套标准建设教育、医疗等公共服务设施及水电气等市政设施；供应对象为单身的，应配置满足日常生活服务的公共配套设施及水电气等市政设施。区政府负责试点项目区域内公共配套设施功能的建设完善，确保符合城镇住房规划设计及适用的有关规范。（责任单位：各区政府）

18. 加强配套公共管理和服务。按照住房租赁试点有关政策，积极探索提供人口和治安管理、义务教育、基本医疗、计划生育、公共卫生、健康促进、基本养老、就业服务、社会保障、社区事务等基本公共服务。（责任单位：各区政府，市相关部门）

四、时序安排

（一）成立领导小组

2017年11月前成立以市政府领导为组长，市国土局、发改委、建委、房产局、农委、规划局、财政局等部门为成员单位的南京市利用集体建设用地建设租赁住房试点推进协调领导小组，试点办公室设在市国土局。

（二）编制实施方案

按照国家试点方案有关要求，结合我市实际，编制试点实施方案，经省级国土资源主管部门和住房城乡建设主管部门批准后，2017年11月底前报国土资源部和住房城乡建设部批复。

（三）试点项目梳理及申报

对全市存量集体建设用地进行摸底调查，由各试点区域区政府牵头开展试点项目选址梳理及可行性研究分析工作，组织有条件的农村集体经济组织座谈，做好政策宣传，并于2018年1月底前综合确定申报试点项目（各试点区域不少于1个）。

（四）试点实施、跟踪及总结

2018年2月，正式启动试点实施。

2019年11月，在省级国土资源主管部门和住房城乡建设主管部门指导下组织开展试点中期评估，形成评估报告报国土资源部和住房城乡建设部。

2020年底前，在省级国土资源主管部门和住房城乡建设主管部门指导下总结试点工作，总结报告报国土资源部和住房城乡建设部。

五、保障措施

（一）加强组织领导

成立南京市利用集体建设用地建设租赁住房试点推进协调领导小组，分管市长任组长，分管副秘书长、市国土局局长任副组长，各相关区政府、各有关职能部门为成员单位，领导小组下设办公室，办公室设在市国土局，市国土局局长任办公室主任，定期召开试点工作联席会议，及时通报试点进展情况，会商和解决相关问题。各试点区域区政府相应成立领导小组，全面负责组织实施当地集体租赁住房建设试点工作，专题确定试点具体实施方案、领导责任、实施主体及相关部门具体职责等试点工作内容，统筹安排，全面协调镇政府、村级组织、村民以及相关部门等各方关系，将试点工作各项内容落到实处。

（二）明确职责分工

市国土局负责牵头组织和统筹协调整体试点工作，具体负责定期召开试点工作联席会议，及时通报试点进展情况，会商和解决相关问题；负责集体租赁住房试点项目的用地管理、审核工作，以及相关用地政策研究。

市发展改革委按照审批权限负责和指导区投资主管部门做好集体租赁住房建设项目立项审批工作。

市建委负责指导区建设部门，对集体租赁住房的建设施工图纸审查及房屋建筑工程质量和安全等方面进行监督管理。

市规划局负责做好试点项目的规划审批工作。

市房产局负责研究制定集体租赁住房运营管理实施细则，指导区房产部门做好房产和房屋租赁管理等工作。

市农委负责指导农村集体经济组织严格集体租赁住房资产管理，完善集体租赁住房的收益分配等机制。

市公安消防局、市人防办、市文广新局、市环保局负责做好试点项目的消防审批、人防验收、文物勘探、环境评价等工作。

市金融办负责研究并指导试点项目获取金融支持。

市财政局、市国税局、市地税局严格按国家的相关规定，贯彻落实集体租赁住房建设及租赁收益等相关税费政策。

供水、供电、供气、城建相关部门和企业负责做好试点项目的水电气及周边基础设施的配套建设等工作。

市物价局负责指导区物价部门做好集体租赁住房租金标准制定工作。

各试点区域区政府作为试点推进实施责任主体，应会同街镇政府共同依法负责具体试点项目选址、建设及运营管理的组织、指导和监督，对于未经批准擅自建设租赁住房或者将租赁住房销售的，应当依法予以查处，切实防止对外出售和以租代售；依法加强集体租赁住房项目建设和租赁的治安、消防、户籍、人口计生、规划、税务、国家安全和城市管理综合执法等监督管理工作。

（三）健全落实机制

将《试点实施方案》落实情况纳入各区政府和相关部门工作考核范围。各试点区域区政府、各相关部门对承担的工作任务，排定工作推进计划，明确责任领导和责任人，定期向工作领导小组办公室报送工作进展。

（四）加强督查考核

各有关部门按照职责分工，加强对试点工作的指导监督，依法规范运行。要加强分类指导，尊重基层首创精神，健全激励和容错纠错机制，允许进行差别化探索，切实做到封闭运行、风险可控，发现问题及时纠偏。

南京市人民政府关于印发《南京市市场化租赁住房建设管理办法》的通知

宁政规字〔2019〕9号

各区人民政府，市府各委办局，市各直属单位：

现将《南京市市场化租赁住房建设管理办法》印发给你们，请认真遵照执行。

南京市人民政府
2019年9月3日

南京市市场化租赁住房建设管理办法

（……）

第三章 集体土地建设

第十五条 利用集体土地建设租赁住房的，实施主体原则上为项目所在镇街或村集体经济组织。

鼓励集体经济组织通过入股、联营等方式与其他经济组织合作开发建设，合作双方需成立新企业实施项目开发建设的，集体经济组织所占份额比例必须高于50%。

第十六条 确定集体土地建设租赁住房项目前，原则上应征得拟占用土地所有权所属集体经济组织三分之二以上成员或村民代表同意，保证集体经济组织自愿实施、自主运作。

第十七条 实施主体自行或委托有资质的规划编制机构编制实施方案，如涉及使用通过土地整治形成的建新指标的，实施方案中需附建新区实施方案。

实施方案应当经所在区政府审核，审核通过后报市规划资源部门，由市规划资源部门牵头组织发改、建设、房产、农业农村等部门联合审核，形成统一意见后，上报市政府审定。市政府批复试点方案即视同批准项目供地方案。

第十八条　利用集体土地建设租赁住房的建设程序，参照国有建设用地新建租赁住房手续办理。

第十九条　项目竣工验收通过后，实施主体向规划资源部门申请办理不动产登记；登记机构应按项目整体登记，不予办理分割登记，并在权利证书上注明，房屋类型为"集体租赁住房"，仅用于租住，不得转让、抵押。

第二十条　项目首次登记后10个工作日内或竣工验收合格后60日内，江北新区、各区房产部门应指导产权单位将由房产测绘单位出具的以套（间）为最小单元的测绘成果及其他项目信息录入市房屋租赁服务监管平台。

（……）

第五章　附则

第二十七条　本办法出台前，已经出让的租赁用地、竞配建所建成的租赁住房，按照出让合同约定执行。

第二十八条　本办法自2019年10月10日施行，有效期两年。

杭 州

杭州市利用集体建设用地建设租赁住房试点实施方案

为增加租赁住房供应，缓解住房供需矛盾，加快构建租购并举住房体系，实现城镇居民住有所居，根据《国土资源部、住房城乡建设部关于印发〈利用集体建设用地建设租赁住房试点方案〉的通知》（国土资发〔2017〕100号）要求，结合杭州市实际，制定本方案。

一、指导思想

全面贯彻党的十九大精神和习近平新时代中国特色社会主义思想，紧紧围绕统筹推进"五位一体"总体布局和协调推进"四个全面"战略布局，牢固树立创新、协调、绿色、开放、共享的新发展理念，始终坚持房子是用来住的、不是用来炒的定位，以建立多主体供给、多渠道保障、租购并举的住房体系为方向，审慎稳妥开展利用集体建设用地建设租赁住房试点，构建城乡统一的建设用地市场，提高存量土地利用效率，完善利用集体建设用地建设租赁住房规则，推进集体土地不动产登记，助力乡村振兴战略，促进城乡融合发展，维护农民权益，壮大集体经济，为满足人民日益增长的美好生活需要提供坚实的用地保障。

二、基本原则

1. 农民自愿，维护权益。利用集体建设用地建设租赁住房，要切实尊重农民意愿，维护农民利益，使农民和农村集体经济组织通过出租房屋获得长期稳定的收益，共享城乡融合发展、区域协调发展成果。

2. 符合规划，用途管制。建设租赁住房的集体建设用地必须符合土地利用总体规划、城乡规划，且权属清晰，满足存量集体建设用地的性质要求。严格执行土地用途管制，不得违规占用农用地。

3. 统筹推进，结果可控。统筹考虑全市各类租赁住房布点规划，满足多层次租赁住房需求。合理确定利用集体建设用地建设租赁住房试点规模，试点地块经批准后方可组织实施。

4. 规范操作，只租不售。利用集体建设用地建设租赁住房，必须依法履行相关审批手续。项目建成后，必须按规定组织开展各项工程验收，只能进行出租使用，不得销售或以租代售，坚决杜绝变相开发经营性房地产或建设小产权房。

三、试点范围

在萧山区、余杭区、富阳区、临安区、大江东产业集聚区范围内分别确定1~2个地块开展试点。建德市、桐庐县、淳安县可自愿申请开展项目试点。

四、试点任务

（一）确定试点项目地块

结合我市农村集体存量建设用地调查工作，研究确定有开发条件、有租赁需求、有建设意愿的集体存量建设用地试点项目地块，具体选址条件如下：

1. 需求导向。围绕城西科创大走廊、城东智造大走廊、钱塘江金融港湾以及各类开发区（园区）产业发展的需要，结合人才引进、外来务工人员居住需求，合理布局集体建设用地租赁住房，实现职住平衡，助推绿色发展。

2. 配套完善。试点地块项目外围的道路交通、市政设施以及教育、医疗等公共服务设施应相对完善。项目内部根据承租人的实际需求，合理配套管理设施，具体由城乡规划主管部门在项目建设方案审查中明确。项目用地规模原则上不小于15亩。

3. 便于启动。在符合土地利用总体规划、城乡规划、优先保障农村宅基地和镇村公共设施用地基础上，鼓励将"三改一拆"、小城镇综合整治、"城中村"改造等盘活的存量集体建设用地用于租赁住房建设，合理评估建设成本和收益情况，落实建设主体，加快项目实施。

（二）明确项目建设要求

集体租赁住房是村集体经济组织自持的租赁产业（租赁物业），通过依法出租获取收益。办理立项、规划等审批时，按照城镇居住用地标准进行规划和管理。

集体租赁住房项目的套型结构和面积标准可以按照我市公共租赁住房建设的有关技术规定，进行规划、设计和建设；也可以结合区域实际情况，安排成套宿舍、集体宿舍。

（三）规范项目运营模式

集体租赁住房由村集体经济组织作为项目的建设主体，并按规定办理基本建设程序。待完成项目立项、规划许可等手续后，以使用集体土地方式办理用地手续，不收取土地使用费。

鼓励市、区国有企业与村集体经济组织合作，参与集体租赁住房的建设、运营和管理。房屋的租赁年期、经营方式和租金分配等事宜，由村集体经济组织与合作主体协商确定，并签订书面合同。

（四）细化项目审批程序

集体租赁住房项目应按照试点管理的相关要求，依法办理相关批准手续，具体如下：

1. 试点申请。村集体经济组织按照本实施方案要求，拟定试点项目建设方案，方案内容应包括：项目名称、项目用地面积与四至范围、土地利用现状及相关图件、用地规划及相关图件、建设规模、项目必要性与可行性分析、资金来源和测算，以及项目建设和运营模式等。

2. 试点批准。试点项目建设方案应经村民（或社员、股民）会议三分之二以上成员或者三分之二以上村民（或社员、股民）代表同意，报所在乡镇（街道）政府（办事处）审核并报属地区政府（管委会）。收到试点申请后，由属地区政府（管委会）组织发改、规划、国土、建设、消防、安监、农办等相关部门，按照本实施方案的相关规定对项目建设方案进行审查并出具书面意见。

3. 项目报批。村集体经济组织根据属地区政府（管委会）批准同意的意见，向发改、规划、国土和建设等主管部门申请办理项目预审、立项、规划、用地和开工建设等批准手续。项目建成后，必须按规定组织开展各项工程验收。

4. 项目备案。试点项目地块确定后，属地区政府（管委会）应及时将地块基本情况上报市试点工作领导小组办公室备案。集体租赁住房项目方案审批通过后，村集体经济组织应将项目坐落、户型、套数、建筑面积等情况，报市房产主管部门备案。

发改、规划、国土和建设等相关主管部门依据区政府（管委会）的批准文件，按规定进行项目审查。同时，项目用地预审、立项批复、规划意见、用地批复和建设工程施工许可证等，均应注明：该项目只能用于租赁，不得对外销售。

（五）严格项目产权管理

在取得项目建设相关批准文件后，村集体经济组织应当依法办理不动产登记手续。不动产只能由村集体经济组织以单一产权进行整体登记，不得转让、不得抵押，并在不动产权证上予以备注。

（六）加强租赁住房监管

集体租赁住房应纳入我市住房租赁监管服务平台，实行统一管理，确保所有集体租赁住房严格用于对外出租。

五、保障措施

（一）加强组织领导

试点工作涉及多部门，需要政策协同，必须由政府主导，市政府层面，成立由市政府分管副市长任组长，市政府副秘书长、市国土资源局和市住保房管局局长任副组长，市农办、市发改委、市建委、市规划局、市国土资源局、市财政（税务）局、市教育局、市卫计委、市人社局、市市场监管局以及各有关区、县（市）政府（管委会）分管领导为成员的试点工作领导小组。领导小组下设办公室（设在市国土资源局）。建立联席会议制度，定期召开试点工作联席会议，及时通报试点进展情况，会商和解决相关问题。

（二）落实属地责任

集体租赁住房是落实多主体供给、多渠道保障租赁住房的重要举措，各区政府（管委会）作为本区域内培育和发展住房租赁市场的责任主体，同时也是本区域利用集体建设用地建设租赁住房试点工作的责任主体。有关区政府（管委会）应建立相应的联席会议机构，全面负责组织实施本区域利用集体建设用地建设租赁住房试点工作，全面协调乡镇（街道）、村级集体经济组织、村民以及相关部门等各方关系，统筹谋划试点项目选址、推进项目建设、加强监测监管、保障承租人基本权利，将试点工作各项内容落到实处。

（三）有序推进试点

1. 市国土资源局会同相关部门及有关区政府（管委会）组织编制实施方案，经市政府审核同意，由省国土资源厅和省住建厅汇总后，2017年12月15日前上报国土资源部和住房城乡建设部批复。

2. 两部批复同意实施方案后1个月内，有关区政府（管委会）根据本实施方案的有关规定，研究确定试点项目地块。

3. 试点项目地块确定后，有关村集体经济组织按规定办理相关审批手续，加快实施项目建设。有关区政府（管委会）负责协调推进项目实施过程中存在的问题。市试点工作领导小组办公室负责试点工作的督促、检查和指导。

4. 2019年11月底前，按照要求组织开展试点中期评估，形成中期评估报告，报经省国土资源厅和省住建厅审核后报国土资源部和住房城乡建设部。

5. 2020年底前，总结试点工作实施效果，提出有关政策法规的修改建议，形成试点总结报告，报经省国土资源厅和省住建厅审核后报国土资源部和住房城乡建设部。

（四）加强舆论引导

市、区（管委会）、乡镇（街道）各级政府和有关部门，以及各村集体经济组织，要加强舆论正面引导，准确理解和把握利用集体建设用地建设租赁住房试点工作的相关政策措施，为试点工作营造良好的舆论氛围。严格按照规划确定的范围建设，防止借机违法用地。严格遵守集体土地管理法律法规，防止变相开发房地产或建设"小产权房"。严格遵守租赁相关法律规定，防止以租代售。切实加强对试点工作的监督管理，密切关注舆情动态，妥善回应社会关切，重大问题及时报告。

杭州市人民政府办公厅关于印发《杭州市加快培育和发展住房租赁市场试点工作方案》的通知

杭政办〔2017〕4号

各区、县（市）人民政府，市政府各部门、各直属单位：

《杭州市加快培育和发展住房租赁市场试点工作方案》已经市政府同意，现印发给你们，请认真贯彻执行。

杭州市人民政府办公厅
2017年8月29日

杭州市加快培育和发展住房租赁市场试点工作方案

为贯彻落实《国务院办公厅关于加快培育和发展住房租赁市场的若干意见》（国办发〔2016〕39号），加快培育和发展我市住房租赁市场，构建购租并举的住房制度，实现城镇居民住有所居，特制定本试点工作方案。

（……）

三、工作措施

（一）增加租赁住房供应

未来3年，新增租赁住房总量占新增商品住房总量的30%。

（……）

3. 盘活存量土地、用房。探索村集体10%留用地上建设租赁住房。市区国有住房租赁企业可参与集体建设用地的租赁住房建设。村集体10%留用地以及存量工业、商业办公用地、用房新（改）建为租赁住房的，各区应根据"因地制宜、有序开展"的原则，制定试点工作方案,并报市政府批准后执行。新(改)建项目完成后,住房租赁企业要按照相关规定进行验收,验收合格后,方可对外出租。新(改)建租赁住房土地使用年限不变,只租不售,用水、用电、用气价格按照居民标准执行。(牵头单位:市住保房管局、市国土资源局、市建委)

(……)

杭州市住房保障和房产管理局、杭州市财政局关于印发《杭州市促进住房租赁市场发展专项扶持资金管理办法》的通知

各有关单位：

为贯彻落实《杭州市人民政府办公厅关于印发〈杭州市加快培育和发展住房租赁市场试点工作方案〉的通知》（杭政办〔2017〕4号）有关要求，特制定《杭州市促进住房租赁市场发展专项扶持资金管理办法》，现印发给你们，请遵照执行。

杭州市住房保障和房产管理局

杭州市财政局

2019年11月11日

杭州市促进住房租赁市场发展专项扶持资金管理办法

为进一步加快推进住房租赁试点工作，加快建立多主体供给、多渠道保障、租购并举的住房制度，加大对住房租赁行业优秀企业的支持力度，促进住房租赁市场稳定健康发展，根据《杭州市人民政府办公厅关于印发〈杭州市加快培育和发展住房租赁市场试点工作方案〉的通知》（杭政办〔2017〕4号）精神，制定本办法。

第一条 专项资金扶持对象为我市住房租赁行业中的优秀企业（包括住房租赁企业和开展租赁居间服务的房地产经纪机构），列入我市住房租赁试点企业名单和试点企业培育名单的，同等条件下优先。

第二条 市住保房管局牵头组织住房租赁市场发展专项扶持资金实施工作，负责开展相关评审论证工作，做好具体的资金审核分配和规范管理工作。

市财政局主要负责年度预算审核、财政资金拨付。

各区（县、市）房产行政主管部门负责受理、初审辖区内住房租赁企业提交的专

项扶持资金申请。

第三条 对在我市从事利用收储房源或自有房源开展住房出租业务（以下简称住房租赁业务）的企业，建立年度评分机制，从业务状况、规范管理、系统对接、附加分等四个方面进行评分，按实际分值计算专项扶持资金。每家企业每年获得的专项扶持资金（含附加分）最高为200万元。专项扶持资金拨付起点和评分、计算标准，由市住保房管局会同市财政局根据当年住房租赁市场发展情况制定、发布。

第四条 对开展租赁居间服务的房地产经纪机构，当年累计申报并签约的房源超过500套（间）的，按每套（间）100元的标准计算专项扶持资金，同一套（间）房源当年度不作重复计算，每家企业每年获得的专项扶持资金最高为100万元。

第五条 企业同时开展住房租赁业务和提供租赁居间服务的，可同时申报相应的专项扶持资金。

申报所涉房源数、签约数等均以杭州市住房租赁监管服务平台反映的数据为准。

第六条 2018年度促进住房租赁市场发展专项扶持资金申报工作在本办法施行后首次组织开展，2019年、2020年的申报工作于次年一季度组织开展。

第七条 专项扶持资金申报程序：

（一）企业（机构）按规定向所在地区（县、市）房产行政主管部门提出申请，并提交必要的证明材料；

（二）区（县、市）房产行政主管部门审核后，提交市住保房管局；

（三）市住保房管局牵头组织对申报企业（机构）的相关情况开展评审论证；

（四）对拟给予专项资金扶持的企业（机构）进行公示，公示时间从公示次日算起，共5个工作日；

（五）公示无异议的，市住保房管局会同市财政局联合下达扶持资金预算文件，并按规定办理专项资金拨付。

第八条 近3年（含当年度）有下列情形之一的企业（机构），不得申报专项扶持资金：

（一）受到政府及相关部门通报批评或失信惩戒；

（二）出现安全责任事故，发生群体性事件，引发重大负面舆情；

（三）存在骗取扶持资金等弄虚作假行为。

第九条 企业（机构）获得的专项扶持资金应当用于发展住房租赁业务或租赁居间服务，相关企业（机构）要健全必要的财务管理制度，并在每年年底前就专项扶持资金管理、使用情况作出专题报告，自觉接受市和所在地区（县、市）相关部门的日常监督和专项审计。市住保房管局对补助资金实施绩效管理，按规定设立绩效目标，在政策实施过程中建立绩效运行监控机制，对资金使用情况开展绩效评价。市财政局根据项目实施和部门自评情况，适时安排对项目开展重点绩效评价。

第十条 本办法由市住房保障和房产管理局商市财政局负责解释。

第十一条 本办法自2019年12月11日起施行。

合 肥

合肥市利用集体建设用地建设租赁住房试点实施方案

为做好合肥市利用集体建设用地建设租赁住房（以下简称集体租赁住房）试点工作，根据《国土资源部住房城乡建设部关于印发〈利用集体建设用地建设租赁住房试点方案〉的通知》（国土资发〔2017〕100号）、住房城乡建设部《开展住房租赁试点工作的初步方案》、《安徽省人民政府办公厅关于加快培育和发展住房租赁市场的通知》（皖政办〔2016〕63号）以及《合肥市人民政府关于印发合肥市住房租赁试点工作实施方案的通知》（合政秘〔2017〕82号）要求，结合我市实际，制定本方案。

一、总体要求

（一）指导思想

全面贯彻落实党的十九大精神和习近平新时代中国特色社会主义思想，坚持"房子是用来住的，不是用来炒的"定位，加快建立多主体供给、多渠道保障、租购并举的住房制度，让全体人民住有所居。大力实施乡村振兴战略，推进集体土地不动产登记，提高存量土地节约集约利用水平。利用集体建设用地建设租赁住房，可以增加租赁住房供应，缓解住房供需矛盾，建立健全房地产平稳健康发展长效机制；有助于拓展集体土地用途，拓宽集体经济组织和农民增收渠道；有助于丰富农村土地管理实践，促进集体土地优化配置和节约集约利用，加快城镇化进程。

（二）基本原则

1. 农民自愿。集体租赁住房建设，要切实尊重农民意愿，维护农民利益，使农民和农村集体经济组织通过出租房屋或入股、联营等方式获得长期稳定收益，使农民在改革中有获得感。

2. 规划先行。集体租赁住房选址，应符合土地利用总体规划、城乡规划、环保要求，安排在区位条件较好，基础设施完备、医疗、教育等公共设施配套较齐全的城乡结合部、产业园区、大学园区等人口净流入较大的区域。

3. 规范有序。集体租赁住房建设，应统筹规划，循序渐进。在充分调查需求的基础上，严格控制试点规模总量，经批准后方可实施。项目用地应为第二次全国土地调查确认的存量集体建设用地。

4. 只租不售。集体租赁住房建设，必须依法履行相关报批手续，房屋建成后只进行出租使用，不得出售，不得转租、抵押、转让，不得改变房屋和土地用途，坚决杜绝变相小产权房。

二、工作目标和任务

以项目管理为抓手，探索建立城乡统一的建设用地市场，增加住房有效供给，满足新市民合理住房需求。

（一）目标。2017年底前，在包河区和长丰县条件较好的范围内，各选择1~2个项目启动试点。

2018年，在租赁住房需求量较大的中心城区以及高新区、经开区、新站区，肥东县、肥西县与市区相邻的城乡结合部开展试点工作。

2019年上半年，在全市范围内多点推行利用集体建设用地建设租赁住房，形成新的住房供给常态。

2019年下半年，准备迎接省级国土资源和住房城乡建设主管部门组织开展试点工作的中期评估，形成评估报告报国土资源部和住房城乡建设部。

（二）任务。2017年至2020年完成试点目标5000套，建设面积约45万平方米，其中：2017年底启动试点项目，2018年完成1000套，2019年完成2000套，2020年完成2000套。

三、政策措施

遵循"民为主，村（居）所有，乡（镇街）操作，县（市区）负责，市领导"的工作思路，明确责任，合力推进。各地要积极创新探索开展此项工作的新途径。

（一）实施主体。集体租赁住房是一种农村集体经济组织持有或农村集体经济组织以入股、联营等方式与其他类型经济组织合作共同成立联合体（以下简称联合体）持有的租赁物业，可通过出租获取收益。投资和运营应充分尊重农民集体经济组织意愿，确保集体经济组织自愿实施、自主确定项目运作模式。

（二）规划要求。集体租赁住房用地按照城镇居住用地标准进行规划和管理，仅用于租赁住房建设。在统筹考虑城乡发展和产业整体布局的前提下，合理确定集体租赁住房房屋套型结构和面积标准、用地规模和空间布局；同时要按照居住功能安排公共配套设施，符合城镇住房规划设计有关规范，房屋实施全装修成品交房。建设资源节约、环境友好、配套完善、功能融合的新型社区。

（三）审批程序。按照统一组织、统一规划、统一调度的要求实施，建立健全审批制度。

1.试点申请。农村集体经济组织或联合体拟定试点项目具体实施方案，方案包括：项目名称、建设地点、建设规模、用地面积与四至范围、土地利用现状及相关图件、用地规划及相关图件、项目必要性可行性分析、资金来源和收益测算，以及项目建设和运营模式等内容，其中以联合体实施的项目，合作对象可由集体经济组织通过招投标方式确定。实施方案由集体经济组织成员大会 2/3 以上成员或成员代表大会 2/3 以上村民代表同意。经乡镇政府或街道初审同意，报县（市）区政府、开发区管委会核准后，由县（市）区政府、开发区管委会正式函报国土部门申请试点。

2. 试点批准。收到试点申请后，由国土部门会同房产、发改、规划、环保、建设等相关部门，对项目方案进行审核。符合试点要求的，报市、县（市）政府批准同意。

3. 报批程序。建设项目正式被列为试点后，农村集体经济组织或联合体正式向发改、规划、国土和建设等主管部门申请办理项目备案、预审、规划、用地和开工建设等批准手续。

发改、规划、国土和建设等相关主管部门依据市、县（市）政府的批准文件，进行项目审查。同时，项目备案文件、用地预审、规划意见、用地审批和建设工程施工许可证等，均应注明"集体建设用地租赁房仅用于租赁住房建设和运营"。具体按以下程序报批：

（1）项目预审。在符合土地利用总体规划的前提下，由集体经济组织或联合体提出预审申请。县（市）区国土部门对试点项目的项目性质、建设主体、用地合规性、用地规模等进行审查，出具《建设项目用地预审意见》。

（2）项目备案。根据市、县（市）政府批准同意的试点项目实施方案，县（市）区发改部门出具项目备案文件。

（3）项目规划。项目应选址在城市或乡、镇总体规划确定的规划区范围内，由农村集体经济组织或联合体提出规划申请，规划行政主管部门依据城乡规划、有关批准文件及其他相关材料，出具规划意见。

（4）项目用地。县（市）区国土部门对试点项目的土地权属、地类、土地规划、有无违法用地等情况进行全面审查，编制利用集体建设用地建设租赁住房用地方案报市、县（市）政府批准，下达项目用地批准文件。

（5）项目施工。县（市）区建设部门对试点项目工程建设进行审查，依据上述项目备案、规划、用地手续，出具项目建设工程施工许可证，并对项目施工全过程进行监管。

4. 项目报备。县（市）区政府、开发区管委会应及时将项目审批情况上报市住房租赁试点工作领导小组办公室，由小组办公室进行汇总，形成试点项目库，对全市范围内试点项目进行统一调度。

5. 职责分工。按照《合肥市人民政府关于印发合肥市住房租赁试点工作实施方案的通知》（合政秘〔2017〕82号）要求，参照市住房租赁试点工作领导小组办公室和成员单位工作职责执行。

（四）资金筹措。集体租赁住房项目的资本金及其他配套资金筹措渠道，可以是集体经济组织的自有资金，也可以入股、联营的方式与其他类型经济组织联合实施。独立投资或联合投资均应明确集体建设用地所有权人的收益分配方式。

（五）运营模式。集体租赁住房项目建成后，具有租赁管理运营能力的，自主运营；

不具备自主运营能力的，鼓励在符合相关规定的前提下，将集体租赁住房委托住房租赁公司管理和运营，提高租赁业务和物业管理的标准化、专业化水平。

租赁和运营管理按照我市相关要求进行，房屋的租赁年期、经营方式和收益分配等事项由双方协商确定，并签订书面合同。通过建立合同履约监管机制，使所有权人和使用权人、出租人和承租人依法履行各方所签订的各项协议和登记文件中所载明的权利与义务。具体如下：

1. 土地使用。集体经济组织自行建设运营或者集体经济组织作为集体土地所有权人与投资主体达成集体建设用地使用协议的，使用期限原则上不超过70年。合作协议中应明确投资主体对集体经济组织的土地补偿、收益分配和建设运营方案。项目地块由集体经济组织负责交付净地，对原土地使用权人的拆迁安置补偿参照我市被征收集体土地上房屋补偿办法执行。

2. 房屋租期。房屋出租人和承租人依法履行合同和登记文件中所载明的权利与义务，单个房屋租赁期限原则上不超过15年，租金一年一结算。

3. 房屋租金。租赁住房的租金水平可统筹考虑区位、配套、市场需求等因素，并参考周边市场物业价格水平，与房屋租赁市场接轨。

项目所在县（市）区政府、开发区管委会要对各环节加强监管，严控风险，在充分兼顾政府、集体经济组织、村民和投资主体各方利益的同时，理清各方权利与义务。

（六）建设管理。集体土地上的租赁住房项目建设参照国有土地上建设项目程序管理。为确保项目工程建设质量，应由集体经济组织或联合体进行公开招投标。集体租赁住房项目由所在县（市）区政府、开发区管委会建设行政主管部门依法进行质量安全监督管理，对涉及结构安全、建筑质量和建筑节能等方面进行重点监督。集体租赁住房的建筑结构和配套设施设备，应当符合污染防治等相关法规、规范要求，不得危及人身安全和违反环境保护要求。

（七）产权管理。

1. 以集体经济组织为申报主体的，集体租赁住房及其配套设施设备涉及的土地使用权和房屋所有权办至集体经济组织名下。

2. 以联合体为申报主体的，集体租赁住房及其附属设施设备涉及的土地使用权和房屋所有权办至联合体名下，集体建设用地所有权仍归原集体经济组织所有。

3. 不动产权利证书（包括土地使用权和房屋所有权）按项目整体核发，不予分割办理单元产权证书。

4. 权利证书应注明"集体建设用地租赁住房仅用于租赁住房建设和运营，不得出售，不得转租、抵押、转让，不得改变房屋和土地用途"。

（八）收益分配。集体建设用地是集体资产和资源的重要组成部分。由集体经济组织自行投资建设的租赁住房，通过出租获得的收益，归集体经济组织所有；由集体经济组织与投资主体合作建设的租赁住房，通过出租获得的收益，双方按合作协议确定的方式分配。集体经济组织获得的收益主要用于发展壮大集体经济，支持脱贫攻坚，建设美丽乡村，兴办公益事业。收益分配还应充分考虑集体经济组织成员享受分红。集体租赁住房的收益要纳入账内核算，严格履行民主程序，定期公布账目，接受集体经济组织成员监督。建立和完善收益分配机制，收益分配方案应经本集体经济组织成员会议或代表大会讨论通过，并报乡镇政府（街道办事处）备案，维护集体经济组织成员合法权益。

（九）监测监管。集体租赁住房出租应遵守相关法律法规和租赁合同约定，不得以租代售。建立租金形成、监测、指导、监督机制，防止租金异常波动，维护市场平稳运行。

集体建设用地上建设租赁住房和租赁行为统一纳入合肥市住房租赁交易服务监管平台，实现租赁信息统一归集、租赁行为统一管理，强化市场主体的信用管理，建立多部门守信联合激励和失信联合惩戒机制。

各县（市）区政府、开发区管委会与相关部门加强协作、各司其职，在集体建设用地不动产登记、租赁备案、税务、工商等方面加强联动，建立规范有序的租赁市场秩序。

（十）基本公共服务权利。建立健全对非本地户籍承租人的社会保障机制，承租人在义务教育、卫生服务、养老服务、社会保险、就业创业服务、住房公积金、户籍准入、民主政治权利、临时救助等基本公共服务方面的权益，参照《关于加快推进合肥市住房租赁试点工作的通知》有关规定执行。

（十一）优惠政策。实行政府引导，农村集体经济组织、企业参与的资金筹措机制。投资主体在税费、扶持和资金奖励等方面按照本市相关支持政策执行。充分调动农村集体经济组织、企业投资和经营集体租赁住房的积极性。

四、保障措施

（一）加强组织领导。市政府成立集体建设用地建设租赁住房试点工作领导小组。领导小组办公室定期召开专题调度会，协调调度各职能部门，研究解决工作中的重大问题，有序推进集体建设用地建设租赁住房试点建设。定期召开试点工作联席会议，及时通报试点进展情况，会商和解决相关问题。

（二）强化部门联动。县（市）区政府、开发区管委会是试点工作的具体责任主体，全面负责组织实施当地集体租赁住房建设试点工作，协调乡镇政府（街道）、村级组织、村民以及相关部门的关系，将试点工作各项内容落到实处。县（市）区政府、开发区管委会和各相关部门要按照职责分工，建立对集体租赁房建设的联动机制，依法规范运行。切实做到封闭运行、风险可控，发现问题及时研究。

（三）做好宣传引导。加强对试点工作的监督管理，密切关注舆情动态，妥善回应社会关注点，重大问题及时报告。加大舆论宣传和引导，营造良好的舆论氛围。准确解读相关政策，大力宣传开展租赁试点工作重要意义，引导市民逐步树立租购并举的住房消费观念，倡导理性、梯度消费。

合肥市人民政府办公厅关于加快推进合肥市住房租赁试点工作的通知

合政办秘〔2017〕175号

各县(市)、区人民政府,市有关单位:

为认真贯彻落实党的十九大精神,坚持房子是用来住的、不是用来炒的定位,加快建立多主体供给、多渠道保障、租购并举的住房制度,让全体人民住有所居,根据《合肥市人民政府关于印发合肥市住房租赁试点工作实施方案的通知》(合政秘〔2017〕82号)要求,现就加快推进我市住房租赁试点工作通知如下:

(……)

二、增加租赁住房供应

(……)

12.开展集体建设用地建设租赁住房试点工作。制定《合肥市利用集体建设用地建设租赁住房试点工作实施方案》,开展利用集体建设用地建设租赁住房试点工作。2017年底,选取1~2个项目启动试点;2019年,在全市范围内多点推行。(责任单位:市国土局、市农委、市规划局、市发改委、市房产局、市城乡建委、各区政府、三大开发区管委会)

(……)

本通知自2017年10月31日起试行,有效期2年,具体由市住房租赁试点工作领导小组办公室负责解释,各相关部门可根据本通知制定具体操作办法。本通知实施中,如国家和省有新的规定,按新规定执行。

各县(市)可参照本通知执行。

厦 门

厦门市利用集体建设用地建设租赁住房试点实施方案

按照《国土资源部住房城乡建设部关于印发〈利用集体建设用地建设租赁住房试点方案〉的通知》（国土资发〔2017〕100号）及中央有关精神，结合厦门市工作实际，制定本方案。

一、指导思想和基本原则

（一）指导思想

全面贯彻党的十九大精神，深入学习贯彻习近平新时代中国特色社会主义思想，坚持以"人民为中心"的发展理念，按照党中央、国务院的决策部署，牢牢把握"房子是用来住的，不是用来炒的"定位，以构建租购并举的住房体系为方向，着力构建城乡统一的建设用地市场，完善利用集体建设用地建设租赁住房（以下简称"集体租赁住房"）规则，扩大住宅用地有效供给，建立房地产平稳健康发展长效机制。

（二）基本原则

一是坚持规划先行。必须符合土地利用总体规划、城乡规划，优先布局在产业比较完备、居住配套相对不足的区域。二是保证有序可控。政府主导，审慎稳妥推进试点，防止以各种名义擅自扩大用地和建设规模。三是尊重集体意愿。确保集体经济组织自愿实施，维护集体经济组织及其成员合法权益，保障集体经济组织成员的知情权、参与权。四是注重全程监管。强化监管责任，保障依法依规建设、平稳有序运营。

二、试点范围与规模

在我市重点产业聚集区和功能区、岛外新城及其他租赁住房需求强烈的区域，统筹兼顾、循序渐进，分批开展试点，适当集中建设。经集体经济组织成员大会或成员代表大会讨论决定，集体经济组织可自愿选择利用农村集体预留发展用地指标建设集体租赁住房。原则上由各区人民政府在试点范围内比较成熟的片区选择若干试点项目。

三、试点内容

根据我市农村集体预留发展用地相关政策，在征收农村集体土地时，按照人均15

平方米用地的标准,留给被征地的村(社区)集体经济组织,用于非农产业经营性项目开发(商品房除外),发展壮大集体经济,为失地农民提供就业岗位和可永续利用经营性用地,成为村集体和村民长久、稳定、可持续收入的重要经济来源。利用农村集体预留发展用地指标建设集体租赁住房的,项目土地使用权性质可保留集体所有,不再征收为国有土地,按使用集体土地方式供地。

试点工作根据本实施方案规定的相关审批程序、建设运营机制、监管措施等要求具体实施。

四、试点工作措施

(一)审批程序

集体租赁住房试点项目审批程序可参照我市使用集体建设用地基本建设程序办理规划、供地、建设等相关审批。

1. 申请条件

(1)项目用地符合土地利用总体规划、城乡规划,不属于政府纳入征收或近期规划实施收储范围内用地;

(2)拟选址在土地利用现状库须为存量集体建设用地,且权属清晰无争议;

(3)项目申请人须为项目所在地的集体经济组织;

(4)拟选址建设项目须符合环保审查要求;

(5)在政府批准供地前,应符合"净地"条件。

2. 项目申请

项目申请人按本实施方案相关规定拟定项目建设方案,并经集体经济组织成员大会或成员代表大会讨论决定。项目建设方案包括:项目名称、建设地点、用地面积与四至范围、土地权属情况、土地利用现状及相关图件、用地规划及相关图件、建设规模、资金来源和测算,以及项目建设和运营模式、收益分配等内容,与市、区属国企合作的要明确合作方案。方案由镇政府(街道办事处)初审同意后,上报区政府。(责任单位:各区人民政府)

3. 项目初审

区政府通过"多规合一"平台,征求项目所在地发改、规划、国土房产、建设、环保、国资等部门意见,各部门按照本实施方案的相关规定对是否符合申请条件进行审核。符合试点要求的,由区政府批准同意。(责任单位:各区人民政府,区发改、规划、国土房产、建设、环保、国资部门)

4. 建设审批程序

按具体建设项目的审批权限,由发改、规划、国土房产、建设、消防等相关主管部门根据区政府批准的项目建设方案,依各自职责按一般项目基本建设程序进行项目审查,并出具相关许可(备案)文件。(责任单位:基本建设项目审批权限对应的发改、

规划、国土房产、建设、消防部门）

5. 集体租赁住房户型要求

项目住宅户型以小户型为主，最大户型建筑面积不超过90平方米。（责任单位：规划部门）

6. 供地方式

国土房产部门拟定使用集体土地方案报市政府批准，项目按使用集体土地方式供地。

利用农村集体预留发展用地指标建设租赁住房免收地价，但如果所使用的集体土地应结算土地开发成本的，用地单位应和土地开发单位进行成本结算。（责任单位：国土房产部门）

7. 土地使用权人变更

经区政府批准，集体经济组织通过联营、入股等方式与市、区属国有企业合作开发而成立项目公司（以下简称"项目合作公司"），土地使用权人变更为项目合作公司，并由原土地使用权人、项目合作公司、区政府与国土房产部门签订补充协议。（责任单位：各区人民政府、国土房产部门）

8. 产权登记

项目宗地只能办理整体产权，不得分割。产权证中应备注：该项目只能作整体产权租赁住房，整体持有，禁止转让，禁止分割销售或以租代售等变相销售。（责任单位：国土房产部门）

（二）建设和运营机制

项目仅能由集体经济组织与市、区属国有企业合作开发建设。

为保障集体经济组织权益和项目建设运营平稳有序，项目开工建设前，项目合作公司应拟定项目建设和运营管理方案，并按规定经集体经济组织成员大会或成员代表大会讨论决定同意后，报项目所在地区政府备案。项目建成后，由项目合作公司运营管理。（责任单位：各区人民政府）

（三）监测监管机制

为保障集体经济组织权益、防止出现"小产权房"或"以租代售"现象等，各职能部门应依职责严格落实监管职责。

1. 加强房屋租赁监管。集体租赁住房项目纳入全市租赁住房盘子统一监管，租赁合同须在厦门市租赁住房交易服务综合平台备案。住房出租应遵守相关法律法规和租赁合同约定，不得以租代售，承租人不得转租。合同约定租赁期限最长不超过6年，一次收取租金不得超过1年，不得含有自动续租条款，合同期满符合条件的可以申请续租并重新签订租赁合同。（责任单位：国土房产部门）

2. 严格抵押、转让监管。经项目所在区政府批准，合作公司名下的集体租赁住房项目建设用地使用权、在建工程或房地产可依法整体抵押，禁止分割抵押。各区政府应对抵押贷款资金的用途从严把关，并审慎控制抵押额度。集体租赁住房项目禁止转让，禁止分割销售或以租代售等变相销售。集体经济组织内部可享受权益的成员平均持股，严禁个别人多占股份。成员个人股禁止转让。（责任单位：各区人民政府、国土房产部门）

五、组织实施

（一）加强组织保障

本试点工作纳入厦门市租赁住房试点工作领导小组统一指导协调。

（二）推进试点实施

2018 年 11 月前，各职能部门应制定相关配套实施文件，争取有具体项目开工建设，试点工作取得初步成果。2020 年底前，全面完成试点工作，并做好工作总结。

（三）明确职责分工

国土房产、发改、规划、建设、执法等相关部门及相关区人民政府，要结合职责，对照试点实施方案，强化集体土地租赁住房建设和租赁监管的部门联动和信息共享，形成工作合力，严格按照相关规定，切实加强集体土地租赁住房的规划建设、批后监管、用途管制和服务保障工作，及时查处集体土地租赁住房相关的违法违规行为，确保各项政策措施抓好抓实，并积极研究制定推进集体土地租赁住房建设的相关配套政策。

（四）做好宣传引导

要加强对试点工作的宣传力度，密切关注舆情动态，妥善回应社会关切，重大问题及时报告。

厦门市国土资源与房产管理局等 10 个部门关于印发《关于加强培育和发展住房租赁市场的若干意见》的通知

厦国土房〔2018〕168 号

各有关单位：

为深入贯彻党的十九大会议精神，加快我市住房租赁市场发展，规范住房租赁管理，建立租购并举的住房制度。经研究，由市国土房产局、市发改委、市卫计委、市建设局、市财政局、市公安局、市教育局、市人社局、市市场监督管理局、人民银行厦门市中心支行共同制定《关于加强培育和发展住房租赁市场的若干意见》，现予印发，请遵照执行。

厦门市国土资源与房产管理局　厦门市发展和改革委员会
厦门市卫生和计划生育委员会　厦门市建设局
厦门市财政局　厦门市公安局
厦门市教育局　厦门市人力资源与社会保障局
厦门市市场监督管理局　中国人民银行厦门市中心支行
2018 年 4 月 10 日

关于加强培育和发展住房租赁市场的若干意见

为深入贯彻党的十九大会议精神，加快我市住房租赁市场发展，规范住房租赁管理，建立租购并举的住房制度，结合我市实际，特制定本意见。

一、多渠道增加租赁住房供应

1. 按照住宅用地年度供应计划公开出让一批国有建设用地建设租赁住房，积极推动利用集体建设用地和农村预留发展用地开发建设租赁住房。优先在产业园区周边选址新建租赁住房。积极引导市、区属国有企业参与竞买租赁住房国有建设用地使用权，有序引导市、区属国有企业开发建设集体建设用地上的租赁住房，参与农村集体经济组织合作开发建设集体预留用地指标内的租赁住房，并按市场化投资建设和运营管理。

2. 完善政府主导的以保障性住房为主的住房保障体系，在逐步实现本市中低收入住房困难家庭住房保障的基础上，面向本市中等收入、中等偏上收入"夹心层"住房困难家庭配租市级公共租赁住房，将在厦稳定就业且无住房的"新市民"纳入租赁保障范围，特别是优先保障教育、医疗、环卫、公共交通等从事城市公共服务行业的住房困难职工。

3. 加强园区配套租赁公寓建设。围绕产业发展方向、功能布局、总体规模，力争在2018年底前在各园区内及周边建设配套不少于10万平方米、2000间租赁公寓。

二、积极盘活存量房屋用于租赁

4. 支持将暂无安置需求的安置房、国有收储土地上的空置房屋、可供租赁的零星直管公房等存量房屋，交由专业化国有房屋租赁企业统一管理、运营。

5. 鼓励将个人和单位住房、城中村闲置房屋委托专业化住房租赁企业统一管理、运营。

6. 探索将商业用房等按规定改建为租赁住房的改造模式，拓宽租赁房屋来源渠道。

三、完善住房租赁公共服务

7. 加大住房公积金支持住房租赁力度。在本市无房的住房公积金缴存职工和配偶租住保障性租赁住房的，本人和配偶可全额提取住房公积金用于支付房屋租金，但提取额度总额不得超过实际房租支出；租住其他住房的，住房公积金提取额度由原来的每月600元/人提高到800元/人。

8. 完善住房租赁户籍管理。承租人为本市户籍，承租公共租赁住房、保障性租赁住房和直管公房的，可根据住房租赁交易服务平台登记备案的信息，依照户籍有关政策办理户口登记和迁移手续。

承租人为非本市户籍的，可按照有关规定凭租赁合同备案证明等有关证明材料到公安机关依法办理居住证。

9. 加大住房租赁教育保障。承租人为本市户籍无房家庭，父亲（母亲）所租住的片区房屋为家庭唯一居住地，适龄儿童及其父亲（母亲）在片区实际居住1年以上，且适龄儿童与父亲（母亲）户口一致，实际居住地与户口所在地一致（指适龄儿童及其家长在其户口所在地招生片区内的住房是实际住所），其适龄子女可向该片区的小学申请入学，由所在区教育行政部门统筹安排到片区内学校或就近安排到其他公办学校入学。

承租人为非本市户籍家庭的，符合我市积分入学申请条件的适龄随迁子女可在实际居住区申请参加积分入学。

10. 加大住房租赁卫生计生保障。承租人享有免费建立健康档案、健康教育、孕产妇和儿童保健、传染病防控、儿童接种国家免疫规划疫苗等基本公共卫生服务。承租人享有免费婚前医学检查、孕前优生健康检查和计划生育免费技术服务项目及避孕节育服务。

11. 加大住房租赁社会保障。承租人依法参加并享有基本养老保险、基本医疗保险、失业保险、工伤保险、生育保险等各项社会保险待遇，可以按规定在异地转移、接续。承租人按规定在各级公共就业服务机构享受免费就业政策咨询、职业指导、职业介绍、就业失业登记和就业信息服务。

四、加大住房租赁财税支持

12. 加大增值税优惠政策力度。对一般纳税人出租在实施营改增试点前取得的不动产，允许选择适用简易计税办法，按照5%的征收率计算缴纳增值税；对个人出租住房的，由按照5%的征收率减按1.5%计算缴纳增值税；对房地产中介机构提供住房租赁经纪代理服务，适用6%的增值税税率。

13. 支持按政策对所得税进行优惠。个人出租住房按国家有关规定减免个人所得税。

14. 对企业投资新建租赁房用于经营出租业务的，对其5年内住房租金收入征收的地方税收收入，给予一定奖励。

五、加大住房租赁金融支持

15. 鼓励金融机构按照依法合规、风险可控、商业可持续原则，向从事租赁住房建设及经营的企业提供金融支持。

16. 鼓励金融机构按照依法合规原则，向符合条件的租赁住房出租人、承租人提供融资支持和金融服务。

17. 支持符合条件的租赁住房建设及经营企业发行企业债券、公司债券、非金融企业债务融资工具，多渠道筹集资金。

18. 支持住房租赁建设及经营企业发展房地产信托投资基金（REITs），盘活存量资产，拓宽资金来源。

在本市国有土地上依法建设的住房，以及在集体建设用地上符合城乡规划建设的租赁住房的租赁，按照本意见执行。保障性租赁住房、公共租赁住房、直管公房、单位自管房等政策性住房另有规定的，从其规定。

本意见自公布之日起施行。意见中涉及的义务教育、户籍管理、卫生计生等具体问题由相应职能部门负责解释。

厦门市国土资源与房产管理局办公室
2018年4月16日印发

郑 州

郑州市利用集体建设用地建设租赁住房试点方案

按照《国土资源部、住房城乡建设部关于印发〈利用集体建设用地建设租赁住房试点方案〉的通知》（国土资发〔2017〕100号）的要求，为增加租赁住房供应，缓解住房供需矛盾，构建租购并举的住房体系，建立健全房地产平稳健康发展长效机制，郑州市被国土资源部、住房城乡建设部列为第一批开展利用集体建设用地建设租赁住房试点城市。经慎重考虑，选取郑东新区及其托管区域作为郑州市的第一批试点区域。初期计划五个利用集体建设用地建设租赁住房试点，采取国资控股公司与集体建设用地经济组织联合成立租赁式住房平台公司的方式推动该项工作实施。现结合当前管理工作实际，制定本方案。

一、指导思想、基本目标和总体要求

（一）指导思想

全面贯彻党的十九大精神，深入学习贯彻习近平新时代中国特色社会主义思想，紧紧围绕统筹推进"五位一体"总体布局和协调推进"四个全面"战略布局，牢固树立创新、协调、绿色、开放、共享的发展理念，按照党中央、国务院决策部署，牢牢把握"房子是用来住的，不是用来炒的"定位，以构建租购并举的住房体系为方向，着力构建城乡统一的建设用地市场，推进集体土地不动产登记，完善利用集体建设用地建设租赁住房规则，健全服务和监管体系，提高存量土地节约集约利用水平，为全面建成小康社会提供用地保障，促进建立房地产平稳健康发展长效机制。

（二）基本原则

1. 把握正确方向。坚持市场经济改革方向，发挥市场配置资源的决定性作用，注重与不动产统一登记、培育和发展住房租赁市场、集体经营性建设用地入市等改革协同，加强部门协作，形成改革合力。

2. 保证有序可控。政府主导，审慎稳妥推进试点。项目用地应当符合城乡规划、土地利用总体规划及村土地利用规划，以存量土地为主，不得占用耕地，增加住房有效供给。以满足新市民合理住房需求为主，强化监管责任，保障依法依规建设、平稳有序运营，做到供需匹配。

3. 坚持自主运作。尊重农民集体意愿，统筹考虑农民集体经济实力，以具体项目为抓手，合理确定项目运作模式，维护权利人合法权益，确保集体经济组织自愿实施、自主运作。

4.提高服务效能。落实"放管服"要求,强化服务意识,优化审批流程,降低交易成本,提升服务水平,提高办事效率,方便群众办事。

(三)试点目标

通过改革试点,在郑东新区及托管区域内成功运营一批集体租赁住房项目,按照制定试点方案、制定实施导则和各职能部门审批及管理细则的步骤,逐步完善本市集体建设用地建设租赁住房规则和管理,形成一批可复制、可推广的改革成果,为构建郑州市城乡统一的建设用地市场提供支撑。

(四)试点范围

根据郑东新区各类域外迁入产业企业较多,本地及外来人才自住房、租赁住房需求较大的实际情况,同时考虑早期动迁的有关村镇集体经济组织有强烈建设意愿、自有资金来源,区域政府监管和服务能力较强,初步选定龙子湖北部区域和白沙园区区域设立五个项目,开展利用集体建设用地建设租赁住房试点。

二、试点内容

(一)完善试点项目审批程序

市政府及国土、规划、建设、房管、税务等行政审批职能单位梳理项目报批(包括预审、立项、规划、占地、施工)、项目竣工验收、项目运营管理等规范性程序,组织市级层面领导小组作为决策机构,建立专项快速审批通道。健全集体建设用地规划许可制度,推进统一规划、统筹布局、统一管理,统一相关建设标准。

(二)完善集体租赁住房建设和运营机制

根据郑州市实际情况,采取村集体经济组织与国有控股公司成立租赁租房平台公司建设运营集体租赁住房。试点区域内村集体经济组织前期需征得涉及村组三分之二以上村民代表的同意,并形成书面意见,在兼顾政府、农民集体、企业和个人利益的前提下,理清权利义务关系,按照项目投资和征地成本实际投入情况达成一致意见并签订合作合同,最终成立租赁租房平台公司进行项目建设和管理,按实际投入比例分配相关收益与承担平台公司管理职能。

(三)探索租赁住房监测监管机制

集体租赁住房出租管理过程中,应遵守相关法律法规和租赁合同约定,不得以租代售。承租的集体租赁住房,不得转租。探索建立租金形成、监测、指导、监督机制,防止租金异常波动,维护市场平稳运行。市国土局、市建委、市房管局、市国税局、市地税局、市工商局等部门加强协作、各负其责,在建设用地使用权登记、房屋所有权登记、租赁备案、税务、工商等方面加强联动,构建有形规范有序的租赁市场的同时,搭建全市统一的住房租赁信息服务与监管平台。

为了维护租赁市场正常运营秩序,设立集体租赁住房使用黑名单,定期对违约个人及单位相关违约信息向金融管理部门通报,降低其信用等级,使用金融制裁手段有效制止违约行为。

(四)探索保障承租人获得基本公共服务的权利

承租人可按照国家有关规定凭登记备案的住房租赁合同依法申领居住证,居住满3年后享受规定的郑州市市民待遇及社会保障机制。

三、组织领导和工作机构职责

(一)加强组织保障

市政府全面负责试点组织领导工作,制定试点工作导则和组织实施方案,建立试点协调领导小组,办公室设立在市国土局,定期召开专项协调会解决阶段性疑难问题。各有关部门要加强协调配合,制定完善涉及各有关部门的相关细则和办法,稳妥有序推进试点。

(二)推进试点实施

1.编制实施方案。本实施方案,经省级国土资源主管部门和住房城乡建设主管部门汇总后,2017年11月底前报国土资源部和住房城乡建设部批复。

2.试点实施、跟踪及总结。市国土资源局、市规划局、市建委和市房管局定期组织专项督查小组,负责郑东新区及托管区域的试点工作的督促、检查和指导,及时研究解决试点中存在的问题。

(三)强化指导监督

各有关部门要按照职责分工,加强对试点工作的指导监督,依法规范运行。要加强分类指导,建立健全激励和容错纠错机制,允许进行差别化探索,切实做到封闭运行、风险可控,发现问题及时纠偏,保证依法处置到位,避免国有资产流失,保障村镇集体切身利益诉求。

(四)做好宣传引导

郑东新区管委会要加强对试点项目工作的监督管理,密切关注舆情动态,妥善回应社会关切,重大问题及时报告。

四、各职能单位分工

根据各职能单位的工作职责,结合相关法律、法规和规章的规定,现将各单位的主要职能确定如下:

(一)市发展改革委

负责监督、指导试点区域发改部门做好建设项目的立项工作。

(二)市规划局

负责试点区域的城乡规划编制和修订工作,制定完善集体建设用地选址意见书、规划许可、规划核实等相关审批流程,完成相关审批文书发放工作。

(三)市国土资源局

负责试点区域的集体建设用地的土地基准地价核定、价格和供应方式审议、行政审批、不动产发证和闲置土地监管工作。

(四)市城建委

负责试点区域项目建设实施的全程监管,制定完善集体建设用地租赁住房的开竣工审批手续及验收工作程序,完成相关审批文书发放工作。协调安全监督和质量监督部门全程参与监管工作。

(五)市住房保障局

负责出具试点区域用于建设租赁住房的集体建设用地的前置条件,推动租赁住房市场建立和发展,搭建住房租赁信息服务与监管平台,负责租赁市场监管工作。

(六)市财政局

负责协调国、地税部门解决集体建设用地租赁住房涉税事宜。

武 汉

武汉市利用集体建设用地建设租赁住房试点实施方案

根据《国土资源部、住房城乡建设部关于印发〈利用集体建设用地建设租赁住房试点方案〉的通知》(国土资发〔2017〕100号)和《湖北省国土资源厅关于做好集体建设用地建设租赁住房试点工作的通知》(鄂土资函〔2017〕927号)的有关要求,武汉市作为全国第一批利用集体建设用地建设租赁住房的13个试点城市之一,为切实做好试点实施工作,制定本方案。

一、总体要求

(一)指导思想

以习近平新时代中国特色社会主义思想为指导,全面贯彻党的十九大、十八大和十八届三中、四中、五中、六中全会会议精神,紧紧围绕统筹推进"五位一体"总体布局和协调推进"四个全面"战略布局,牢固树立创新、协调、绿色、开放、共享的发展理念,按照党中央、国务院、省委省政府决策部署,牢牢把握"房子是用来住的,不是用来炒的"定位,以构建租购并举的住房体系为方向,着力构建我市城乡统一的建设用地市场,有效拓宽租赁住房的供应渠道,完善利用集体建设用地建设租赁住房审批程序;完善集体建设用地产权制度,拓宽集体经济组织和农民增收渠道;拓展集体建设用地用途,加快集体建设用地改造,促进集体建设用地优化配置,提高节约集约利用水平,为全面建成小康社会提供用地保障,建立房地产平稳健康发展的长效机制。

(二)试点目标

通过试点,成功运营一批集体租赁住房项目,完善利用集体建设用地建设租赁住房规则,形成一批可复制、可推广的改革成果,为全国推进集体建设用地建设租赁住房提供经验借鉴,为构建武汉市城乡统一的建设用地市场提供支撑。

二、试点思路

将"集体建设用地建设租赁住房试点"与"住房租赁市场试点"两项试点工作同步推进,协同开展,形成改革合力。租赁住房建成后的监测监管机制以及承租人享有的公共服务权利都在"住房租赁市场试点"中进行探索,"集体建设用地建设租赁住房试点"重点探索租赁住房建成前的集体土地审批、供应、建设、运营等机制。按照"全域统筹、试点先行，重点突破、整体推进"的思路开展，以具体项目为抓手，在具体项目中探索相关审批、供应、建设、运营机制，按照边试点、边探索、边完善的思路开展试点工作，针对不同试点项目有差异化、有重点地探索，形成统一工作规则后在全市逐步推开。

三、试点区域选择

（一）基本原则

符合规划，合理布局。利用集体建设用地建设租赁住房要与经济社会发展规划相适应，用地必须符合土地利用总体规划、城乡总体规划，试点项目选址重点在产业园区、科创园区、大学园区等周边，支持产业发展、完善区域功能、满足市场需求。

农民自愿，利益平衡。集体租赁住房建设要切实尊重农民集体意愿，维护农民利益，使农民和农村集体通过出租房屋获得长期稳定收益，共享改革发展成果。

规模适度，方便实施。集体租赁住房项目用地规模应适中，充分考虑实施操作性，优先利用农村闲置地、废弃地等建设集体租赁住房。

（二）试点区域

在东湖高新区、江夏区、黄陂区、蔡甸区四个区先行开展试点工作。东湖高新区作为整村统征储备先行区和武汉住房租赁市场试点区域，兼顾政府、农民集体、企业和个人利益，理清权利义务关系，平衡项目收益与征地成本关系，探索集体租赁住房的监测监管机制。江夏区作为武汉市农村集体建设用地及地上房屋确权登记试点区域和农房抵押贷款试点区域，重点探索集体租赁住房产权登记，探索基于集体建设用地产权的收益分配机制、开发建设融资模式、运营模式等。蔡甸区、黄陂区与美丽乡村建设相结合，重点探索利用集体建设用地建设租赁住房来增加农村集体经济组织和农民收入渠道，探索利用集体建设用地建设租赁住房建设模式、融资模式、收益分配模式等，促进农村村庄整治和提高农村土地节约集约利用水平。

四、试点任务

（一）编制试点项目规划和实施方案

编制试点项目规划，明确用地布局建设规模、建设强度、用地配套、建设投入、运营回报等情况；编制各试点项目实施方案，明确实施主体、改造模式、拆迁安置方案、资金筹措、实施计划等内容。

（二）试点项目报批

探索按照租赁住房用地或产业用地使用集体建设用地，试点批准后，办理立项、用地、规划等手续后由区政府核发使用集体建设用地批准书。探索集体建设用地立项、用地、规划、开工、建设等审批程序，简化审批流程，同步办理各项审批手续，建立快速审批通道。

（三）试点项目供地

结合集体建设用地土地区位、配套等条件，分析租赁住房收益、建设成本等情况，保障农民集体权益。农村集体建设用地地价须经土地估价专业机构评估，地价评估报告报国土资源管理部门备案。

（四）试点项目建设

探索以镇村集体经济组织自主开发和联营、入股建设运营集体租赁住房的模式，积极引导国企参股投资，发挥国有企业的引领和带动作用。兼顾政府、农民集体、企业和个人利益，探索集体租赁住房收益分配机制，平衡项目收益和征地成本关系，建立投资收益以及集体建设用地所有权、使用权收益相结合的分配机制，完善集体建设用地增值收益分配。

（五）试点项目产权登记

健全完善集体建设用地所有权、使用权以及房屋所有权的登记办法，探索便民服务措施。

（六）试点项目运营

探索集体经济组织自主运营、委托专业机构运营等运营模式，提高租赁业务和物业管理的标准化、专业化水平。建立政府整租、企业承租、个人租赁相结合的租赁方式，明确差异化的租赁期限，确保试点项目运营稳妥有序、取得实效。

（七）试点项目监管

完善合同履约机制，土地所有权人和建设用地使用权人、出租人和承租人依法履行合同和登记文件中所载明的权利和义务；探索租赁住房联合监管机制，加强对集体租赁住房项目用地效率、土地房屋权属、用途管制、住房建设质量与功能、住房租赁租金等方面的监管。

五、组织实施

（一）工作组织

1. 成立领导小组

由市人民政府分管市长任组长，分管秘书长、重点办主任和市国土规划局局长任副组长，市国土规划、房管、建设、发展改革、国资、财政、税收、金融、工商、公安等部门以及试点项目所在区政府分管领导为小组成员。领导小组下设办公室，在市国土规划局办公。

2. 落实责任分工

领导小组主要职责是负责统筹推进试点工作，研究制定试点工作总体目标和年度任务；掌握试点工作进展，组织对各单位贯彻落实情况的监督检查；协调解决工作中的重大问题，统筹安排、协调督办重点工作；审议试点工作实施方案、试行工作规则、试点项目审批程序、试点工作总结。

领导小组办公室组建工作专班，负责试点项目日常工作，组织召开试点工作联席会议，做好各成员单位之间的联系协调、信息沟通；组织实施集体租赁住房用地摸底调查，制定试行工作规则，加强政策指导；协调做好试点工作宣传报道；负责总结试点工作经验，组织做好迎接上级检查准备。

各成员单位根据领导小组的要求和安排，落实试点工作的有关政策规定和工作部署，完成交办的各项工作任务，提出试点工作的意见和建议，出台配套政策等。

试点项目所在区是具体责任主体，全面负责组织实施当地集体租赁住房试点工作，确定试点项目具体实施方案、领导责任、实施主体及区各部门具体职责等试点工作内容，统筹安排，全面协调镇村集体经济组织等各方关系，将试点工作各项任务落到实处。

（二）工作安排

1. 准备阶段（2017年9月—2017年11月）

2017年11月底前，结合试点任务和武汉实际，编制《武汉市利用集体建设用地建设租赁住房试点实施方案》，经湖北省国土资源厅和住房城乡建设厅汇总后，报国土资源部和住房城乡建设部批复后实施。市政府成立领导小组，明确成员组成及责任分工。

2. 项目报批阶段（2017年12月—2018年6月）

2018年3月底前，编制试点项目具体实施方案，完成试点项目申请程序。

2018年6月底前，完成试点项目立项、规划、用地、建设等批准程序。

3. 实施阶段（2018年7月—2019年9月）

2018年9月底前，完成项目拆迁安置等工作，启动集体租赁住房建设。

2019年6月底前，完成试点项目主体、配套设施的工程建设和装修装饰，完成项目竣工验收。

2019年9月底前，试点项目租赁住房投入市场运营。

4. 中期检查（2019年10月—11月）

2019年11月底前，由市试点工作领导小组组织试点项目中期评估，形成评估报告。接受省国土资源厅和住房城乡建设厅组织的试点中期评估。

5. 试点推广阶段（2019年12月—2020年11月）

结合市场需求和试点实施情况，在先期试点项目、试点工作规则不断完善的基础上，陆续启动其他试点项目，逐步在全市推开。

6. 试点工作总结（2020年12月）

2020年12月底前，全面总结试点工作组织、实施、建设、运营等开展情况，形成《武汉市利用集体建设用地建设租赁住房试点工作报告》。总结试点工作中审批程序、办事流程、审查细则、管理职责、支持政策等经验，形成《武汉市利用集体建设用地建设租赁住房试点工作规则》，形成系列具有可复制、可推广价值的工作规则、标准、政策等经验和模式。

六、保障措施

（一）制度保障

1. 建立联席会议制度

市试点工作领导小组成员单位建立联席会议制度，由市国土规划局牵头组织，定期召开试点工作联席会议，及时通报试点进展情况，共享信息资源，会商和解决试点相关问题。

2. 建立试点工作报告制度

各区（功能区）作为试点的责任主体，要定期向市领导小组汇报动态进展、主要问题、相关建议、经验总结。市领导小组建立定期交流机制，适时组织试点单位进行交流座谈，解决试点工作中遇到的困难，并适时总结经验。

3. 建立试点工作考核评价制度

市领导小组将试点工作任务按时间节点分解、按部门职责分解，形成可量化的试点工作考核评价体系，每一年度形成试点工作考核评价结果并进行通报。

（二）宣传保障

通过政府门户网站、电视、广播、报刊等传统媒介，并结合微信、微博等新媒体宣传渠道，大力宣传试点工作的重要意义。加强政策宣传，鼓励符合条件的集体经济组织、企业等积极参与试点项目建设；加强舆论引导，积极引导消费者树立理性住房消费观念，为培育和发展住房租赁市场营造良好氛围。

（三）技术保障

在武汉土地市场等平台基础上，搭建集体租赁住房项目用地信息发布平台；在各主管部门行政审批结果查询平台中纳入集体租赁住房项目审批信息；在武汉市房地产经纪服务等平台基础上，建立完善住房租赁交易监管服务平台，建立住房租赁交易数据库，积极开展"互联网＋租赁"服务。

（四）法律保障

在试点项目实施中，加强项目执法监管，在项目规划、用地、建设、质量、产权登记等方面加强执法检查。对未经批准擅自建设租赁住房、将租赁住房销售、违法用地、违规建设、质量不达标等情况一律依法予以查处，切实防止以租代售、"小产权房"出现，保障试点项目依法依规建设。

（五）经费保障

将试点工作所需经费纳入政府年度财政预算，确保及时落实经费，安排专项补助资金，保障试点工作的顺利开展。

武汉市培育和发展住房租赁试点工作领导小组关于印发《武汉市培育和发展住房租赁市场试点工作扶持政策（试行）》的通知

武房租〔2017〕4号

各成员单位、相关单位：

为加快推进我市住房租赁试点工作，加大政策支持力度，经市住房租赁试点工作领导小组研究同意，现将《武汉市培育和发展住房租赁市场试点工作扶持政策（试行）》予以印发，请遵照执行。

市培育和发展住房租赁试点工作领导小组
2017年11月13日

武汉市培育和发展住房租赁市场试点工作扶持政策（试行）

（……）

（三）利用集体建设用地建设租赁住房

11. 稳步推进集体建设用地建设租赁住房试点，在充分论证、评估的基础上，完善试点项目审批程序。健全集体建设用地规划许可制度，推进统一规划、统筹布局、统一管理，统一相关建设标准。

12. 集体建设用地建设租赁住房试点项目应满足基础设施完备，医疗、教育等公共设施配套齐全，符合城镇住房规划设计有关规范等条件。

13. 严格集体建设用地租赁住房监督管理。以租赁住房名义在集体建设用地上建设的住房，不得以租代售。承租的集体建设用地租赁住房，非经出租人同意，不得转租。

（……）

广　州

广州市利用集体建设用地建设租赁住房试点实施方案

为增加我市租赁住房供应，进一步拓展集体建设用地利用途径，切实增加农村和农民收入，不断提高集体建设用地节约集约用地水平，按照《国土资源部住房城乡建设部关于印发〈利用集体建设用地建设租赁住房试点方案〉的通知》（国土资发〔2017〕100号）、《关于在人口净流入的大中城市加快发展住房租赁市场的通知》（建房〔2017〕153号）和《广东省人民政府办公厅关于加快培育和发展住房租赁市场的实施意见》（粤府办〔2017〕7号）等文件部署和要求，制定本方案。

一、指导思想和工作目标

全面贯彻落实党中央国务院和广东省委、省政府关于培育和发展租赁住房市场的决策部署，坚持"房子是用来住的，不是用来炒的"定位，以增加租赁住房供应、缓解住房供需矛盾、拓展集体建设用地利用途径、增加农村和农民收入为目标，创新机制、激活资源，探索城乡一体化过程中租赁住房筹集的新思路和集体建设用地利用新模式，着力加快房地产市场供给侧改革，建立健全房地产平稳健康发展长效机制，促进集体建设用地优化配置和节约集约利用，推动我市城乡统筹发展。

二、基本原则

（一）符合规划、权属清晰、存量优先原则

利用集体建设用地建设租赁住房项目经批准后，须符合土地利用总体规划、城乡规划和村镇规划，须在经依法批准的集体建设用地上进行建设，并以存量建设用地为主，不得占用耕地。

（二）政府引导、市场运作、村民自愿原则

政府统一组织、落实规划、制定政策，充分调动村集体、国有企业等各类主体的积极性，发挥市场配置资源的决定性作用，采用市场化方式推进集体建设用地建设租赁住房建设和运营，充分尊重村集体意愿，切实维护村集体等各主体合法权益。

（三）试点先行、有序推进、审慎稳妥原则

利用集体建设用地建设租赁住房应与市住房发展规划、市住宅用地供应中期规划、

市年度建设用地供应计划、市保障性住房建设计划等保持衔接，在结合住房供需状况基础上，合理控制规模总量，科学安排规划布局，严格把握政策尺度，坚守底线和防控风险，坚决防止出现新的"小产权房"，确保试点工作有序可控。

（四）市区联动、简政放权、强化监管原则

利用集体建设用地建设租赁住房试点项目方案审批和规划、计划统筹等工作由市有关部门负责，项目具体行政许可、后续监管等工作由属地区有关部门负责，项目申报方案编制费用由属地区政府承担。集体建设用地建设租赁住房必须依法办理相关审批手续，严格执行用途管制，须整体确权，坚决防止以租代售，确保集体土地所有权性质不改变。

三、主要内容和政策措施

（一）土地来源

1. 节余存量宅基地。行政村范围内2009年12月31日前形成，通过腾退，按规定在本村范围内通过调剂、综合整治等方式节余出来的空闲宅基地，在优先保障本村宅基地分配和村、镇公共设施用地后有节余的情况下，可以申请纳入利用集体建设用地建设租赁住房试点，纳入试点后的项目不得办理流转手续；需纳入旧村整村改造经济平衡的，应优先纳入旧村改造。

2. 旧村改造中保留集体土地性质的用地。旧村改造中保留集体土地性质的村集体复建物业用地经批准可申请纳入利用集体建设用地建设租赁住房试点。改造后保留集体土地性质的村民复建房经村民按程序表决后可申请纳入利用集体建设用地建设租赁住房试点，纳入试点后的项目不得办理流转手续。

3. 经审批的村经济发展用地（含留用地）。村集体已取得《建设用地批准书》等批准文件或《不动产权证书》《集体土地使用证》《房地产权证》等土地使用权证书，且不需纳入旧村整村改造经济平衡的集体土地性质的村经济发展用地（含留用地），经批准后可申请纳入利用集体建设用地建设租赁住房试点。国有用地性质的村经济发展用地（含留用地）不得纳入试点。

4. 经审批的集体土地性质住宅用地。村集体已依法取得留用地指标，经村集体依法表决、并经市政府批准纳入利用集体建设用地建设租赁住房试点后，可选址现行控制性详细规划为住宅用途、2009年12月31日前形成的存量建设用地，取得《建设用地批准书》后按本方案开展试点工作。

5. 依法流转后的集体建设用地。按照广东省、广州市集体建设用地使用权流转管理规定通过流转方式依法取得的集体建设用地，经批准后可申请纳入利用集体建设用地建设租赁住房试点。

（二）规划管理

1. 总量控制。至 2020 年，全市计划利用集体建设用地建设租赁住房建筑面积 300 万平方米，每年批准建筑面积按 100 万平方米控制。

2. 布局要求。根据不同区域产业、人口、资源等条件，合理确定全市利用集体建设用地建设租赁住房的总量、布局，引导资源合理配置，有序开展利用集体建设用地建设租赁住房试点工作。引导在中心城区商业、办公密集区域、大型产业园区、高校集中区域周边等租赁住房需求量大、区域基础设施完备、医疗、教育等公共设施配套齐全的区域和轨道交通站点周边开展利用集体建设用地建设租赁住房试点工作。

3. 土地利用总体规划管理。经批准的利用集体建设用地建设租赁住房试点项目，不突破城乡建设用地规模、不减少耕地保有量且不涉及占用基本农田，符合土地利用总体规划。

4. 土地用途管理。利用集体建设用地建设租赁住房试点项目须按照居住功能安排配套设施、须符合城镇住房规划设计规范。项目试点方案经市政府批准后，如涉及控制性详细规划调整，由属地区政府组织编制控制性详细规划调整论证报告，经市国土规划委审查并报市政府批准后，可将原用途调为住宅（租赁住房）用地。

（三）建设运营主体

政府委托单位、村集体、企业等主体可参与利用集体建设用地建设运营租赁住房。参与运营的村集体或企业须经工商注册登记为住房租赁企业，并自成立之日起 30 日内，在广州市房屋租赁信息服务平台注册。

试点项目批复后，集体建设用地使用权人可自行运营租赁住房，也可按有关规定选取合作运营主体；村集体引进企业开展租赁住房运营的，由村集体通过公开招标方式选择已完成租赁住房运营工商登记的企业，签订租赁住房运营协议；由政府委托单位开展租赁住房运营的，由村集体根据农村集体资产管理相关规定与政府委托单位签订租赁住房运营协议，由政府委托单位参照市场租金与村集体签订长期租赁住房协议，整体承租后可作为租赁住房、人才公寓或按规定提供住房保障功能的其他住房。

（四）确权登记

利用集体建设用地建设的租赁住房须整体确权给集体建设用地使用权人，只办理一个权属证，不得分拆确权、分拆转让、分拆抵押、分割销售。

（五）收益分配

利用集体建设用地建设租赁住房试点中，集体建设用地使用权人与建设、运营主体不一致的，由集体建设用地使用权人和建设、运营主体签订建设、运营合同，对投资收益分配、权利义务、纠纷解决和违约责任等内容进行约定，也可以参考市国土规划委提供的合同范本。属于村集体投资建设的，所产生的收益应纳入村集体财产统一管理，在不违反有关规定的前提下，按照民主管理原则，由村集体自行决定用于发展集体经济、提高农民生活水平、改善养老和医疗条件等；属于政府委托单位建设的，所产生的收益按规定用于支持项目建设成本；属于企业等其他单位建设的，所产生的收益由其按规定处置。

（六）建设监管

获批的利用集体建设用地建设租赁住房试点项目应按照项目试点协议、试点方案批复文件等要求按期开发建设，完成项目竣工验收、运营管理等工作；国土规划、住房城乡建设、城管、公安消防、质监等部门按各自职能加强监管。纳入试点项目的集体建设用地不得申请转为国有建设用地。

（七）租赁管理

1. 依托广州市房屋租赁信息服务平台强化服务和监管。住房租赁企业以及承租人须通过广州市房屋租赁信息服务平台办理相关业务，应当事先在广州市房屋租赁信息服务平台注册并且经过实名认证。住房租赁企业须将出租房源的房屋信息如实录入，并可选择广州市房屋租赁信息服务平台发布。租赁双方签订、变更、终止房屋租赁合同之日起30日内，由住房租赁企业办理房屋租赁合同网上备案手续。街道办事处、镇人民政府应当根据广州市房屋租赁信息服务平台反映的租赁信息，加强对出租房屋的巡查，核对租赁房屋信息。国土规划、住房城乡建设、税务、工商等部门要加强联动，在建设用地使用权登记、房屋所有权登记、租赁备案、工商、税务等方面加强协作，共同构建规范有序的租赁市场秩序。

2. 保障承租人合法权益。对依法登记备案的承租人，可依法申领居住证，享受义务教育、医疗等国家规定的基本公共服务。保护承租人的稳定居住权，除承租人另有要求外，租赁期限不得低于3年。

3. 明确住房租赁标准。租赁住房企业应当确保租赁住房的建筑结构和设备设施符合广州市住房租赁标准。租赁住房企业承担租赁住房设施设备维修责任，租赁住房设施设备出现损坏影响正常使用的，租赁住房企业应当及时维修，但当事人另有约定的除外。

4. 规范住房租赁合同订立。住房租赁当事人应当签订书面租赁合同，租赁合同应当包括当事人基本信息、住房基本情况、租金、租期、租赁用途、违约责任以及不得以租代售、不得转租等内容，出租人要求承租人预付租金的，预付的租金不得超过12个月，租赁期限不得超过20年。鼓励当事人使用《广州市住房租赁合同》（示范文本）。

5. 扶持和规范租赁住房企业发展。支持房地产开发企业、经纪机构、物业服务企业开展试点项目租赁住房业务。指导租赁住房运营企业成立市房地产租赁协会，强化行业自律，建立租赁住房运营企业行业管理诚信库和黑名单制度，规范租赁住房运营企业行为。

四、试点步骤

（一）试点方案编制阶段（2017年9—11月）

完成《广州市利用集体建设用地建设租赁住房试点实施方案》的编制工作，逐级上报国土资源部、住房城乡建设部批准。

（二）试点方案实施阶段（2017年12月—2019年6月）

开展利用集体建设用地建设租赁住房试点项目的可行性研究，制订项目审批流程和管理规范，组织实施《广州市利用集体建设用地建设租赁住房试点实施方案》，加强和规范试点项目的建设和管理，及时研究和完善实施方案，边试点、边总结、边完善、边提升。

（三）中期评估阶段（2019年7—11月）

在省国土资源厅、住房城乡建设厅的指导下，组织开展试点中期评估工作，形成评估报告报省国土资源厅、住房城乡建设厅。

（四）总结验收阶段（2019年12月—2020年12月）

在省国土资源厅、住房城乡建设厅的指导下，组织开展试点总结工作，形成总结报告报省国土资源厅、住房城乡建设厅。

五、工作措施

（一）加强组织领导

在广州市土委会下设广州市利用集体建设用地建设租赁住房试点工作专责小组，由分管副市长担任组长，统筹试点工作的组织实施和宣传引导。国土规划、住房城乡建设、发展改革、城市更新、财政、国资、工商、税务、公安消防、金融、教育等部门要按照职能分工落实工作责任，确保试点工作有序推进。制定和规范利用集体建设用地建设租赁住房的审批程序，加大组织宣传、培训力度，营造良好的试点工作舆论环境。

（二）落实税费金融优惠措施

利用集体建设用地建设的租赁住房享受《国务院办公厅关于加快培育和发展住房租赁市场的若干意见》（国办发〔2016〕39号）、《广东省人民政府办公厅关于加快培育和发展住房租赁市场的实施意见》（粤府办〔2017〕7号）和《广州市人民政府办公厅关于印发广州市加快发展住房租赁市场工作方案的通知》（穗府办〔2017〕29号）等规定的税收优惠和金融支持政策。

（三）加快项目行政审批

切实落实"放管服"改革要求，按照依法依规、事权下放、便民高效的要求简化利用集体建设用地建设租赁住房项目审批程序，加快项目审批，尽快形成有效供给。

（四）强化监管督查工作

国土规划、住房城乡建设、城管等部门和属地区政府要强化监管责任，对列入保障性住房计划的租赁住房，应当符合相关政策规定；国土规划部门要从严设定土地使用和规划建设条件，禁止开发建设低密度住宅项目；住房城乡建设部门要加强租赁监管，防止以租代售。国土规划部门要应用遥感和远程监控等技术手段加强执法监管，对违法用地行为从严惩戒。城管执法部门要落实监管职责，加强日常巡查、监督管理、立案查处、违建拆除等工作，防止出现未批先建、已批超建等违法建设情况。

广州市住房和城乡建设局、广州市财政局关于印发《广州市发展住房租赁市场奖补实施办法》的通知

穗建规字〔2020〕33号

各有关单位：

为促进我市住房租赁市场发展，加快构建租购并举的住房制度，经市政府同意，现将《广州市发展住房租赁市场奖补实施办法》印发给你们，请遵照执行。

特此通知。

广州市住房和城乡建设局
广州市财政局
2020年3月17日

广州市发展住房租赁市场奖补实施办法

（……）

第二章 奖补标准与对象

第六条 利用集体、国有建设用地建设租赁住房的，按以下标准给予补贴：
（一）建设普通租赁住房的，按建筑面积750元/平方米给予补贴；
（二）建设集体宿舍型租赁住房的，按建筑面积800元/平方米给予补贴。

（……）

本办法自印发之日起实施，有效期至2021年12月31日。

发文日期：2020年3月24日

广东省自然资源厅关于印发《广东省集体建设用地定级与基准地价评估成果编制指引（试行）》的通知

各地级以上市自然资源主管部门，省不动产登记与估价专业人员协会：

为规范广东省集体建设用地定级与基准地价评估的技术实施和成果编制，促进城乡公示地价体系一体化建设，我厅组织制定了《广东省集体建设用地定级与基准地价评估成果编制指引（试行）》。现予以印发，请遵照执行。

广东省自然资源厅

2020 年 8 月 10 日

广东省集体建设用地定级与基准地价评估成果编制指引（试行）

为规范广东省集体建设用地定级与基准地价评估的技术实施和成果编制，促进城乡公示地价体系一体化建设，在《城镇土地估价规程》（GB/T 18508—2014）、《城镇土地分等定级规程》（GB/T 18507—2014）、《农村集体土地价格评估技术指引》（中估协发〔2020〕16 号）等规程、指引的基础上，结合广东省集体建设用地定级与基准地价评估试点经验，制订本指引。

一、适用范围

本指引适用于广东省范围内集体建设用地定级与基准地价评估的技术实施与成果编制工作。

本指引所称集体建设用地定级与基准地价制订工作是指依据相关规范要求划定集体建设用地土地级别或均质区域，完成相应级别或均质区域的基准地价评估，并建立相应的基准地价修正体系。

二、编制依据

(一) 法律法规及政策规定

1.《中华人民共和国民法典》;
2.《中华人民共和国物权法》;
3.《中华人民共和国土地管理法》;
4.《中华人民共和国农村土地承包法》;
5.《中华人民共和国城乡规划法》;
6.《中华人民共和国资产评估法》;
7.《不动产登记暂行条例》(国务院令第 656 号);
8.《不动产登记暂行条例实施细则》(国土资源部令第 63 号);
9.《中共中央关于全面深化改革若干重大问题的决定》(2013 年 11 月 12 日中国共产党第十八届中央委员会第三次全体会议通过);
10.《国务院办公厅关于引导农村产权流转交易市场健康发展的意见》(国办发〔2014〕71 号);
11.《国务院关于开展农村承包土地的经营权和农民住房财产权抵押贷款试点的指导意见》(国发〔2015〕45 号);
12.《国土资源部、住房城乡建设部关于印发〈利用集体建设用地建设租赁住房试点方案〉的通知》(国土资发〔2017〕100 号);
13.《国土资源部办公厅关于加强公示地价体系建设和管理有关问题的通知》(国土资厅发〔2017〕27 号);
14.《自然资源部办公厅关于部署开展 2019 年度自然资源评价评估工作的通知》(自然资办发〔2019〕36 号);
15.《自然资源部办公厅关于部署开展 2020 年度自然资源评价评估工作的通知》(自然资办发〔2020〕23 号);
16. 其他相关法律、法规和规范性文件。

(二) 技术标准

1.《城镇土地分等定级规程》(GB/T 18507—2014);
2.《城镇土地估价规程》(GB/T 18508—2014);
3.《土地利用现状分类》(GB/T 21010—2017);
4.《城市用地分类与规划建设用地标准》(GB 50137—2011);
5.《农村集体土地价格评估技术指引》(中估协发〔2020〕16 号);
6. 其他相关行业标准和技术规范。

三、技术要求

集体建设用地定级与基准地价评估应遵循《城镇土地估价规程》《城镇土地分等定

级规程》规定的相关原则，以估价时点的有效法律法规及政策文件为依据，采用的数据、估价方法应符合相关行业标准和技术规范的要求，选取的测算案例应真实、客观反映集体建设用地开发利用现状和市场价值。

（一）工作范围

集体建设用地定级与基准地价评估原则上以县（市、区）为单位开展，可根据实际情况选择以县（市、区）整体或其下辖的各个乡镇为评价对象，具体需根据县区所处区位、县区内部自然地理条件、建设用地区位及空间布局等的差异性以及影响土地级别因素因子的一致性等分析确定。

（二）地价内涵

集体建设用地基准地价是在区域平均土地开发利用条件下，针对不同级别或不同均质地域，按照不同用地类型进行评估，并由政府发布的某一估价期日某一设定年期土地权利的平均价格。

1. 土地用途。根据《土地利用现状分类》按商服用地、工业用地、宅基地等土地用途进行分类评估，鼓励有条件地区组织开展集体公共服务项目用地等用途的基准地价评估。其中，宅基地用途设定应符合宅基地使用或有偿退出等政策要求，明确界定宅基地的限制性市场条件与价格适用范围。鼓励广州市、佛山市、肇庆市等利用集体建设用地建设租赁住房试点地区探索设定其他相应权利条件的住宅土地用途。

2. 土地权利类型。对于集体经营性建设用地、集体公共服务用地可设定为出让土地使用权，对于宅基地可设定为宅基地使用权。同时，应结合当地集体建设用地的流转政策及所有权人的普遍意愿，明确转让、抵押、分割、收回等特殊的权利权能限制。

3. 估价期日。根据土地管理需要综合确定，采用公历表示，具体到年、月、日。

4. 土地使用年期。土地使用年期设定应不高于相同用途的国有建设用地法定最高使用年期。对使用年期无具体规定的宅基地，可按无年期限制设定。

5. 土地开发程度的设定。按照各均质地域的平均状况确定。

6. 容积率的设定。根据区域内集体建设用地现状平均容积率，结合规划指标或规划平均容积率综合确定。

（三）资料收集与调查

集体建设用地定级与基准地价评估资料收集与调查要坚持现势性、翔实性、准确性、完整性相结合。主要包括以下内容：

1. 收集最新土地利用现状图及镇村国土空间规划等资料，同时应收集最新可反映土地权属的相关土地调查资料，并结合第三次国土调查成果、集体土地确权成果等资料进行校验，综合确定工作底图。

2. 收集当地在集体土地征收、移民安置、流转、抵押、登记、开发利用等方面的相关规章制度和政策措施，并关注其落实程度。

3. 收集可反映区域内最新的交通条件、基础设施状况、公共设施状况、繁华程度、人口密度、环境条件、产业聚集、城镇规划等情况的相关资料。上述资料可通过收集与估价时点相近的国有建设用地基准地价成果中相关的数据资料获取，同时应针对集体建设用地的特殊影响因素，补充收集区域外有重大影响的其他相关数据资料。

4. 收集位于集体建设用地定级范围之外，并对测算范围内集体建设用地质量存在明显辐射影响的城镇（集镇）中心以及其他商服设施、基础公共服务设施等相关资料。

5. 收集评估范围内集体建设用地交易样点资料，交易样点资料不仅包括出让、转让、租赁、抵押等样点，还应包括各类利用集体建设用地获取生产经营收益的样点、宅基地有偿使用（含有偿退出）及经营获利的样点等。

交易样点资料通过集体"三资"平台收集的，应重点关注平台数据的真实性和时效性；采用"三资"平台数据作为交易样点时，应采取实地调查等方式进行核实。

6. 在尚未建成集体土地交易统一平台或交易资料统一归档管理机制的地区，可综合采取内业查档、外业调查、问卷访谈、会议座谈等多种方式全面获取各类样点资料。

7. 调查中应与交易涉及的集体经济组织、农民、用地企业、监管部门等进行充分交流，掌握交易价格形成的行为机理、限制性条件、心理价位及其他价格影响因素等，了解土地使用者对集体建设用地和国有建设用地市场的差异感知与接受程度。

（四）土地定级

集体建设用地定级除遵循《城镇土地分等定级规程》的相关规定外，还应在因素体系及其量化评价方法、资料调查与整理、定级单元划分以及结果确定等方面关注其可能存在的特殊性差异，注意要点如下。

1. 定级方式选择

集体建设用地定级可综合考虑市场发育情况和监管服务需求选择分类定级或综合定级。原则上，以县（市、区）为单位开展集体建设用地土地定级的，应采用分类定级；以乡镇为单位开展集体建设用地土地定级的，可根据资料情况和市场发育程度确定定级方式。

2. 确定因素因子

集体建设用地因素因子可考虑城乡之间在社会经济职能、建设形态与规模等方面的差异，结合评价对象的特征，在《城镇土地分等定级规程》《农村集体土地价格评估技术指引》规定的因素因子基础上，进行适度增减取舍，体现针对性、差异性、可行性。

鉴于集体建设用地具有覆盖范围广、空间位置分散、质量分布不连续、城乡接合部受邻近城镇或已建成区域的辐射影响明显、受区域功能规划及政策导向等影响明显的特征，未先行开展集体建设用地分等的地区应增加反映宏观区位、经济社会发展水平差异，以及相关规划等影响的因素。不同用途的集体建设用地定级因素的选择可参考表1至表5确定，评估范围全部位于城市开发边界内的，定级因素选择可参照《城镇土地分等定级规程》确定。

集体综合定级因素选择参考表 表1

基本层	繁华程度	交通条件			基本设施状况		社会经济状况	宏观区位影响度	环境条件			区域规划
定级因素	商服繁华程度	道路通达度	公交便捷度	对外交通便利度	基础设施完善度	公用设施完备度	社会经济状况	宏观区位影响度	自然条件优劣度	农村人居环境	景观条件优劣度	区域规划
选择建议	必选	必选	备选	备选	必选	必选	备选	备选	必选	备选	备选	备选

集体商服用地定级因素选择参考表 表2

基本层	繁华程度	交通条件			基本设施状况		社会经济状况	宏观区位影响度	环境条件			区域规划
定级因素	商服繁华程度	道路通达度	公交便捷度	对外交通便利度（客运）	基础设施完善度	公用设施完备度	社会经济状况	宏观区位影响度	自然条件优劣度	农村人居环境	景观条件优劣度	区域规划
选择建议	必选	必选	备选	备选	必选	必选	备选	备选	备选	备选	备选	备选

宅基地定级因素选择参考表 表3

基本层	基本设施状况		交通条件			环境条件			繁华程度	社会经济状况	宏观区位影响度	区域规划
定级因素	基础设施完善度	公用设施完备度	道路通达度	公交便捷度	对外交通便利度（客运）	自然条件优劣度	农村人居环境	景观条件优劣度	商服繁华程度	社会经济状况	宏观区位影响度	区域规划
选择建议	必选	必选	必选	备选	备选	必选	必选	备选	备选	备选	备选	备选

集体工业用地定级因素选择参考表 表4

基本层	交通条件		基本设施状况	产业集聚效益	环境条件	社会经济状况	宏观区位影响度	区域规划
定级因素	道路通达度	对外交通便利度（货运）	基础设施完善度	产业集聚影响度	自然条件优劣度	社会经济状况	宏观区位影响度	区域规划
选择建议	必选	备选	必选	必选	备选	备选	备选	备选

集体公共服务项目用地定级因素选择参考表 表5

基本层	繁华程度	交通条件			基本设施状况		社会经济状况	宏观区位影响度	环境条件			区域规划
定级因素	商服繁华程度	道路通达度	公交便捷度	对外交通便利度	基础设施完善度	公用设施完备度	社会经济状况	宏观区位影响度	自然条件优劣度	农村人居环境	景观条件优劣度	区域规划
选择建议	备选	必选	备选	备选	必选	备选	必选	备选	必选	备选	备选	备选

土地定级因素确定后，评价因子可参考以下内容确定：

（1）繁华程度。繁华程度的定级因素主要通过商服繁华程度反映，定级对象空间范围内的商服设施可作为繁华程度的评价因子。除常规商服设施外，还可根据实际情况将农贸市场、大型超市、专业市场等视作商服设施繁华程度的评价因子。

（2）交通条件。交通条件的定级因素一般包括道路通达度、公交便捷度、对外交通便利度。道路通达度的评价因子除考虑国道、省道、县道等交通干线外，还可根据集体建设用地的分布情况选择乡村道路的路网密度作为评价因子；公交便捷度可选择公共交通站点或线路等作为评价因子；对外交通便利度可选择客运站、火车站（轨道站）、机场码头等作为评价因子。

（3）基本设施状况。基本设施状况的定级因素一般包括基础设施完善度和公用设施完备度。基础设施完善度可选择供水、供电、排水、供气、通信设施等作为评价因子，公用设施完备度可选择文体娱乐、乡村旅游设施、学校、医疗设施、金融设施等作为评价因子。其中，公用设施完备度的评价因子除上述常规因子外，还可根据当地的实际情况考虑老年活动站所、农家乐、小卖铺（食杂店）、农村电商营销点、固定的物流配送中心等具有特色且具备一定规模和稳定性的设施作为评价因子。

（4）社会经济状况。社会经济状况的评价因子可从经济产值、人均经济收入、集体建设用地（或耕地）占比、人口密度等进行选择。

（5）宏观区位影响度。宏观区位影响度主要反映位于定级对象空间范围之外，但对定级对象具有明显辐射影响的因素，其评价因子可从周边中心城镇、商业繁华区、产业园区、集中区、集散地等进行选择。

（6）环境条件。除各类自然环境条件外，还可根据实际情况将农村人居环境、工程地质条件、是否受地质灾害影响等纳入评价指标体系。其中，农村人居环境的评价因子可结合"一村一品""新农村建设"等相关情况进行选择。

（7）区域规划。区域规划的评价因子可从对定级对象土地质量分布有重要影响的各级各类国土空间规划、旅游发展规划、城市更新规划及相关功能区规划等进行选择。

3. 权重确定及因素因子量化

1）定级因素因子权重确定

集体建设用地定级因素的重要性顺序及权重取值应经过充分论证，可采用德尔菲法测定，必要时辅以综合因素成对比较法、层次分析法等其他方法进行论证，其权重取值范围可与《城镇土地分等定级规程》要求的不完全一致。

2）定级因素因子量化

集体建设用地定级因素因子中，繁华程度、交通条件、基本设施状况、产业集聚效益、环境条件、人口状况等土地质量影响因素的量化评价方法与国有建设用地类同，相关因素因子量化方法可参照《城镇土地分等定级规程》。量化评价注意要点如下。

（1）宏观区位影响度

宏观区位影响度属于点状因素，其评价因子的作用半径、影响规律及功能分测算方法类同于商服中心，量化时重点依据与定级对象近邻的中心城镇、商业繁华区、产业园区、集中区、集散地等对定级对象土地质量的影响，不同类别的近邻区域应设定相同的可比关系指标确定影响差异。

（2）社会经济状况

社会经济发展状况属于面状因素，其评价因子可通过定级范围内不同行政单元（乡、村、居、街道等）上的相关统计指标量化其影响程度，相关指标测算公式参见《城镇土地分等定级规程》。

（3）繁华程度

繁华程度属于点状因素，除常规商服设施外，农贸市场、大型超市、专业市场等评价因子的量化过程应结合乡村级商服设施的规模情况与影响规律，参照《城镇土地分等定级规程》要求，采用适宜的功能分衰减模型和测算方法计算作用分。

（4）交通条件

①道路通达度评价因子中的国道、省道、县道等交通干道属于线状因素，以路网密度指标表征时，可视作面状因素，量化时应以行政村或乡镇为进行路网密度计算的基础单元。

②公交便捷度评价因子一般属于点状因素，若运行在农村的公交车辆停靠站较为灵活，无固定站点时，可将其视作线状因素考量，量化时应重点依据班次频率、路线长度等方面进行测算。

③对外交通便利度评价因子属于点状因素，量化时应重点区分不同对外交通节点对集体建设用地利用的影响方式与规律。

4. 定级单元划分与单元总分值测算

在参照《城镇土地分等定级规程》有关规定划分定级单元时，应依据集体建设用地的特点选择大小适宜的定级单元，测算各定级单元的作用总分值；也可将同村（组）覆盖的定级对象确定为定级单元，根据其所含的各单元分值测算定级单元的作用总分值。

5. 级别的划分与确定

依据定级单元总分值，选用总分数轴确定法、总分频率曲线法或者总分剖面图法初步划分土地级别。

级别划分初步结果应充分征求相关利益主体的意见。当同一村（组）内的连片建设用地初步判定为具有明显质量差异需划入不同级别时，应充分考虑集体经济组织的接受程度，并与相关管理政策导向衔接。

（五）基准地价评估

集体建设用地基准地价评估应在实地调查分析的基础上，判断是否满足利用市场交易样点地价测算基准地价。近期实际交易实例数量不满足《城镇土地估价规程》要求的，可基于集体经济组织或农村个人投资的企业经营数据选择利用土地收益资料测算基准地价。

1. 利用市场交易样点进行地价评估

1）样点的选择及处理

集体建设用地市场交易样点可选择出让、转让、租赁、抵押等样点，各类利用集体建设用地获取生产经营收益的样点，宅基地有偿使用（含有偿退出）及经营获利的样点等。每个样点有区域代表性，样点分布均匀，收集的样点处理要求如下：

（1）交易样点可包括有政策法规支持的公开交易样点和尚未登记备案的交易样点，并明确标注、区别分析。其中，尚未登记备案的交易样点应以交易合同或协议的相关内容条款作为测算参数取值依据，合同或协议的相关内容及交易对象等交易要素应符合集体建设用地流转的相关政策法规要求。

（2）在市场发育度低、样点数量较少的地区，宜进行全样本调查，并可将样本的时效性要求放宽至近5年。全样本调查内容除上述常规的交易类型外，还可收集与集体土地整治及增减挂钩相关的"集体建设用地开发""拆旧建新"等案例。

（3）对于所在区域，以及毗邻区域内（通常为国有建设用地的末级地）零星存在的国有建设用地样本，也应调查收集，用于不同权属土地上的价格比较测算。国有建设用地交易样本原则上仅用于集体建设用地基准地价评估结果的对比验证。

2）样点地价测算

不同类型的地价样点根据其调查来源，按照《城镇土地估价规程》《农村集体土地价格评估技术指引》等相关要求进行测算，在技术处理过程中应重点关注具有地方特色且对地价有较大影响的因素。

（1）归类为土地出让、转让、作价出资（入股）、宅基地有偿使用（含有偿退出）的样点，宜采用其实际成交价格与土地面积计算现状条件下的样点地价。

现状样点地价修正至内涵地价时，应注意是否存在其他约束条件，包括到期后资产的处置、续期条件等约束条件对地价的影响。

（2）归类为土地租赁、房屋租赁和经营获利的样点，宜采用收益还原法测算其现状条件下的地价。

土地租赁交易样点测算时采用的土地交易租金应符合评估时点的租赁市场情况，同时还应考虑长期租赁、特殊租金缴纳方式或其他带限制性条件租约的影响。

房屋租赁及经营获利的交易样点按实际发生的房屋租金取值，对于农家乐、民宿、乡村旅游聚集区域内的宅基地，可根据实际情况考虑相关经营活动获取的客观经营性收益，相应的房屋建安成本取值应考虑满足农家乐、民宿、乡村旅游的改造费用。

当有可比的集体建设用地交易资料时，宜采用土地纯收益与价格比率法测算还原率；因缺乏适用的市场交易资料而选择其他方法测算还原率时，应重点考虑交易主体的市场风险偏好等影响。集体建设用地的还原率通常略高于同区域同类型国有建设用地，但一般不超过3个百分点。

（3）归类为"集体建设用地开发""拆旧建新"等案例的样点，宜采用成本逼近法测算其现状条件下的地价。技术要点如下：

①区域的界定。成本逼近法中相关取得成本及开发成本的核定区域可按村（组）界定，或以村民（村集体经济组织）所认同的本区域内应该享受平等收益、社保等待遇的地理区域范围界定。

②用途的界定。样点的土地用途应结合样点的规划用途进行设定。

③"集体建设用地开发"客观成本的界定。对于已发生的"集体建设用地开发"样点，可测算一定区域范围内与"集体建设用地开发"直接相关的客观成本费用作为该区域的客观取得成本和基础设施开发成本，最后按照新开发片区的总土地面积计算单位土地的客观成本。

④"拆旧建新"客观成本的界定。对于已发生的"拆旧建新"样点，可测算与"拆旧区"直接相关的客观成本费用作为该区域的客观取得成本，测算与"建新区"直接相关的基础设施开发费用作为该区域的基础设施开发成本，最后按照"建新区"的总土地面积计算单位土地的客观成本。

⑤土地增值收益率测算。在实现土地增值收益率测算的前提下，按照规定程序开展土地增值收益率测算，并应综合考虑土地用途的改变、土地开发后所能达到的基础设施水平、开发期间周边设施的改善程度、土地权利的限制性因素等。

3）样点地价标准化及检验剔除

根据不同类型地价样点的现状地价测算结果，并结合不同因素对地价的影响程度编制样点地价修正体系，将样点修正为设定内涵下的标准化地价。

标准化样点地价应进行样本总体检验和样点数据检验。其中，样点数据检验需按同一土地级别（或均质地域）和同一交易方式进行同一性检验，再对按不同交易方式计算的样点地价进行样本总体同一性检验。此后根据检验结果对不合格的样点进行剔除，确定有效地价样点，作为基准地价确定的基础数据。

4）利用样点地价评估基准地价

（1）用样点地价评估级别（区域）基准地价。对于合格样点数量符合数量统计要求的级别（区域），根据样点地价的分布规律，选用简单算术平均值、加权算术平均值、中位数、众数等作为该级别（区域）的基准地价。对于没有交易价格资料的级别（区域），采用比较法、比例系数法确定基准地价。具体评估程序可参照《城镇土地估价规程》，但不宜采用相同用途的国有建设用地基准地价通过比较法、比例系数法修正测算集体建设用地基准地价。

（2）建立样点地价和土地级别（或土地定级单元总分值）数学模型评估级别基准地价。在土地定级的基础上，通过建立样点地价与土地级别（或土地定级单元总分值）之间的数学关系模型，求取各用途各级别的地价级差系数，利用地价级差系数等参数测算基准地价。

2. 利用土地经营级差收益资料评估

利用土地收益资料评估基准地价的方法一般仅适用于集体经济组织依法利用集体经营性建设用地建设的自营企业。当可获取集体自营企业生产运营的详细数据资料时，可通过级差收益测算方法测算各级别基准地价，具体要求详见《城镇土地估价规程》。

3. 基准地价的确定

利用市场交易样点地价评估和利用土地级差收益资料评估两种技术路线测算基准地价的，应根据当地集体土地市场状况和地价水平，综合确定集体建设用地基准地价，基本原则如下：

（1）以实际数据测算的结果为准，以比较、修正的结果为辅；

（2）土地市场发达地区以市场交易资料测算结果为准，以级差收益测算结果验证；

（3）土地市场不发达地区以级差收益测算结果为准，以市场交易资料测算结果验证；

（4）体现土地和地价管理政策。

（六）基准地价修正系数编制

1. 区域因素修正系数

（1）区域因素修正体系应依据土地定级因素因子体系建立，若存在对集体建设用地价格有特殊影响的因素，可根据实际情况予以增加。

（2）修正总幅度值以级别或均质地域为单位确定，通过调查各级别或区片内正常地价的最高样本组平均值、最低样本组平均值与基准地价比较确定。在市场发育程度低、地价样点数量不足的区域内，修正幅度的确定可主要依据定级因素分值确定，建立的关系模型应通过相应的方法检验。

（3）各单项因素修正幅度值可采用德尔菲测定法确定，并利用土地定级确定的因素因子量化结果，分析各因素因子对土地价格的影响方式和程度，综合确定各因素、因子在不同利用状态下的影响程度，以此来确定各单项因素修正幅度值。

2. 容积率修正系数

容积率修正系数应根据不同用途的特点，重点考虑容积率变化引起的土地收益变化的差异关系进行编制。其中，工业用地、宅基地应分别根据当地集体工业用地政策与宅基地有偿使用等相关规定，明确其容积率修正的适用条件。此外，在编制宅基地容积率修正系数的基础上，还可根据建设层数管控相关规定，探索编制宅基地限制楼层修正系数。

3. 土地开发程度修正系数

应按照不同均质地域的基础设施建设标准差异进行编制。

4. 年期修正系数

根据设定年期及集体建设用地的土地还原率进行编制。其中，使用年期设定为无年期限制的土地用途，可不编制年期修正系数。

5. 其他个别因素修正系数

除上述影响地价的宗地条件因素外，还应结合实际情况编制对集体建设用地地价存在不同程度影响的形状、地势、地质状况等个别因素修正系数。

四、成果要求

（一）成果内容

集体建设用地定级与基准地价评估成果应至少包括工作报告、技术报告、图件成果、表格成果（各级别或区段的范围描述和基准地价值）、基准地价修正体系、相关基础资料汇编等。

其中，工作报告应至少包括工作组织实施情况（如工作计划、方案编制、技术路线、工作实施等）、成果摘要、工作总结和工作过程相关证明材料等相关内容；技术报告应至少包括基本概况、资料收集与调查说明、土地定级过程、基准地价评估过程、修正体系编制依据、地价水平分析等相关内容；图件成果、表格成果、基准地价修正体系、相关基础资料汇编可整合编制相应的成果汇编报告。

（二）成果格式

文字类电子成果为 Word 格式，表格类电子成果为 Excel 格式，图形数据电子成果包括 JPG 格式、电子矢量图件（2000 国家大地坐标系制图）及相应的成果数据库。

图件格式应同时满足广东省基准地价数据库和国家基准地价电子化备案要求，成果数据库各要素要求应独立分层，空间信息准确一致，可与已编制的国有建设用地基准地价成果数据库衔接。

（三）成果备案

成果公布实施后，须按《国土资源部办公厅关于加强公示地价体系建设和管理有关问题的通知》（国土资厅发〔2017〕27号）的要求在全国基准地价电子化备案系统完成备案。

五、其他需注意的问题

（一）政策适用性问题

广东省不同地区的集体建设用地相关试点政策仅适用于该类试点范围，且有一定的试点期限。在基准地价内涵设定及价格水平确定时，应明确试点政策体现的权利边界及其对价格的影响，基于试点政策编制的成果应同时明确成果有效期和适用条件。

（二）成果协调问题

同一地区的集体建设用地与国有建设用地基准地价应具有一定的可比性，编制时应充分衔接、协调所在区域国有建设用地基准地价体系，鼓励设立城乡一体化的基准地价体系。同时应基于现有的国有建设用地地价管理政策，探索研究制定配套的集体建设用地地价管理政策，并做好成果应用的宣传工作。

（三）验收与更新问题

集体建设用地基准地价的评审验收程序、验收要求，按照《广东省基准地价成果评审验收规范》执行；集体建设用地基准地价作为城乡公示地价体系的组成部分，其更新周期参照国有建设用地基准地价。

本指引由广东省自然资源厅负责解释。

佛 山

佛山市人民政府办公室
关于印发《佛山市利用集体建设用地建设租赁住房管理办法（试行）》的通知

佛府办〔2018〕51号

第一章 总则

第一条 为加快建立多主体供应、多渠道保障、租购并举住房制度体系，稳慎有序开展利用集体建设用地建设租赁住房试点工作，根据《国土资源部住房城乡建设部关于印发〈利用集体建设用地建设租赁住房试点方案〉的通知》（国土资发〔2017〕100号）、《国土资源部办公厅住房城乡建设部办公厅关于沈阳等11个城市利用集体建设用地建设租赁住房试点实施方案意见的函》（国土资厅函〔2018〕63号）等规定，结合我市实际，制定本办法。

第二条 佛山市行政区域内利用集体建设用地建设租赁住房适用本办法。

第三条 本办法所称利用集体建设用地建设租赁住房（以下称集体租赁住房建设），是指利用符合土地利用总体规划、城乡规划的集体建设用地建设租赁住房及配套设施（以下称集体租赁住房），并出租住房的行为。

本办法所称新建集体租赁住房，是指利用符合土地利用总体规划、城乡规划确定宗地用途为居住用地的集体建设用地新建租赁住房及配套设施，并出租住房的行为。

本办法所称配建集体租赁住房，是指配合村级工业园连片改造提升，由改造主体申请，利用集体建设用地统一集中配建租赁住房及配套设施，并出租住房的行为。

第四条 集体租赁住房遵循"政府主导，规划先行，村民自愿，只租不售"的原则。

第五条 各区人民政府应当根据土地利用总体规划、城乡规划及集体租赁住房需求的实际情况，编制集体租赁住房发展规划和年度计划。

第六条 市相关职能部门及各区人民政府，应在佛山市专业化住房租赁平台指导委员会的指导下，结合职责，切实做好集体租赁住房建设项目的申请预审认定、土地供应、不动产登记、规划许可、工程报建、建设施工、竣工验收、租赁申请、租赁运营等管理工作，及时查处相关违法违规行为，并积极研究制定相关配套政策。

市国土资源和城乡规划行政主管部门负责会同市住房和城乡建设行政主管部门研究制定全市集体租赁住房试点实施方案和政策措施，并指导区国土资源、城乡规划行政主管部门负责集体租赁住房建设项目的土地供应管理、不动产登记、规划审批等工作。

市住房和城乡建设行政主管部门负责研究制定住房租赁管理办法等政策，会同市工商行政主管部门制定佛山市住房租赁合同示范文本，并指导区住房和城乡建设行政主管部门负责建设施工图纸审查、房屋建筑工程质量和安全监管、租金标准制定、房屋租赁管理等工作，且按照职能分工依法查处利用集体租赁住房从事违法经营活动。

市流动人口服务管理部门受市住房和城乡建设行政主管部门、公安机关等的委托，指导区流动人口服务管理工作机构负责房屋租赁合同登记备案、居住登记、居住变更登记、居住证办理等工作。

市农业行政主管部门指导区农业行政主管部门对集体租赁住房涉及的集体资产交易、收益分配等集体资产管理工作进行指导、监督。

市工商行政主管部门配合市住房和城乡建设行政主管部门制定佛山市住房租赁合同示范文本，完善集体住房租赁企业、中介机构和从业人员信用管理制度，指导区工商行政主管部门做好住房租赁企业工商登记、信用信息记录和共享，并按照职能分工依法查处利用集体租赁住房从事违法经营活动。

市财政部门、税务部门负责明确集体建设用地使用权交易及住房租赁收益等相关税费政策。

市发展改革部门按照审批权限负责和指导区发展改革部门做好集体租赁住房建设项目立项审批工作。

市消防部门负责消防验收等工作。

市公安机关按照职能分工依法查处利用集体租赁住房从事违法活动的行为。

市人民防空管理部门负责人防验收工作。

市环境保护行政主管部门负责环境影响评价文件审批工作。

市卫生和计划生育行政主管部门负责审核集体租赁住房建设项目配套医疗用房的不动产权属和规模，做好住房承租人的卫生、计生等工作。

市教育行政主管部门负责指导集体租赁住房建设项目义务教育设施配套工作。

中国人民银行佛山市中心支行、市金融工作部门负责研究并指导出台有关金融支持政策。

供水、供电、供气、城建等相关单位负责集体租赁住房的水电气及周边基础设施的配套建设等工作。

各区人民政府作为试点推进实施责任主体，应会同镇（街道）人民政府（办事处）负责具体项目选址、用地管理、租赁住房建设及运营管理的组织、指导和监督工作，对于未经批准擅自建设租赁住房或者销售租赁住房的，应当依法予以查处，切实防止租赁住房对外销售和以租代售；依法加强集体租赁住房建设和租赁经营的治安、消防、户籍、卫生、计生、规划、税务、建筑安全和维稳等监督管理工作。

村（居）民委员会、农村集体经济组织应当协助配合政府及有关部门做好集体租赁住房建设和租赁经营的监督管理工作，一旦发现问题及时上报政府及有关部门，严防出现租赁住房对外销售和以租代售现象。

第七条　用于租赁住房的集体建设用地按照居住用地标准进行规划和管理,结合城乡发展和产业整体布局确定集体租赁住房建设类型、用地规模、空间布局,在环保、安全防护等前提下,按照基础设施完备,医疗、教育等公共设施配套齐全的要求,优先在工业园区、大学园区、产业发展保护区等产业相对完备、居住配套不足的区域布局。

第八条　集体租赁住房建设应按照"先预审认定,再土地交易"的程序执行,但在本办法实施前(不含实施当日)已出让、租赁、联营入股的集体建设用地除外。

农村集体经济组织取得项目预审认定通知书后,通过出让、租赁、联营入股等方式确定项目建设运营主体的,原则上应在区级公共资源交易中心进行公开交易。

涉及市、区、镇公有资产公司,或者村级工业园连片改造提升的,经农村集体经济组织表决同意,可采用协议方式进行交易。

第九条　落实项目建设运营协议制度,建设运营协议应包括规划条件、监管单位、建筑设计要求、开竣工时间、不动产登记条件、闲置土地处置、抵押等内容,明确项目不得转租、未经批准不得转让,集体租赁住房只租不售、不得以租代售等法律法规和土地交易合同约定事项。农村集体经济组织自行建设运营的,建设运营协议由镇(街道)人民政府(办事处)与村(居)民委员会、农村集体经济组织签订;以出让、租赁、联营入股等方式流转的,由镇(街道)人民政府(办事处)与农村集体经济组织、建设运营主体签订。

南海区作为集体经营性建设用地入市改革试点地区,涉及集体建设用地使用权入市用于集体租赁住房建设的,按南海区有关规定执行,但应增加集体租赁住房的特殊条款。

第十条　区国土资源、城乡规划、住房和城乡建设等行政主管部门在核发不动产权属证书及《建设用地规划许可证》《建设工程规划许可证》《建筑工程施工许可证》时,其项目工程名称应命名为"×××集体租赁住房建设项目"。

第十一条　集体租赁住房建设以满足基本居住需求为原则,应符合安全卫生标准和节能环保要求,确保工程质量安全。

第十二条　集体租赁住房的用水、用电、用气价格按照物价行政主管部门核定的居民标准执行。

第二章　项目申请与预审认定

第十三条　集体租赁住房建设应当经区人民政府预审认定,可由所在农村集体经济组织或集体土地整备机构提出申请。

在本办法实施前(不含实施当日)已出让、租赁、联营入股的集体建设用地,经农村集体经济组织表决同意,可由建设运营主体提出申请。

配建集体租赁住房可由村级工业园改造主体提出申请。

第十四条　申请集体租赁住房建设项目预审认定的,应符合以下条件:

（一）用地符合土地利用总体规划、城乡规划要求；

（二）用地已取得享有集体土地所有权、集体建设用地使用权的不动产权属证书或已取得合法集体建设用地批文；

（三）用地未被司法机关和行政机关依法裁定、决定查封或以抵押等其他形式限制土地权利；

（四）新建集体租赁住房应符合集体租赁住房建设规划选址布局要求，宗地面积原则上不低于5亩（最小净地面积不低于2500平方米），不超过200亩；

（五）新建、配建集体租赁住房应符合集体租赁住房建设的环保要求，已按规定开展土壤环境状况调查评估，避开噪声超标或有毒有害、易燃易爆等区域，对涉及工业开发区、工业企业影响范围内的项目，已按规定委托具有资质的单位编制土地开发的环境评价报告，并由环境保护行政主管部门确认项目具备环境可行性；

（六）符合集体租赁住房建设所需的其他条件。

如未达到本条第（一）项关于城乡规划要求的，可先行申请预审认定，按照法定程序办理规划用途调整后用于集体租赁住房建设。

如未达到本条第（四）项规定条件，但确有必要申请认定为集体租赁住房建设项目的，应报区人民政府批准，按规定完善相关手续后，依照本办法实施。

第十五条　村级工业园连片改造提升建设，可结合区域统筹规划配套建设集体租赁住房。配建集体租赁住房应临近原村级工业园集中布局，并优先面向园区企业或职工出租。

第十六条　集体租赁住房建设项目预审认定的申请人应按照本办法编制《利用集体建设用地建设租赁住房项目实施方案》，项目实施方案应包括项目名称、建设地点、用地面积与四至范围、用地红线图、不动产权属证书或集体建设用地批文、土地利用现状及相关图件、土地利用总体规划及相关图件、城乡规划及相关图件、建设规模、公共服务设施配套要求及实施计划等内容。

拟由农村集体经济组织自行建设运营的，项目实施方案还应包括资金来源、运营管理、收益分配等内容。

第十七条　集体租赁住房建设项目预审认定申请应提供项目可行性评估报告，包括住房租赁市场研究、目标市场定位、目标人群来源、规划设计分析、环境影响评价、项目建设及投资计划、运营模式、成本收益测算等内容。

第十八条　申请集体租赁住房建设项目预审认定的，由申请人向镇（街道）人民政府（办事处）提交项目预审认定申请表、项目实施方案以及可行性评估报告等材料。

镇（街道）人民政府（办事处）对申请材料进行初审，并征求区国土资源、住房和城乡建设、城乡规划、环境保护等行政主管部门意见后，经农村集体经济组织表决同意，按规定公示无异议的，上报区人民政府审批。

经区人民政府审批同意，由区人民政府出具认定通知书，并报佛山市专业化住房租赁平台指导委员会备案。

第十九条　项目预审认定申请人应当在取得项目预审认定通知书1年内申请规划报建，确需延期的，应当在项目预审认定通知书有效期届满30日前向原核发机关申请办理延期手续，延长期限不得超过1年。1年内未申请规划报建、逾期不申请延期或者申请延期未批准的，集体租赁住房建设项目预审认定通知书自行失效。

第二十条　申请项目所在片区控制性详细规划或村庄规划已审批，且集体建设用地规划用途为非居住用地，但确需调整为居住用地用于集体租赁住房建设的，项目预审认定后，由项目预审认定申请人向区城乡规划行政主管部门提出调整规划申请。

经批准调整为居住用地的集体建设用地，规划应注明"租赁住房"，仅用于集体租赁住房建设，不得用于其他建设使用。

第三章　新建项目土地供应

第二十一条　农村集体经济组织可以土地所有权人身份，利用集体建设用地自行新建集体租赁住房及配套设施，也可将一定年限的集体建设用地使用权以出让、租赁、联营入股等方式流转给土地使用者，用于新建集体租赁住房及配套设施。

第二十二条　用于租赁住房的集体建设用地使用权申请交易时，应提供项目预审认定通知书，具体程序由市国土资源和城乡规划行政主管部门会同市住房和城乡建设行政主管部门另行制定。

第二十三条　集体建设用地使用权交易成功后，由交易双方签订交易合同，并按规定缴纳有关税费。

南海区作为集体经营性建设用地入市改革试点地区，涉及集体建设用地使用权交易的，应按照《财政部国土资源部关于印发〈农村集体经营性建设用地土地增值收益调节金征收使用管理暂行办法〉的通知》（财税〔2016〕41号）等文件要求，缴纳土地增值收益调节金。

第二十四条　农村集体经济组织自行新建集体租赁住房的，项目预审认定后，农村集体经济组织应按规定申请办理集体建设用地使用权登记。

以出让、联营入股等方式取得集体建设用地使用权的，合同签订后，土地使用者应按规定申请办理集体建设用地使用权登记。以租赁方式取得集体建设用地使用权的，经农村集体经济组织表决同意，土地承租人可申请办理集体建设用地使用权登记。

享有集体建设用地使用权的不动产权属证书按项目整体核发，并注明仅用于租赁住房建设，不得转租，未经批准不得转让。

第二十五条　集体建设用地使用权出让、租赁、联营入股的最高年限，不得超过同类用途国有建设用地使用权出让的最高年限。

集体建设用地使用权转让年限不得超过原土地使用年限减去已使用年限后的剩余年限。

第二十六条　农村集体经济组织自行建设运营的，经村（居）党组织审查同意、镇（街道）人民政府（办事处）审核同意、农村集体经济组织成员代表大会表决同意，可以不转移占有的方式向银行业金融机构申请抵押贷款，并到不动产登记机构办理抵押登记。

流转取得的集体建设用地使用权，经农村集体经济组织表决同意或合同约定允许抵押的，土地使用权人在按合同规定交付土地出让金或租金、领取不动产权属证书后，可以不转移占有的方式向银行业金融机构申请抵押贷款，并到不动产登记机构办理抵押登记。

第二十七条　未经区人民政府批准，建设运营主体不得转让集体建设用地使用权，集体租赁住房持有年限与土地流转年限一致。

有下列情形之一的集体租赁住房建设项目，经区人民政府同意，可整体转让集体建设用地使用权和房屋所有权：

（一）建设运营主体进行合并、重组、分立或股权转让涉及集体租赁住房产权整体转让的；

（二）集体租赁住房建设项目确需整体转让的其他情形。

集体建设用地使用权和房屋所有权整体转让时，转让人的权利、义务随之转移，受让人不得改变集体租赁住房用途，并应继续用于出租。建设运营主体破产清算的，其转让程序等按相关法律法规规章执行。

第四章　项目开发建设

第二十八条　新建集体租赁住房的建设主体在规划报建前，应按规定到工商行政主管部门登记为房地产开发企业，但农村集体经济组织自行建设运营的除外。

第二十九条　集体租赁住房应当符合城镇住房规划设计有关规定，不得设计为独栋别墅、联排别墅等低密度住宅建筑形式。未经批准不得改变土地用途、容积率等条件。

第三十条　新建集体租赁住房配建公共设施的，应当按照《城市居住区规划设计规范》（GB 50180—93）、《佛山市城市规划管理技术规定》（2015年修订版）、《佛山市公共设施配套标准》、项目规划条件等规定执行。

第三十一条　集体租赁住房应当按全装修标准规划、设计、报建及交付，装修标准应满足基本居住条件的要求，且人均租住面积不得低于市人民政府规定的最低住房保障标准。集体租赁住房小区应安装监控视频和门禁系统，具备消防安全条件。

第三十二条　新建、配建集体租赁住房竣工验收及备案按《建设工程质量管理条例》和《房屋建筑工程和市政基础设施工程竣工验收备案管理暂行办法》等规定实施。

建设主体应按规定向区住房和城乡建设行政主管部门提交租赁申请，并按要求在佛山房屋租赁交易监管服务平台进行项目备案。

第三十三条　新建集体租赁住房竣工验收备案后，应到区不动产登记机构申请房屋所有权登记。

享有房屋所有权的不动产权属证书按幢核发。

涉及房屋所有权处置的,房屋所有权应与集体建设用地使用权一并处置。

第五章 租赁运营与管理

第三十四条 集体租赁住房应当全部用于出租,不得变相销售、以租代售,不得分割转让。

集体租赁住房未办理竣工验收备案或未在佛山房屋租赁交易监管服务平台进行项目备案的,不得出租。

第三十五条 集体租赁住房的运营主体应是经工商行政主管部门登记的住房租赁企业,但农村集体经济组织自行建设运营的除外。集体租赁住房建设运营主体可委托专业租赁住房运营机构或自行承担集体租赁住房运营的具体工作。

第三十六条 集体租赁住房可面向市场出租,不限定承租主体,租金价格可由租赁双方按照市场水平协商确定。

集体租赁住房运营应按照佛山市居住房屋出租管理有关规定执行,纳入佛山房屋租赁交易监管服务平台管理,统一使用《佛山市房屋租赁合同(住宅)》(示范文本)签订房屋租赁合同,按照《佛山市房屋租赁合同登记备案规则(试行)》的规定,实行集体租赁住房租赁合同网签和备案。

第三十七条 集体租赁住房开展出租运营的,应按规定缴纳有关税费。

第三十八条 集体租赁住房运营主体应负责租赁住房的租赁管理和物业服务,物业服务可委托物业服务企业提供。

集体租赁住房小区的物业管理参照《佛山市物业管理办法》等有关规定执行。

第三十九条 运营主体符合条件的,可通过房地产投资信托基金(REITs)、租赁住房租金收益权质押、IPO、发行债券及不动产证券化等方式融资。

第四十条 经登记备案的集体租赁住房租赁合同,可作为承租人合法稳定住所的证明。集体租赁住房承租人可按照有关规定凭登记备案的住房租赁合同依法申领居住证,按规定享受新市民有关义务教育、医疗等基本公共服务。

第六章 监督检查

第四十一条 区公共资源交易中心应当严格审核交易材料,发现不符合条件的集体建设用地使用权申请交易的,不予受理交易申请,并通报区国土资源、城乡规划、住房和城乡建设、农业等行政主管部门及不动产登记机构。

第四十二条 市、区、镇住房和城乡建设行政主管部门应当依据房地产开发管理、房屋租赁的行业诚信管理办法,对管理范围内有关企业及人员的违法、违规行为予以初次扣分并发出责令限期整改通知书,限期整改不合格的从重扣分,且该企业、企业控股股东及控股股东新设立的企业一年内不得参加佛山市土地竞买。

第四十三条　集体租赁住房的监督管理按照佛山市居住房屋出租管理有关规定执行。相关部门及单位应当根据监管职责及工作内容，明确责任分工，落实专岗专人，形成监管责任体系。接到涉及集体租赁住房违法违规违约的投诉、举报时，应及时受理，并按有关规定和项目建设运营协议追究责任。

第四十四条　村（居）民委员会、农村集体经济组织应当全程参与集体租赁住房建设项目预审认定、土地供应、建设、运营的动态巡查，防范和制止未竣工投入使用、预租、以租代售等违法违规违约行为，并及时上报镇（街道）人民政府（办事处）及有关部门。

第四十五条　区人民政府应当建立区各部门、镇（街道）人民政府（办事处）、村（居）民委员会、农村集体经济组织的集体租赁住房联合监管责任机制，将集体租赁住房建设项目预审认定、土地供应、建设、运营等监管工作纳入区各部门、镇（街道）人民政府（办事处）、村（居）民委员会、农村集体经济组织年度绩效考核，作为区各部门、镇（街道）人民政府（办事处）、村（居）民委员会、农村集体经济组织领导班子成员的奖惩依据。

第四十六条　建设运营主体、租赁住房运营机构未办理工商登记的，由工商行政主管部门责令限期整改；未竣工验收备案出租住房的，由住房和城乡建设行政主管部门责令限期改正；未查验承租人身份证件或者未如实记载相关信息的，由公安机关依照《广东省租赁房屋治安管理规定》等规定予以处罚。

第七章　附则

第四十七条　市、区、镇级国有专业化住房租赁平台可通过投资、团租或扶持奖励等多种措施，将集体租赁住房纳入保障性住房，并依照保障性住房的现行法律法规进行管理，享受相关税费优惠政策。

第四十八条　本办法对集体租赁住房的租赁管理有明确规定的，按本办法执行；未明确的，按照佛山市居住房屋出租管理有关规定执行。

第四十九条　配建集体租赁住房具体细则由市国土资源和城乡规划行政主管部门会同市住房和城乡建设行政主管部门另行制定。

房屋租赁企业或者农村集体经济组织可利用宅基地上房屋、村民公寓或村集体自有居住用途物业，实施统一改造，改善基础设施及环境，达到消防、安全等验收条件后，用于住房租赁，具体细则由市国土资源和城乡规划行政主管部门会同市住房和城乡建设行政主管部门另行制定。

市相关职能部门、各区人民政府可根据本办法制定配套政策，报佛山市专业化住房租赁平台指导委员会备案后实施。

第五十条　本办法中有关"农村集体经济组织表决"的程序及方式应符合省、市、区农村集体资产管理的现行规定。

第五十一条　本办法由市国土资源和城乡规划行政主管部门负责解释。

第五十二条　本办法自印发之日起实施，有效期至 2020 年 12 月 31 日。相关法律、法规依据变化或有效期内实施情况变化时，可依法评估修订。

佛山市南海区人民政府关于印发《佛山市南海区利用农村集体建设用地建设租赁住房管理试行办法》的通知

南府〔2018〕22号

各镇人民政府、街道办事处，区直局以上单位：

现将《佛山市南海区利用农村集体建设用地建设租赁住房管理试行办法》印发给你们，请认真贯彻执行。执行过程中遇到的问题，请径向区国土城建和水务局（住建、国土）反映（联系电话：86280770、86369810）。

佛山市南海区人民政府
2018年4月18日

佛山市南海区利用农村集体建设用地建设租赁住房管理试行办法

第一章 总则

第一条 为加快房地产市场供给侧结构性改革和建立租购并举住房制度体系，稳妥有序开展利用农村集体建设用地建设租赁住房试点工作，根据《国务院办公厅关于加快培育和发展住房租赁市场的若干意见》（国办发〔2016〕39号）、《国土资源部住房城乡建设部关于印发〈利用集体建设用地建设租赁住房试点方案〉的通知》（国土资发〔2017〕100号）、《佛山市人民政府办公室关于印发佛山市开展全国租赁试点加快培育和发展住房租赁市场实施方案的通知》（佛府办函〔2017〕440号）等规定，结合我区实际，制定本办法。

第二条 佛山市南海区行政辖区范围内利用农村集体建设用地建设租赁住房，适用本办法。

本办法所称利用农村集体建设用地建设租赁住房（以下简称"集体租赁住房建设"）是指利用符合土地利用总体规划、城乡规划确定的宗地用途为居住用地的农村集体建设用地建设租赁住房及配套设施，并出租住房的行为。

第三条　集体租赁住房建设遵循"政府主导、规划先行、整体确权、只租不售"的原则。

第四条　农村集体建设用地属村（居）集体经济组织所有，农村集体建设用地用于租赁住房建设不改变土地所有权性质。

第五条　佛山市南海区专业化住房租赁平台指导委员会负责牵头组织和统筹协调整体试点工作，具体负责定期召开试点工作联席会议，及时通报试点进展情况，会商和解决相关问题。

第六条　区住建、国土、城乡统筹、发改、规划、财政、环保、消防等有关部门及税务机关，各镇人民政府（街道办事处），村（居）集体经济组织应当在区人民政府统一领导下，按照各自职责，协同做好集体租赁住房建设的相关工作：

（一）区住建部门负责对集体租赁住房项目的建设质量安全监督、租赁住房物业管理、房屋租赁备案、租赁信息采集、调处住房租赁纠纷、住房租赁市场管理、规范住房租赁机构、从业人员信用管理等方面进行监督管理。

（二）区国土部门负责不动产登记工作，出让调节金的征收，按《佛山市南海区农村集体资产管理交易办法》（南府〔2016〕12号）指导镇（街道）实施集体租赁住房用地入市交易审批、交易程序的规范、签订项目监管协议、土地出让合同的履约监管。

（三）区城乡统筹办负责指导镇（街道）集体租赁住房用地入市交易项目申请受理、民主议事程序、相关资料完整性审查、监督地价款分配使用。

（四）区发改部门按照审批权限负责集体租赁住房建设项目立项审核、建设工程招标投标工作。

（五）区规划部门负责协助租赁住房主管部门编制集体租赁住房建设规划，并将有关要求落实到控规中，协助出具规划条件、变更土地使用功能的规划审核意见。

（六）区财政部门、税务机关负责明确集体租赁住房用地交易及其租赁收益等相关税费政策。

（七）区流管部门受公安、住建、卫计等部门的委托，开展居住房屋租赁合同登记备案、居住登记、居住证办理、计划生育管理等相关工作。

（八）区公资办负责成立区国有专业化住房租赁运营机构，统筹区政府持有集体租赁住房的投资、融资、新建、改建和运营管理工作。

（九）区相关部门应当按照佛山市及南海区租赁住房管理相关规定，依法加强集体租赁住房项目建设和租赁的经营、治安、消防、户籍、人口计生和城市管理综合执法等监督管理工作。

（十）镇人民政府（街道办事处）应当落实属地负责、属地管理的原则，负责集体租赁住房用地入市交易审批，具体项目的组织、指导和监督，建立并落实住房租赁监督管理的常态化、网格化管理制度，将住房租赁管理纳入社区综合管理的范围，协调和处理辖区内住房租赁事务和纠纷，承担房屋租赁合同登记备案工作。

（十一）村（居）党组织、自治组织和集体经济组织应当协助配合政府及有关部门做好集体租赁住房建设和租赁经营的监督管理工作，一旦发现问题及时上报政府及有关部门，严防出现以租代售现象。

第七条 集体租赁住房建设用地按照居住用地标准进行规划和管理，仅用于租赁住房建设。

第八条 集体租赁住房的建设类型、用地规划、空间布局应结合城乡发展和产业整体布局，在环保、安全防护等前提下，按照基础设施完备，医疗、教育等公共设施配套齐全的要求，优先在工业园区、大学园区、产业发展保护区等产业相对完备、居住配套不足的区域布局。

第九条 集体租赁住房项目须由佛山市、南海区或各镇（街道）公有资产公司（以下简称"公有资产公司"）成立的住房租赁企业（以下简称"建设运营主体"）进行开发建设，建设运营主体应按照《房地产开发企业资质管理规定》取得房地产开发资质；建设运营主体的公有成分不低于51%。

第十条 区国土、规划、住建部门在核发不动产权属证书、建设工程规划许可证、施工许可证时，应当凭认定文件进行审批，其项目工程名称应命名为"×××集体建设用地租赁住房项目"，土地用途为"城镇住宅用地（集体租赁住房）"，房屋权利性质为"集体租赁住房"。

第十一条 新建集体租赁住房建设以满足基本居住需求为原则，应符合安全卫生标准和节能环保要求，确保工程质量安全。

第十二条 集体租赁住房的用水、用电、用气价格按照居民标准执行。

第二章 项目申请与认定

第十三条 农村集体建设用地申请认定为集体租赁住房项目的，由所在村（居）集体经济组织提出申请。公有资产公司已取得入市后集体建设用地使用权或者集体建设用地已托管给集体土地整备中心的，经村（居）集体经济组织同意可由公有资产公司或集体土地整备中心提出申请。

第十四条 集体租赁住房项目申请认定必须同时符合以下条件：

（一）用地符合土地利用总体规划、城乡规划要求。

（二）用地已取得享有集体土地所有权、集体建设用地使用权的不动产权属证书。

（三）用地未作为农村集体经营性建设用地入市，但公有资产公司已取得入市后集体建设用地使用权的除外。

（四）用地未被司法机关和行政机关依法裁定、决定查封或以抵押等其他形式限制土地权利。

（五）宗地面积达到15亩以上。

（六）符合环保要求，已按规定开展土壤环境状况调查评估，避开噪声超标或有毒有害、易燃易爆等区域，对涉及工业开发区、工业企业影响范围内的项目，已按规定委托具有资质的单位编制土地开发的环境评价报告，并由环保行政主管部门确认其地块的项目具备环境可行性。

（七）符合集体租赁住房建设规划选址布局要求。

（八）符合集体租赁住房建设所需的其他条件。

如未达到上述规定条件，但确有必要申请认定集体租赁住房项目的，须报区人民政府批准。

第十五条　集体租赁住房项目申请认定，村（居）集体经济组织、公有资产公司或集体土地整备中心须提交《佛山市南海区利用农村集体建设用地建设租赁住房项目认定审批表》，并按照本办法编制《农村集体建设用地租赁住房项目实施方案》，方案包括：项目名称、建设地点、用地面积与四至范围、用地红线图、土地权属证书、土地利用现状及相关图件、土地利用总体规划及相关图件、城乡规划及相关图件、项目推进计划等内容。

第十六条　集体租赁住房建设项目实施方案须由村（居）集体经济组织进行表决，表决同意并公示的，提交申请材料经镇人民政府（街道办事处）审查通过后上报佛山市南海区专业化住房租赁平台指导委员会，由佛山市南海区专业化住房租赁平台指导委员会复审并征求住建、国土、规划、发改、城乡统筹、环保等部门意见后，报区人民政府审批。经区人民政府审批通过的，由佛山市南海区专业化住房租赁平台指导委员会出具集体租赁住房建设项目认定通知书。

第十七条　申请单位取得集体租赁住房建设项目认定批文后，应当在六个月内完成集体经营性建设用地入市程序，需要延期的，应当在集体租赁住房建设项目认定批文有效期届满三十日前向原核发机关申请办理延期手续，延长期限不得超过六个月。六个月未完成集体经营性建设用地入市程序、逾期不申请延期或者申请延期未批准的，集体租赁住房建设项目认定批文自行失效。

第十八条　区规划部门应当在该项目宗地的规划条件中明确集体租赁住房总建筑面积、单套建筑面积、套数、套型比例等内容。

区住建部门应明确试点项目装修标准和租赁要求。

区国土部门应当将集体租赁住房的规划条件、开发建设、租赁管理事项落实到项目监管协议的相关条款中予以明确。

集体租赁住房用地的容积率指标必须大于1.5，在符合城市规划控制指标的前提下，适当预留公共绿地，为今后改造提升预留空间。

第三章　集体租赁住房用地供应

第十九条　村（居）集体经济组织和集体土地整备中心取得集体租赁住房建设项目认定批文后，可以协议方式将集体租赁住房用地使用权出让给建设运营主体；集体租赁住房用地使用权交易的流程参照南海区农村集体经营性建设用地入市管理有关规定执行，集体租赁住房用地使用权交易有关材料报镇（街道）联席会议审核时须提供项目认定文件。

第二十条　落实住房租赁税收优惠有关规定，集体租赁住房用地交易成功后，由土地所有权人或集体土地整备中心与土地使用者签订交易合同，并缴纳相关税费和土地增值收益调节金。

集体租赁住房用地土地增值收益调节金实行差别化征收：

（一）属于城市更新（"三旧"改造）项目或农村集体建设用地片区综合整治项目内地块的，按入市收入的10%收取；

（二）其他地块按入市收入的15%收取。

第二十一条　交易双方在入市交易合同签订时应当同时与镇人民政府（街道办事处）签订集体租赁住房项目监管三方协议，明确规划条件、监管单位、开竣工时间、不动产登记条件、租赁管理、闲置土地处置等内容，明确相关法律法规和租赁合同约定事项，强化不得以租代售、不得转租的硬性约束。

第二十二条　利用农村集体建设用地建设的集体租赁住房项目用地应当整体确权，不得分拆确权。

第二十三条　集体租赁住房用地使用权出让、作价出资（入股）的最高年限，不得超过同类用途国有建设用地使用权出让的最高年限。

第二十四条　未经区人民政府批准，建设运营主体不得转让集体租赁住房用地使用权，集体租赁住房持有年限与土地出让年限一致。

有下列情形之一的集体租赁住房项目，经镇人民政府（街道办事处）审核，报区人民政府审批，可整体转让集体租赁住房用地使用权和房屋所有权：

（一）建设运营主体破产清算，其自持集体租赁住房按相关法律法规规定处理的；

（二）建设运营主体进行合并重组或股权转让涉及集体租赁住房产权整体转让的；

（三）集体租赁住房项目可以转让的其他情形。

集体租赁住房产权整体转让后，不得改变自持集体租赁住房用途，并应继续用于出租。

第四章　开发建设

第二十五条　集体租赁住房建设项目允许配建适量的商业用房用于出租，商业用房配建比例不得超过项目总建筑面积的15%。

第二十六条　集体租赁住房建设项目不得设计为独栋别墅、联排别墅等低密度住宅建筑形式。

第二十七条　成套建设的集体租赁住房，套型结构和面积标准设计应执行国家住宅设计规范的有关规定。

以集体宿舍形式建设的集体租赁住房，应执行现行宿舍建筑设计规范的有关规定，人均住房建筑面积不得低于5平方米。

第二十八条　集体租赁住房出租前，建设运营主体应对房屋进行全装修。装修标准应当符合相关标准规范对基本居住条件的要求。

第二十九条　集体租赁住房在出租前应在区不动产登记机构按幢登记核发享有房屋所有权的不动产权属证书，并注明"集体租赁住房，不得改变租赁住房用途，不得以租代售，不予分割办理单元产权证，未经许可不得转让"。

第三十条　公共服务设施设置要求应按照《城市居住区规划设计规范》（GB 50180—93）、《佛山市国土资源和城乡规划局关于印发〈佛山市公共设施配套标准〉的通知》（佛国土规划通〔2016〕36号）执行。

第三十一条　集体租赁住房小区须安装监控视频和门禁系统，并应具备消防安全条件。

第三十二条　建设运营主体可将集体租赁住房用地使用权整体作为债务担保向银行机构申请抵押贷款。

集体租赁住房竣工验收后，建设运营主体可以集体租赁住房租金收益权作为债务担保向银行机构申请贷款。

第五章　租赁管理

第三十三条　集体租赁住房建设运营主体可委托专业租赁住房运营机构承担集体租赁住房运营的具体工作，建设运营主体亦可自行运营。

第三十四条　集体租赁住房可面向市场进行供应，不限定承租主体，租金价格由租赁双方按照市场水平协商确定。

第三十五条　集体租赁住房应全部用于租赁，不得销售。

集体用地租赁住房项目未取得建筑工程竣工验收备案证明文件前，不得出租。

集体租赁住房对外出租单次租期不得超过10年，不得以一次性转让或出租物业（房屋）使用权等形式变相出售。

第三十六条　集体租赁住房出租应签订房屋租赁合同，约定租赁期限、租赁用途、租金及其支付期限和方式、承租人不得转租、修缮责任、违约责任等条款，以及双方的其他权利和义务。

房屋租赁合同签订时，集体租赁住房建设运营主体应查验承租人身份证件，建立信息登记簿或者登记系统，并将相关登记信息报所在地公安机关备案。集体租赁住房租赁双方应及时到项目所在住建管部门办理房屋租赁合同登记备案手续。

第三十七条　集体租赁住房运营主体应负责租赁住房的租赁管理和物业服务，物业服务可委托有资质的物业服务企业提供。

集体租赁住房小区的物业管理参照《佛山市物业管理办法》等相关文件执行。

第三十八条　建立租赁住房信用系统，对违反集体租赁住房相关规定的行为主体予以记录、公示。对违反集体租赁住房相关规定的建设运营主体、租赁住房运营机构、物业服务企业，由住建部门、镇（街道）房管所根据《佛山市住房和城乡建设管理局房地产行业诚信管理办法》予以记录并进行诚信扣分处理；违规违约严重的，由区国土部门限制其一年内不得参与土地竞买活动。

第三十九条　未经批准擅自建设租赁住房或者将租赁住房销售的，各镇人民政府（街道办事处）应要求其立即停止违法违规行为，并报区相关职能部门依法予以查处。

第六章　法律责任

第四十条　主管部门及其工作人员在集体土地租赁住房建设、管理工作中不履行本办法规定的职责，或者滥用职权、玩忽职守、徇私舞弊的，对直接负责的主管人员和其他直接责任人员依法给予处分；构成犯罪的，依法追究刑事责任。

第四十一条　承租人违反本办法规定的，由区住建部门记入租赁住房管理档案，并按相关法律、法规予以处罚；造成损失的，依法承担赔偿责任。

第四十二条　建设运营主体、租赁住房运营机构未办理机构备案的，由住建部门责令限期改正；未查验承租人身份证件或者未如实记载相关信息的，由公安机关依照《广东省租赁房屋治安管理规定》等文件规定予以处罚。

第七章　附则

第四十三条　村级工业园改造提升、农村集体建设用地片区综合整治、重点产业等项目的产业园区开发建设运营主体，可将计容建筑面积不超过总计容建筑面积的20%配套用房用地用于配套建设集体租赁住房，土地用途可按现状用途，并注明"配套集体租赁住房"，不动产权属证书须登记在产业园区开发建设运营主体名下。

具体办法另行发文规定。

第四十四条　集体租赁住房的居住配套设施可参照南海区土地出让和开发建设前置要素联席会议制度进行管理。

第四十五条　区国土、规划、住建等部门应根据本办法制定配套政策，完善利用农村集体建设用地建设租赁住房制度。

第四十六条　本办法由区住建部门商区国土部门负责解释。

第四十七条　本办法自印发之日起实施，有效期两年。相关法律、法规依据变化或有效期内实施情势变化时，可依法评估修订。

肇　庆

肇庆市人民政府关于印发
《肇庆市住房租赁试点工作实施方案》的通知

肇府函〔2017〕457号

各县（市、区）人民政府，肇庆高新区管委会，肇庆新区管委会，市政府有关部门、直属有关单位：

现将《肇庆市住房租赁试点工作实施方案》印发给你们，请认真贯彻执行。执行过程中遇到的问题，请径向市住房城乡建设局反映。

肇庆市人民政府
2017年8月27日

肇庆市住房租赁试点工作实施方案

为全面贯彻党的十八大和十八届三中、四中、五中、六中全会精神，认真贯彻落实习近平总书记对规范开展住房租赁市场的重要指示精神，按照中央经济工作会议、中央财经领导小组第十四次会议和《国务院办公厅关于加快培育和发展住房租赁市场的若干意见》（国办发〔2016〕39号）、《住房城乡建设部等关于在人口净流入的大中城市加快发展住房租赁市场的通知》（建房〔2017〕153号）和《广东省人民政府办公厅关于加快培育和发展住房租赁市场的实施意见》（粤府办〔2017〕7号）等工作部署要求，准确把握住房的居住属性，以满足市民住房需求为主要出发点，以建立购租并举的住房制度为主要方向，结合我市实际，制定本方案。

一、工作目标

（一）近期目标。

2017年至2018年间，住房租赁平台首批房源投入使用，逐步形成成熟的平台经营模式，发挥良好的示范效果。同时，建立健全住房租赁制度保障体系，为实现远期目标打下基础。

(二)远期目标。

到2020年,打造出"两个平台"(国有专业化住房租赁平台和住房租赁交易服务平台),培育一批国有和民营的机构化、规模化住房租赁企业,建成信息共享、服务全面、监管有力的政府住房租赁交易服务平台,基本形成"两个市场"(供给多样化住房租赁市场和消费多元化住房租赁市场),实现降低租赁市场的"三个成本"(交易成本、信息搜寻成本和维权成本),确保住房租赁市场便利,供应主体、消费多元化和租赁关系稳定。

二、重点工作

(一)培育多样化市场供应主体。

1.推进专业化住房租赁企业发展。充分发挥国有企业的引领和带动作用,推进市级住房租赁平台首批房源投入使用。充分发挥市场作用,鼓励民营的专业化住房租赁企业发展。同时将加快出台《关于培育和发展专业化住房租赁企业的指导意见》,通过政策引导和发挥市级住房租赁平台示范效应,激活我市住房租赁企业向市场化、专业化、规模化发展,争取到2020年基本形成多元化住房租赁市场主体协同发展的格局。[责任单位:市国资委、市住房城乡建设局、市国土资源局、市财政局、市工商局、市国税局、市地税局,市建鑫住房租赁有限公司,各县(市、区)人民政府,肇庆高新区管委会、肇庆新区管委会]

2.鼓励房地产开发企业开展住房租赁业务。扶持金融机构按照依法合规、风险可控、商业可持续发展的原则,对开展住房租赁业务的房地产开发企业提供金融支持,引导房地产开发企业利用已建成住房或新建住房开展租赁业务;鼓励房地产开发企业与住房租赁企业合作,发展租赁地产。[责任单位:人行肇庆市中心支行、市金融局、市财政局、市国税局、市地税局、市住房城乡建设局、市工商局,各县(市、区)人民政府,肇庆高新区管委会、肇庆新区管委会]

(二)探索多渠道租赁住房供应。

1.增加租赁住房用地供应,鼓励新建和配建租赁住房。将新建租赁住房纳入住房发展规划,在年度土地供应计划中予以安排,引导土地、资金等资源合理配置。探索结合城区"三旧改造""城市更新""棚户区改造"等方式增加租赁住房用地有效供应。探索通过"限地价、竞配建"方式配建租赁住房。新建租赁住房项目用地以招标、拍卖、挂牌方式出让的,出让方案和合同中应明确规定持有出租的年限。争取到2020年形成一定规模的新建、配建租赁住房房源。[责任单位:市国土资源局、市城乡规划局、市住房城乡建设局,各县(市、区)人民政府,肇庆高新区管委会、肇庆新区管委会]

2.允许改建房屋用于租赁。允许将在建、建成、库存的商业用房按规定改建为租赁住房,土地使用年限和容积率不变,改建后用水、用电、用气价格按照居民标准执行。

公安消防等有关职能部门按照改建后的实际使用性质进行审批。[责任单位：市城乡规划局、市国土资源局、市住房城乡建设局、市公安消防局、广东电网公司肇庆供电局、市水务集团公司，各县（市、区）人民政府，肇庆高新区管委会、肇庆新区管委会]

（三）支持多元化住房租赁消费。

1. 搭建住房租赁交易服务平台。通过建立住房租赁交易服务平台，提供便捷的住房租赁信息发布和房源信息核验服务。规范住房租赁流程，推行统一的住房租赁合同示范文本，明确各方权利义务。逐步实现住房租赁合同网上签约备案，规范市场行为，保障租赁双方合法权益，稳定租赁关系。争取到2018年底建立相对完善的住房租赁交易服务平台。[责任单位：市住房城乡建设局、市工商局，各县（市、区）人民政府，肇庆高新区管委会、肇庆新区管委会]

2. 创新住房租赁管理和服务体制。建立部门相互协作配合的工作机制，明确住房城乡建设、城乡规划、国土、发展改革、公安、人社、教育、卫计、金融、财税、工商、公积金等部门在规范发展住房租赁市场工作中的职责分工，推进部门间信息共享，合力建设好国有专业化住房租赁平台和住房租赁交易服务平台。充分发挥街道、乡镇，尤其是居民委员会和村民委员会等基层组织以及物业服务企业等的作用，推行住房租赁网格化管理，并建立纠纷调处机制。[责任单位：市住房城乡建设局、市发展改革局、市教育局、市公安局、市财政局、市人力资源社会保障局、市国土资源局、市卫生和计划生育局、市城乡规划局、市工商局、市金融局、市国税局、市地税局、人行肇庆市中心支行、市住房公积金管理中心，各县（市、区）人民政府，肇庆高新区管委会、肇庆新区管委会]

3. 落实税收优惠。对依法登记备案的住房租赁企业、机构和个人，给予税收优惠政策支持。落实营改增关于住房租赁的有关政策，对个人出租住房的，由按照5%的征收率减按1.5%计算缴纳增值税；对个人出租住房月收入不超过3万元的，2017年底之前可按规定享受免征增值税政策；对房地产中介机构提供住房租赁经纪代理服务，适用6%的增值税税率；对一般纳税人出租在实施营改增试点前取得的不动产，允许选择适用简易计税办法，按照5%的征收率计算缴纳增值税。对个人出租住房所得，减半征收个人所得税；对个人承租住房的租金支出，结合个人所得税改革，统筹研究有关费用扣除问题。[责任单位：市国税局、市地税局、市财政局、市住房城乡建设局、市国土资源局，各县（市、区）人民政府，肇庆高新区管委会、肇庆新区管委会]

4. 完善住房租赁支持政策。各相关部门、各县（市、区）人民政府和肇庆高新区管委会、肇庆新区管委会要制订支持住房租赁消费的优惠政策措施，引导城镇居民通过租房解决居住问题。引导金融机构推出住房租赁相关金融服务性产品、信贷产品，给予租房贷款优惠政策。落实职工提取住房公积金支付房租政策，简化办理手续。逐步实现承租人可按有关规定凭登记备案的住房租赁合同申领居住证，按照有关政策享受义务教育、医疗等基本公共服务。[责任单位：市住房租赁试点工作领导小组各成员单位]

（四）加强多方面住房租赁监管。

1.规范住房租赁中介机构。充分发挥中介机构作用，提供规范的居间服务。建立完善住房租赁企业、中介机构和从业人员信用管理制度，加强市场主体信用记录管理，设置住房租赁网签端口权限，规范住房租赁中介机构行为，促进中介机构依法经营、诚实守信、公平交易。引导成立房地产中介、房地产租赁行业组织，建立行业自律规范，开展行业自律工作。[责任单位：市住房城乡建设局、市工商局、市发展改革局、人行肇庆市中心支行，市房地产行业协会，各县（市、区）人民政府，肇庆高新区管委会、肇庆新区管委会]

2.加强住房租赁市场监管。各部门结合自身职能建立健全住房租赁相关制度及实施细则；按照职责分工，依法查处利用出租住房从事违法经营活动的行为；公安部门要加强对出租住房治安管理和住房租赁当事人的居住登记；住建部门要加强对住房租赁市场的监测，及时了解掌握、分析研判住房租赁市场状况，为政府决策提供数据基础。[责任单位：市住房租赁试点工作领导小组各成员单位]

三、保障措施

（一）组织保障。市政府成立市住房租赁试点工作领导小组，市政府主要领导任组长，分管领导任副组长，成员包括各县（市、区）政府、肇庆高新区管委会、新区管委会的主要领导和市委宣传部、市编办、市发展改革局、市教育局、市公安局、市财政局、市人力资源社会保障局、市国土资源局、市住房城乡建设局、市卫生和计划生育局、市国资委、市工商局、市城乡规划局、市金融局、市公安消防局、市住房公积金管理中心、市水务集团公司、市国税局、市地税局、人行肇庆市中心支行、广东电网公司肇庆供电局、市房地产行业协会、市建鑫住房租赁有限公司主要负责人。领导小组办公室设在市住房城乡建设局，负责住房租赁试点相关工作的统筹协调、督促落实和信息沟通等日常工作。各县（市、区）人民政府及肇庆高新区管委会、肇庆新区管委会对本行政区域内的住房租赁市场管理负总责，并建立多部门联合监管体制，明确职责分工，确保住房租赁试点各项工作有效推进。

（二）机构保障。充分发挥已有的房屋租赁管理机构作用，由房屋租赁管理机构承担对住房租赁市场的培育发展和监督管理服务等工作。[责任单位：市编办、市住房城乡建设局]

（三）宣传保障。加大宣传引导力度，营造试点氛围，鼓励住房租赁消费。利用报刊、电视、广播等传统媒体以及门户网站、肇庆发布、肇庆手机台等新媒体，广泛宣传培育和发展住房租赁市场的政策导向，及时报道我市住房租赁市场发展动态，积极引导消费者树立理性住房消费观念，努力营造良好的租赁消费氛围。[责任单位：市委宣传部，各县（市、区）人民政府，肇庆高新区管委会、肇庆新区管委会]

肇庆市自然资源局关于印发《肇庆市利用集体建设用地建设租赁住房试行办法》的通知

肇自然资规字〔2020〕2号

各县（市、区）人民政府，肇庆高新区管委会，肇庆新区管委会，粤桂合作特别试验区（肇庆）管委会，市政府各部门、直属各单位：

《肇庆市利用集体建设用地建设租赁住房试行办法》已经十三届92次市政府常务会议审议通过，现印发给你们，请认真贯彻执行。执行过程中遇到的问题，请径向市自然资源局反映。

肇庆市自然资源局
2020年3月26日

肇庆市利用集体建设用地建设租赁住房试行办法

第一章 总则

第一条（目的与依据）

为贯彻党中央、国务院关于培育和发展住房租赁市场的决策部署，加快房地产市场供给侧结构性改革和建立租购并举的住房制度体系，根据《国土资源部住房城乡建设部关于印发〈利用集体建设用地建设租赁住房试点方案〉的通知》（国土资发〔2017〕100号）、《广东省人民政府办公厅关于加快培育和发展住房租赁市场的实施意见》（粤府办〔2017〕7号）、《肇庆市人民政府关于印发肇庆市住房租赁试点工作实施方案的通知》（肇府函〔2017〕457号）等文件要求，积极稳妥推进我市利用集体建设用地建设租赁住房试点工作，构建租购并举的住房体系和城乡统一的建设用地市场，结合我市实际，制定本办法。

第二条（适用范围）

肇庆市行政辖区范围内利用集体建设用地建设租赁住房，适用本办法。

本办法所称利用集体建设用地建设租赁住房（以下简称"集体租赁住房建设"），是指利用符合土地利用总体规划、城乡规划确定的宗地用途为住宅用地（含住宅兼容商服用地）的集体建设用地建设租赁住房及配套设施，并出租的住房。

本办法所称新建集体租赁住房，是指利用符合土地利用总体规划、城乡规划确定的宗地用途为住宅用地（含住宅兼容商服用地）的集体建设用地新建租赁住房及配套设施，并出租的住房。

本办法所称存量集体租赁住房，是指村存量房屋的所有权人或村（居）集体经济组织将房屋委托给住房租赁企业，由住房租赁企业对符合条件的房屋实施统一改造，统一改善基础设施及环境，通过房屋质量检验及消防验收后，用于租赁的住房。

第三条（基本原则）

集体租赁住房建设应遵循"政府引导，规划统筹，整体确权，只租不售"的原则。

第四条（所有权性质）

集体建设用地属村（居）集体经济组织所有，集体建设用地用于租赁住房建设不改变土地所有权性质。

第五条（年度计划）

各县（市、区）政府、肇庆新区管委会应当根据土地利用总体规划、城乡规划、产业规划及住房租赁市场的实际需求，将利用集体建设用地建设租赁住房纳入住宅用地供应年度计划。

第六条（工作联席会议）

利用集体建设用地建设租赁住房试点工作领导小组办公室负责建立多部门联合监管体制、明确职责分工、统筹协调试点相关工作和定期召开联席会等工作，确保利用集体建设用地建设住房租赁试点各项工作有效推进。

第七条（工作职责）

市自然资源、住房和城乡建设等相关部门，以及各县(市、区)政府、肇庆新区管委会，村（居）集体经济组织应当在领导小组的领导下，按照各自职责，协同做好集体租赁住房建设的相关工作。

（一）市自然资源局负责研究制订全市利用集体建设用地建设租赁住房的工作方案、政策措施和用地年度供应计划的具体工作；负责项目用地供应管理、不动产登记等工作；对集体租赁住房项目出具规划意见，明确建设项目配套建设公共服务设施清单，涉及地块规划调整的，依照法定程序报批。

（二）市住房和城乡建设局负责研究制定集体租赁住房建设标准、租赁管理办法，指导各县（市、区）住房和城乡建设部门对集体租赁住房项目的工程审批、建设质量安全监督、租赁住房物业管理、房屋租赁备案、租赁信息采集；市住房和城乡建设局和市场监督管理局共同负责研究制定住房租赁合同规范文本，指导各县（市、区）住建、市场监督管理部门对住房租赁市场管理、规范住房租赁机构等方面进行监督管理。

（三）市发展改革局负责做好集体租赁住房建设项目立项审批工作，配合相关部门拟定人口和计划生育、科学技术、教育、文化、卫生、民政等发展政策。

（四）各县（市、区）政府作为试点推进实施责任主体，负责具体试点项目选址、用地管理、租赁住房建设及运营管理的组织、指导和监督；对于未经批准擅自建设租赁住房或者将租赁住房进行销售的，应当依法予以查处，切实防止对外出售和以租代售；依法加强集体租赁住房项目建设和租赁的治安、消防、户籍、人口计生、规划、税务、建筑安全和维稳等监督管理工作。

第八条（用地性质）

集体租赁住房建设用地按照城镇住宅用地标准进行规划和管理，仅用于租赁住房建设。

第九条（基本居住需求）

集体租赁住房建设以满足基本居住需求为目标，应符合安全卫生标准和节能环保要求，确保工程质量安全。

第十条（水电气价格）

集体租赁住房的用水、用电、用气价格按照居民标准执行。

第二章 项目申报程序

第十一条（项目选址）

集体租赁住房建设用地应结合城乡发展和产业整体布局确定用地规模、空间布局。在符合环保、安全防护等前提下，要求周边基础设施完备，医疗、教育等公共设施配套齐全，优先在工业园区、高新技术产业区等产业相对完备、居住配套不足的区域布局。

项目选址必须同时符合以下条件：

（一）用地符合土地利用总体规划、城乡规划要求；

（二）用地已取得集体土地所有权、集体建设用地使用权的不动产权属证书，权属没有纠纷；

（三）用地未被司法机关和行政机关依法裁定、决定查封或以抵押等其他形式限制土地权利；

（四）符合集体租赁住房建设所需的其他条件。

第十二条（确定项目范围与开发模式）

项目范围与开发模式的选择，须经村集体经济组织三分之二以上村民代表表决同意并公示无异议。

开发模式包括以下三种：

（一）村（居）集体经济组织自行开发；

（二）以出让或作价入股（出资）等方式合作开发；

（三）以租赁方式开发。

第十三条（项目申请）

集体租赁住房建设项目申请须由村（居）集体经济组织向所在地的县级自然资源主管部门提出。村（居）集体经济组织须填写《集体租赁住房项目申请表》（范本见附件），并提供土地权属证书、《合作开发协议》等申请材料。

《合作开发协议》需明确用地情况、规划条件、合作期限、收益分配等内容，范本见附件。

第十四条（项目审核）

县级自然资源主管部门对申请材料进行初审，并征求住房和城乡建设、发展改革等部门意见后，经县（市、区）人民政府同意，上报市级自然资源主管部门。市级自然资源主管部门出具审核意见报肇庆市人民政府核发项目批复（范本详见附件）。

第十五条（认定批文时效）

申请单位应当在取得项目认定批复文件半年内申请规划报建。逾期未申请规划报建、不申请延期或者申请延期未批准的，集体租赁住房建设项目认定批复文件自行失效。

因自然灾害等不可抗力确需延期的，应当在认定批复文件有效期届满三十日前向原合法机关申请办理延期手续，延长期限不得超过三个月。

第三章　确定实施主体与编制实施方案

第十六条（选择合作企业的方式）

以联营、入股、租赁等方式合作开发的，须公开选择合作企业。以土地租赁方式开发的，土地未租赁的，以公开方式选择合作企业。土地在本办法实施前已存在租赁关系，且租赁合同无争议的，经集体研究决定并收回后，以公开方式选择合作企业，在同等条件下优先确定原承租人为合作对象。以存量房屋出租开发的，须公开选择实施主体。

第十七条（开发实施主体要求）

新建集体租赁住房项目须由集体经济组织的全资公司单独或与合作企业共同成立住房租赁企业（以下简称"开发实施主体"）进行开发建设，以存量住房租赁方式开发的由公开选择的企业作为开发主体。

建设工程施工许可证确定的建设单位应该与取得用地批准手续及建设工程规划许可证的建设单位一致。

第十八条（公开选择的流程）

集体经济组织利用集体建设用地建设租赁住房公开选择合作企业按以下流程操作：

（一）集体经济组织根据拟开发用地范围、面积、区位、权利人、规划情况，制定的合作开发方案，需通过村（居）集体公开表决程序确定。

（二）通过的合作开发方案，通过公共资源交易平台进行招拍挂交易，村（居）集体根据合作意向企业项目计划方案、收益分配方案，公开选定合作企业。

第十九条（签订合作协议）

村（居）集体经济组织与开发实施主体签订集体租赁住房项目合作协议，明确规划条件、建筑设计要求、开竣工时间、租赁管理事项、不动产登记条件、收益分配、履约保证金等内容。

第二十条（实施方案编制）

开发实施主体应按照本办法编制《利用集体建设用地建设租赁住房项目实施方案》（以下简称"项目实施方案"），方案包括：项目名称、建设地点、用地面积与四至范围、用地红线图、土地权属证书、土地利用现状及相关图件、土地利用总体规划及相关图件、城乡规划及相关图件、建设规模与类型、建设标准、项目必要性可行性分析，以及项目建设和运营模式等内容。

第二十一条（实施方案报批）

项目实施方案须经村（居）集体经济组织同意并公示无异议后，提交县（市、区）自然资源主管部门审核，并征求市自然资源、住房和城乡建设、生态环境等部门意见，经县（市、区）人民政府同意，上报市级自然资源主管部门，市级自然资源主管部门出具审核意见报肇庆市人民政府核发项目实施方案批复。

第四章　项目用地供应

第二十二条（用地供应）

村（居）集体经济组织取得集体租赁住房建设项目认定批复文件并签订合作协议后，开发实施主体可以以协议出让、作价入股（出资）或出租的方式取得集体租赁住房用地使用权。

集体租赁住房用地使用权出让、出租相关流程及合同等参照《肇庆市农村集体建设用地使用权流转实施细则》（肇府〔2007〕61号）、《广东省集体建设用地使用权流转管理办法》（广东省人民政府令第100号）执行。

第二十三条（签订监管协议）

交易双方在签订合作开发协议时，应当同时与地方政府签订集体租赁住房项目监管三方协议，明确规划条件、监管单位、建筑设计要求、开竣工时间、不动产登记条件、只租不售、闲置土地处置、抵押等内容，明确不得以租代售、不得转租等违背法律法规要求和租赁合同约定事项。

第二十四条（土地使用权登记）

交易合同签订后，土地使用权人应申请办理集体建设用地使用权首次登记。各县（市、区）自然资源、住建部门在核发不动产权证、建设工程规划许可证、施工许可证时，应当凭认定文件进行审批，其项目名称应命名为"集体建设用地和租赁住房项目"，土地用途为"住宅用地（集体租赁住房）"，房屋权利性质填写"集体建设用地租赁住房"。

第二十五条（整体确权）

利用农村集体建设用地建设的集体租赁住房项目用地应当整体确权，不得分拆确权。

第二十六条（交易年限）

集体租赁住房用地使用权出让、作价入股（出资）、租赁的最高年限，不得超过同类用途国有建设用地使用权出让的最高年限。

第二十七条（转让条件）

未经市人民政府批准，开发实施主体不得转让集体租赁住房用地使用权。

有下列情形之一的集体租赁住房项目，经市人民政府同意，可整体转让集体租赁住房用地使用权和房屋所有权：

（一）开发实施主体破产清算，其集体租赁住房按相关法律法规规定处理的；

（二）集体租赁住房项目可以转让的其他情形。集体租赁住房产权整体转让后，不得改变集体租赁住房用途，并应继续用于出租。

第五章　开发建设

第二十八条（项目建设要求）

集体租赁住房须符合城镇住房规划设计有关规定，不得设计为独栋别墅、联排别墅等低密度住宅建筑形式。未经批准不得改变土地用途、容积率等条件。

第二十九条（规划报建）

集体租赁住房项目开发报建，减免教育费附加相关的报建规费，防空地下室易地建设费减免按国家有关规定执行。申请人除提供一般报建资料外，还须分别提供以下材料复印件、原件核对。材料不齐的，应当一次性告知当事人补充提供，逾期不提供的不予办理建设工程许可手续：

（一）集体租赁住房项目建设运营协议；

（二）项目认定批复文件；

（三）协议出让、作价出资（入股）、租赁取得集体租赁住房用地使用权，须提供不动产权证或租赁合同等材料；

（四）法律、法规及政策文件规定的其他材料。

第三十条（竣工验收及备案）

集体租赁住房项目规划条件核实和竣工验收及备案分别按《中华人民共和国城乡规划法》《建设工程质量管理条例》《房屋建筑工程和市政基础设施工程竣工验收备案管理办法》等相关法律法规的规定实施。

第三十一条（房屋所有权登记）

集体租赁住房竣工验收后，应到市不动产登记机构申请房屋所有权登记。享有房屋所有权的不动产权属证书须在集体租赁住房建成后按幢核发，并注明"集体租赁住房，不得改变租赁住房用途，不得以租代售，不予分割办理单元产权证，未经许可不得出售、转让"。

第三十二条（抵押融资）

通过出让或作价入股（出资）方式取得集体租赁住房用地使用权的，在项目竣工验收、取得房屋所有权后，开发实施主体可以把土地使用权及房屋所有权整体作为债务担保，以不转移占有的方式向银行业金融机构申请抵押贷款，并到不动产登记机构办理抵押登记。

第六章 租赁运营与管理

第三十三条（租赁条件）

集体用地租赁住房项目未办理竣工验收备案的，不得出租。

第三十四条（租赁运营主体）

集体租赁住房租赁运营主体可委托专业租赁住房运营机构承担集体租赁住房运营的具体工作，也可自行运营。

第三十五条（统一租赁平台）

集体租赁住房租赁应统一使用市住房和城乡建设局和市场监督管理局共同制定推行的租赁合同范本，且应按照规定办理租赁合同登记备案。

第三十六条（租赁期限）

集体租赁住房应全部用于租赁，不得销售。

集体租赁住房对外出租单次租期不得超过5年，不得以一次性转让或出租物（房屋）使用权等形式变相出售。

以租赁方式取得集体建设用地使用权的，集体租赁住房出租收取租金的期限不得超过已交付土地租金期限。

第三十七条（房屋租赁税费）

集体租赁住房开展出租运营的，按有关规定给予税收优惠。

第三十八条（物业管理）

集体租赁住房运营主体应负责租赁住房的租赁管理和物业服务，集体租赁住房小区的物业管理参照《肇庆市物业管理办法》等有关文件执行。

第三十九条（金融支持）

租赁运营主体符合条件的，可通过房地产投资信托基金（REITs）、IPO、发行债券及不动产证券化等方式融资。

第四十条（承租人权益）

经登记备案取得的集体租赁住房登记备案证明，可作为承租人合法稳定住所的证明。集体租赁住房承租人可按照国家有关规定凭登记备案的住房租赁合同依法申领居住证，按规定享受新市民有关义务教育、医疗等基本公共服务。

第四十一条（收益分配）

村集体通过出让或作价入股（出资）等方式参与合作开发，按合作公司股份分红获得租金收益；村集体通过土地租赁方式参与开发，在保障村集体物业水平不下降的原则下,由村民或村集体经济组织股东(成员)会议讨论通过合作、租赁条件。

第四十二条(退出机制)

集体租赁住房新建项目实施主体必须在项目批复后半年内申请办理用地和规划等相关手续,并在1年内动工建设。逾期未按规定实施建设,且没有提出延期申请的,取消试点项目资格,不再享受试点政策优惠。

第七章 监管监督

第四十三条(交易监管)

肇庆市公共资源交易平台应当严格审验交易材料,发现不符合条件的集体租赁住房用地交易的,不予受理交易申请,并通报自然资源、住房和城乡建设部门及不动产登记机构。

第四十四条(诚信体系)

县(市、区)住房和城乡建设部门应当依据房地产开发管理的行业诚信管理办法,对管理范围内有关企业及人员的违法、违规行为予以初次扣分并发出责令限期整改通知书,限期整改不合格的从重扣分。

第四十五条(部门监督)

集体租赁住房的监督管理依照房屋租赁管理的相关政策法规执行。相关部门及单位应当根据监管职责及工作内容,明确责任分工,形成监管责任体系。接到涉及集体租赁住房违法违规违约的投诉、举报时,应及时受理,并按有关规定和项目建设运营协议作出处理,对不认真履行职责的予以通报批评。

第四十六条(村集体责任)

村(居)民委员会、村(居)集体经济组织应当全程参与利用集体建设用地建设租赁住房交易、建设、运营的动态巡查,防范和制止违规开竣工、未竣工投入使用、擅自预租、擅自分割销售房屋、违规收取租金、虚假宣传违规出租房屋、以租代售等违法违规行为,对无法制止的违法违规行为应及时报告县(区、市)人民政府。

第四十七条(租赁运营主体责任)

租赁运营主体、租赁住房运营机构未办理工商机构备案的,由市场监管部门责令限期整改;未竣工验收备案出租住房的,由住房和城乡建设部门责令限期改正;未查验承租人身份证件或者未如实记载相关信息的,由公安机关依照《广东省租赁房屋治安管理规定》等文件规定予以处罚。

第四十八条(违法处理)

上述违法违规行为,涉嫌犯罪的,依法移交司法机关处理。

第八章 附则

第四十九条(配套政策制定)

各县(区、市)人民政府、职能部门应根据本办法制定配套政策,完善利用集体建设用地建设租赁住房制度。

第五十条（解释单位）

本办法由市自然资源部门会同市住房和城乡建设部门负责解释。

第五十一条（有效期限）

本办法自印发之日起实施，有效期两年。相关法律、法规依据变化或有效期内实施情势变化时，可依法评估修订。

附件1　操作流程图

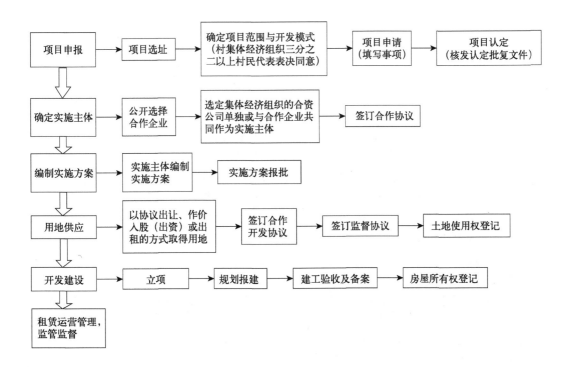

附件2　　申请表（进一步补充主要内容）

利用集体建设用地建设租赁住房项目申请表

	申请人				
（一）申报单位基本情况	申报项目名称				
	项目地址				
	联系方式／联系人	姓名	手机号码	电话号码	邮箱
	法定代表人				
	负责人				
（二）项目基本情况	权属情况——不动产权证书编号：				
	土地用途		土地使用权面积		
	规划情况——项目建设用地规划条文号：				
	城乡规划用途		容积率		
	建筑密度		绿地率		
（三）开发模式	项目开发模式（√）	□对（居）集体经济组织自行开发 □以出让或作价入股（出资）等方式合作开发 □以土地租赁方式开发			
（四）拟交易/建设时间					
（五）土地现状 （净地，三通一平等）					

本申请人对本申请的内容已作充分的了解，所填写的各项内容，全部为本申请人如实申报和亲笔签署，本申请人保证本次登记申请并没有侵犯他人的权益，所提交的材料均真实无虚假，本次申请如果与申请事实不符或因虚假的材料而引起的任何法律责任，概由本申请人承担，与审批（或核准）机关无关。

本申请人自愿遵守肇庆市人民政府及自然资源、住建、农业、发改、环保等部门关于集体建设用地建设租赁住房项目管理的相关规定和要求，如有违反，本申请人愿意接受相应处理，承担相应责任。

　　　　　　　　　　　　　　　　申请人：　　　　　　　　　　　（公章）
　　　　　　　　　　　　　　　　法定代表人：　　　　　　　　　　（签章）
　　　　　　　　　　　　　　　　委托代理人：　　　　　　　　　　（签章）
　　　　　　　　　　　　　　　　　　　　　年　　月　　日

县（区）人民政府（街道办事处）初审意见：

　　　　　　　　　　　　　　　　　　　　（盖章）
　　　　　　　　　　　　　　　　　　　年　　月　　日

填表说明："拟交易时间/拟建设时间"一栏，若拟以建设出让、租赁、联营入股方式选择建设运营主体的，填写拟交易时间并注明"交易"；若为农村集体经济组织自建、村级工业园改造配建城中村存量集体租赁住房的，填写拟建设时间并注明"建设"。

附件3　项目认定通知书

肇庆市人民政府关于利用集体建设用地建设租赁住房项目的批复

_____县（市、区）人民政府（街道办事处）、区有关单位：

经肇庆市人民政府审核，同意上报的_____项目认定为利用集体建设用地建设租赁住房试点项目，允许_____经济社/经联社_____（自行开发/出让或作价入股（出资）等方式合作开发/以土地租赁方式开发），请严格按照租赁住房管理有关规定进行监督管理。

肇庆市人民政府
20___年___月___日

成　都

成都市利用集体建设用地建设租赁住房试点实施方案

为落实中央"房子是用来住的，不是用来炒的"定位和要求，构建我市稳定房地产市场长效机制，拓宽租赁住房建设渠道，增加租赁住房供应，建立多主体供给、多渠道保障、租购并举的住房制度，依据《国土资源部住房城乡建设部关于印发〈利用集体建设用地建设租赁住房试点方案〉的通知》（国土资发〔2017〕100号）精神，制定本方案。

一、指导思想和基本原则

（一）指导思想

为全面贯彻落实党的十九大和习近平总书记系列重要讲话精神，紧紧围绕统筹推进"五位一体"总体布局和协调推进"四个全面"战略布局，牢固树立创新、协调、绿色、开放、共享的发展理念，按照党中央、国务院决策部署，牢牢把握"房子是用来住的，不是用来炒的"定位，以建立租购并举的住房制度为方向，着力构建城乡统一的建设用地市场，推进集体土地不动产登记，完善利用集体建设用地建设租赁住房规则，健全服务和监管体系，提高存量土地节约集约利用水平，为全面建成小康社会提供用地保障，让全市人民住有所居，促进建立房地产平稳健康发展长效机制。

（二）基本原则

1. 把握正确方向

坚持市场经济改革方向，发挥市场配置资源的决定性作用，注重与不动产统一登记、培育和发展住房租赁市场、集体经营性建设用地入市等改革协同，加强部门协作，形成改革合力。

2. 保证有序可控

按照"政府主导、严格审批、局部试点、封闭运行、风险可控"要求，审慎稳妥推进试点。项目用地应当符合城乡规划、土地利用总体规划及村土地利用规划，以存量集体建设用地为主，不得占用耕地，不得违法用地，不得产生新的"小产权房"。强化监管责任，保障依法依规建设，防止出现建而不用新的低效用地。

3. 坚持尊重农民意愿

统筹考虑农民集体经济实力，确保集体经济组织自愿参与，以具体项目为抓手，合理确定项目运作模式，切实维护农村集体经济组织和农民合法权益。

4. 提高服务效能

以项目管理为抓手，落实"放管服"要求，强化服务意识，优化审批流程，降低交易成本，提升服务水平和办事效率。

二、试点目标和范围

（一）试点目标

通过改革试点，结合我市实际情况，明确集体租赁住房建设主体、范围，健全集体租赁住房项目审批、建设运营和监管机制，探索增加农民财产性收入渠道，在本市成功运营一批集体租赁住房项目，完善利用集体建设用地建设租赁住房规则，形成一批可复制、可推广的改革成果，为构建城乡统一的建设用地市场提供支撑。

（二）试点范围

1. 试点区域

应符合城乡规划、土地利用总体规划、镇村土地利用规划、农村产业布局规划，结合我市实施乡村振兴战略，选取道路、医疗、教育等公共配套设施相对齐全，对租赁住房有较强需求的区域。

试点项目主要在以下区域，按照分批试点的时序安排，审慎稳妥推进。

（1）产业园区（特别是产业新区）周边。重点安排在高新东区、淮州新城、简州新城、天府新区、成都经济技术开发区等"东进南拓"区域，充分满足产业园区对租赁住房的需求，实现园区周边"职住平衡"。

（2）特色镇周边，结合旅游、人口发展需求，推动特色镇发展。

（3）旅游型川西保护林盘等农村新产业新业态集聚区周边，在乡村产业集聚区域，满足农村新产业新业态发展对租赁住房的需求，推动农村发展，促进农村产业兴旺。

2. 试点区（市）县

按照产业发展对租赁住房需求大，村级集体经济组织意愿强，有资金来源和政府监管、服务能力强等原则，先行在青白江区、金堂县、蒲江县等区（市）县开展试点。

三、试点内容

（一）探索可复制、可推广的政策措施

以构建租购并举的住房体系为导向，以优化农村存量集体建设用地管理为主线，以项目管理为抓手，健全集体建设用地规划许可制度，推进统一编制计划、统一规划、统筹布局、统一管理、统一相关建设标准，探索租赁房营运与管理新模式，形成可复制、可推广的政策措施。

（二）加强土地综合整理，集约利用集体建设用地

由试点区（市）县政府成立国有公司，通过农地整理、城乡建设用地增减挂钩等方式开展土地综合整理，推动田、水、路、林、村综合整治，在优先保障农村宅基地和镇村公共设施用地前提下，将分散、低效、空闲的存量集体建设用地整合集中使用，重塑地理空间，形成基础设施完备、配套齐全、来源合法的试点项目用地。

（三）完善试点项目审批程序

严格项目报批（包括计划编制、预审、立项、规划、占地、施工）、项目竣工验收、不动产登记、项目运营管理等规范性程序，建立快速审批通道。

（四）明确集体租赁住房建设实施方式

试点区（市）县政府为责任主体，村镇集体经济组织可以自主开发运营，也可通过联营、入股等方式参与，开展利用集体建设用地建设租赁住房项目。

（五）完善集体租赁住房运营机制

建设的租赁住房应纳入属地政府房管部门，按租赁住房有关政策统一管理。完善合同履约监管机制，土地所有权人和建设用地使用权人、出租人和承租人依法履行合同和登记文件中所载明的权利和义务。

（六）探索租赁住房监测监管机制

集体租赁住房出租，应遵守相关法律法规和租赁合同约定，不得以租代售。承租的集体租赁住房，不得转租，建立租金形成、监测、指导、监督机制，维护市场平稳运行。国土、房管部门应与相关部门加强协作、各负其责，在不动产登记、租赁备案、税务、工商等方面加强联动，构建规范有序的租赁市场秩序。

（七）探索保障承租人获得基本公共服务权利的制度

承租人可按照成都市有关规定凭登记备案的住房租赁合同依法申领居住证，享受规定的基本公共服务。确定作为试点区域的区（市）县，要进一步建立健全对非本地户籍承租人的社会保障机制。

四、实施步骤

（一）方案报批

2017年11月底前，将市政府批复同意的《成都市利用集体建设用地建设租赁住房的试点实施方案》上报省国土资源厅和住房城乡建设厅，两厅审核同意后上报国土资源部和住房城乡建设部批复。

（二）方案实施阶段

1. 第一阶段（2018年10月前）

将集体租赁住房纳入《成都市住房租赁市场发展中期规划（2017—2021年）》，编制集体租赁住房年度计划。根据上级批复的《实施方案》，编制集体租赁住房计划，制定项目审批程序、运营规则、监管办法等配套政策。

2. 第二阶段（2019年11月前）

在我市先行试点区域范围成功运营一批集体租赁住房项目，建成的集体租赁住房纳入全市租赁住房市场统筹管理，建立我市集体用地租赁住房审批、建设运营和监管机制，完善具备我市特色的利用集体建设用地建设租赁住房规则；结合试点工作开展情况，报送成都市利用集体建设用地建设租赁住房试点工作中出现的问题、具体做法、成效情况。

3. 第三阶段（2020年10月前）

报送全面、系统的成都市试点工作总结报告，形成试点可复制、可推广的政策措施。

五、保障措施

（一）强化组织保障

成立由市领导任组长的成都市利用集体建设用地建设租赁住房试点工作领导小组，统筹协调、推进试点工作。市国土局、市房管局、市发改委、市经信委、市环保局、市建委、市规划局、市农委、市国税局、市地税局为成员单位。工作领导小组下设办公室，办公室设在市国土局。确定为试点区域的区（市）县政府也应成立工作领导小组和工作推进机构。

（二）健全工作机制

1. 建立联席会议制度

建立由市国土局牵头、其他成员单位组成的联席会议制度，定期召开试点工作联席会议，及时会商和解决相关问题。

2. 建立评估和纠错机制

按照封闭运行、稳妥推进、风险可控的要求，工作领导小组对试点推进情况进行定期评估，及时研究解决试点工作中的问题。

3. 建立监督检查机制

工作领导小组定期和不定期对试点工作推进情况进行监督检查，确保各项工作落到实处，圆满完成试点任务。

(三)加强宣传引导

在试点过程中,市、区县、乡镇各级政府和有关部门,以及各村级基层组织,要正确理解集体用地租赁住房的相关政策措施,加强舆论正面宣传引导,密切关注舆情动态,稳妥回应社会关切,重大问题及时向市委、市政府上报。

福 州

福州市利用集体建设用地建设租赁住房试点实施方案

按照中央有关精神及《国土资源部、住房城乡建设部关于印发〈利用集体建设用地建设租赁住房试点方案〉的通知》（国土资发〔2017〕100号）要求，经市政府研究同意，结合我市工作实际，制定本方案。

一、指导思想

全面贯彻党的十九大精神，深入学习贯彻习近平总书记系列重要讲话精神，紧紧围绕统筹推进"五位一体"总体布局和协调推进"四个全面"战略布局，以构建租购并举的住房体系为方向，加快落实我市建立多主体供应、多渠道保障、租购并举的住房制度，着力构建城乡统一的建设用地市场，为全面建成小康社会提供用地保障。

二、基本原则

1. 把握正确方向

坚持市场经济改革方向，发挥市场配置资源的决定性作用，注重与不动产统一登记、培育和发展住房租赁市场等改革协同推进，形成改革合力。

2. 保证有序可控

政府主导，审慎稳妥推进试点。项目用地应当符合城乡规划、土地利用总体规划及村土地利用规划，满足存量建设用地的性质要求，增加住房有效供给；以满足新市民合理住房需求为主，强化监管责任，保障依法依规建设、平稳有序运营。

3. 坚持自主运作

尊重集体意愿，统筹考虑集体经济组织实力，以具体项目为抓手，合理确定项目运作模式，维护权利人合法权益，确保集体经济组织自愿实施、自主运作。

4. 提高服务效能

支持市场经济方向，发挥市场配置资源的作用，落实"放管服"要求，优化审批流程，提高办事效率。

三、试点范围

在我市仓山区、晋安区住房需求强烈的区域，统筹兼顾、循序渐进，适当集中建设，分批开展试点。试点项目区域基础设施完备，医疗、教育等公共设施配套齐全，符合城镇住房规划设计有关规范。首批试点地块为：

（1）仓山区建新镇洪光村，洪塘路与园亭路交叉口以西，面积约12.94亩。

（2）仓山区建新镇联建村，兴顺物流园以西，面积约23.82亩。

（3）仓山区盖山镇竹榄村，三环路以北，苏闽物流园以南，面积约22亩。

（4）晋安区新店镇战峰村地块，土地面积约20.3亩。

（5）晋安区新店镇后山村地块，土地面积约30亩。

四、试点任务

（一）项目审批程序

集体租赁住房试点项目审批程序参照我市使用集体建设用地审批程序办理规划、供地、建设等相关手续。

1. 准入条件

①项目用地符合土地利用总体规划、城乡规划，不属于政府纳入征收或近期规划实施收储范围内用地；②项目用地为存量集体建设用地，且权属清晰无争议；③项目申请人为项目所在地的集体经济组织；④建设项目符合环保审查要求；⑤在政府批准供地前，已形成"净地"。

2. 提出申请

项目申请人按本实施方案规定拟定项目建设方案，经集体经济组织成员大会或成员代表大会讨论决定。项目建设方案包括：项目名称、建设地点、用地面积与四至范围、土地权属情况、土地利用现状及相关图件、用地规划及相关图件、建设规模、资金来源和测算，以及项目建设和运营模式、收益分配等内容。与市、区属国企合作、与社会资本联营的要明确合作、联营方案。方案由镇政府（街道办事处）初审同意后，上报区政府。

3. 项目初审

区政府通过"多规合一"平台，征求项目所在地发改、自然资源和规划、房管、建设、环保等部门意见，各部门按照本实施方案的相关规定对是否符合申请条件进行审核。经审核符合试点条件的，由区政府批准同意。

4. 建设审批

按具体建设项目的审批权限，由发改、自然资源和规划、房管、建设、应急管理等相关主管部门根据区政府批准的项目建设方案，依各自职责进行项目审批，并出具相关许可（备案）文件。

5. 供地方式

自然资源和规划、房管部门拟定使用集体土地方案报市政府批准，项目按使用集体土地方式供地。所使用的集体土地的开发成本，由用地单位和土地开发单位结算。

6. 产权登记

项目宗地只能办理整体产权，不得分割登记。不动产权利证书中应备注：该项目为整体产权租赁住房，只能整体持有，不得分割登记、转让、转租，禁止分割销售或以租代售等变相销售行为。

（二）建设和运营机制

鼓励多主体参与建设、经营。集体经济组织经批准后，可通过联营、入股等方式，与市、区属国有企业合作开发建设，也可通过联营等方式选择社会资本运营。

为保障集体经济组织权益和项目建设、运营平稳有序，项目开工建设前，项目合作公司应拟定项目建设和运营管理方案，并按规定经集体经济组织成员大会或成员代表大会讨论决定同意后，报项目所在地区政府备案。项目建成后，由项目合作公司运营管理。

集体租赁住房户型以小户型为主，最大户型建筑面积不超过 $75m^2$，住房质量、装饰装修应符合相关标准。

集体租赁住房的租金水平应统筹考虑区位、配套、市场需求等因素，并参考周边市场，与房屋租赁市场接轨，防止租金异常波动。

（三）监测监管机制

各职能部门应依职责分工严格落实监管责任，保障集体经济组织权益，防止出现"小产权房"或"以租代售"等现象。

1. 加强房屋租赁监管

集体租赁住房项目纳入全市租赁住房盘子统一监管，将租赁房源纳入政府住房租赁信息服务监管平台，统一进行管理，提供便捷规范的租赁信息发布服务，推行统一的住房租赁合同示范文本，实现住房租赁合同网上备案。对参与运营房源的住房租赁机构加强备案管理，强化住房租赁信用管理，建立多部门守信联合激励和失信联合惩戒机制。

住房出租应遵守相关法律法规和租赁合同约定，不得以租代售，承租人不得转租。合同约定租赁期限最长不超过 6 年，一次收取租金不得超过 1 年，不得含有自动续租条款。合同期满符合条件的，可以申请续租并重新签订租赁合同。不得违规使用租金贷。

2. 加强项目产权管理

集体租赁住房项目禁止转让，禁止分割销售或以租代售等变相销售行为。集体经济组织内部可享受权益的成员平均持股，严禁个别人多占股份。成员个人股禁止转让。

五、保障措施

（一）加强组织保障

市政府成立集体建设用地建设租赁住房试点工作领导小组。领导小组办公室定期召开专题调度会，协调调度各职能部门，研究解决工作中的重大问题，有序推进集体建设用地建设租赁住房试点建设。定期召开试点工作联席会议，及时通报试点进展情况，会商和解决相关问题。

（二）有序推进试点

各职能部门应制定相关配套实施文件，争取有具体项目开工建设，试点工作取得初步成果。2020年底前，全面完成试点工作，并做好工作总结。

（三）明确职责分工

自然资源和规划、房管、发改、建设、执法等相关部门及相关区人民政府，要对照试点实施方案，强化集体土地租赁住房建设和租赁监管的部门联动和信息共享，形成工作合力。要按照各自职责，切实加强集体土地租赁住房的规划建设、批后监管、用途管制和服务保障工作，及时查处集体土地租赁住房相关的违法违规行为，确保各项政策措施抓好抓实，并积极研究制定推进集体土地租赁住房建设的相关配套政策。

（四）做好宣传引导

各区政府、自然资源和规划、房管、建设等相关部门要加强对试点工作的宣传力度，密切关注舆情动态，积极稳妥回应社会关注的问题，重大问题要及时报告。

南 昌

政策篇

南昌市利用集体建设用地建设租赁住房试点实施方案

为进一步加快培育和发展我市租赁住房市场，积极稳妥推进我市利用集体建设用地建设租赁住房试点工作，构建租购并举的住房体系和城乡统一的建设用地市场，根据《国务院办公厅关于加快培育和发展住房租赁市场的若干意见》（国办发〔2016〕39号）、《国土资源部 住房城乡建设部关于印发〈利用集体建设用地建设租赁住房试点方案〉的通知》（国土资发〔2017〕100号）和《江西省人民政府办公厅关于加快培育和发展住房租赁市场的实施意见》（赣府厅发〔2016〕72号）等文件精神，现结合我市实际，制定本方案。

一、总体要求

（一）指导思想

全面贯彻落实党的十九大精神和习近平新时代中国特色社会主义思想，深入学习贯彻习近平总书记系列重要讲话精神，按照党中央、国务院和省委、省政府关于培育和发展租赁住房市场的决策部署，坚持"房子是用来住的，不是用来炒的"定位，以构建租购并举的住房制度为方向，加快建立多主体供给、多渠道保障的住房制度，统筹推进利用集体建设用地建设租赁住房试点工作，着力构建城乡统一的建设用地市场，完善利用集体建设用地建设租赁住房规则，健全服务和监管体系，提高存量土地节约集约利用水平，推进集体土地不动产登记，为全面建成小康社会提供用地保障，建立健全房地产平稳健康发展长效机制，为打造富裕美丽幸福江西"南昌样板"奠定坚实基础。

（二）基本原则

1. 政府主导，稳妥推进

利用集体建设用地建设租赁住房，由政府统一组织、落实规划、制定政策，充分调动村集体、国有企业的积极性，发挥市场配置资源的决定性作用。集体建设用地租赁住房建设，应统筹规划、循序渐进，在充分调查需求的基础上，严格控制试点规模总量，经批准后方可实施。

2. 符合规划，合理布局

建设租赁住房的集体建设用地应符合国民经济与社会发展规划、土地利用总体规划、城乡规划和村镇规划，且权属清晰，以存量集体建设用地为主，不得违规占用农用地。试点项目选址重点在产业集聚度较高、区域配套设施完善、居住需求旺盛、建设规模适中、便于实施启动的地块,满足新市民合理住房需求。

3. 农民自愿,维护权益

利用集体建设用地建设租赁住房,要切实尊重农民意愿,切实履行民主程序,维护农民利益,使农民和农村集体经济组织通过出租房屋获得长期稳定的收益,共享城乡融合发展成果。

4. 规范操作,只租不售

利用集体建设用地建设租赁住房,应依法履行相关审批手续。房屋建成后只能出租使用,不得销售或以租代售。

(三)试点目标

通过改革试点,在我市成功建设运营一批"回报可期、风险可控、收益可享"的集体建设用地租赁住房项目,有效增加租赁住房市场供给,提升租赁住房建设经营水平,切实增加农村和农民收入,促进存量集体建设用地盘活利用,完善利用集体建设用地建设租赁住房规则,基本建成经营服务规范、租赁关系稳定的集体建设用地租赁住房市场,探索形成可复制、可推广的改革成果,为构建城乡统一的建设用地市场提供支撑。

(四)试点范围

试点范围为市本级各区(开发区、新区),重点是土地管理秩序良好、区域配套较为完善、产业集群和高等院校聚集度较高的高新区、红谷滩新区、青山湖区。试点对象是符合土地利用总体规划、城乡规划及村镇规划,租赁住房市场需求大,集体经济组织有建设意愿、有资金来源,经审批确定为集体租赁住房项目的集体建设用地。

二、试点内容

(一)严格项目准入条件

集体建设用地租赁住房是一种农村集体持有的租赁产业,可依法出租获取收益。集体建设用地租赁住房项目优先在符合城市规划、周边租赁住房市场需求较大的存量集体建设用地上选址建设。集体建设用地不得出让、转让、抵押;集体建设用地租赁住房不得对外出售或以租代售,不得抵押;坚决杜绝变相开发建设小产权房。

(二)明确项目实施主体

试点项目由农村集体经济组织自行建设运营或以入股、联营等方式与市、区级国有平台企业合作建设运营,合作双方成立项目公司作为项目实施主体。

(三)规范项目审批程序

集体建设用地租赁住房项目应按照试点管理的相关要求,依法办理相关批准手续,具体如下：

1. 试点申请

项目实施主体按照本实施方案要求，拟定试点项目具体实施方案，方案内容包括：项目名称、建设地点、建设规模、用地面积与四至范围、土地利用现状及相关图件、用地规划及相关图件、项目可行性分析、资金来源和收益测算、项目建设和运营模式等。试点项目实施方案由集体经济组织成员大会2/3以上村民或成员代表大会2/3以上村民代表同意，经所在乡镇（街道）政府（办事处）初审同意，报辖区政府（管委会）审核。

2. 试点批准

辖区政府（管委会）审核通过后，书面征求市国土、房管、发改、规划、建设、农业等相关部门意见。汇总各相关部门意见后，对于符合试点要求的，由辖区政府（管委会）报市政府批准后实施。

3. 项目建库

市国土和房管部门根据市政府批准的试点项目情况汇总形成试点项目库。辖区政府（管委会）定期报送试点项目进展情况。

4. 项目报批

试点获批后，项目实施主体按程序向国土、房管、发改、规划和建设等部门申请办理项目备案、规划、用地和开工建设等批准手续。

（四）加强项目规划管理

集体建设用地租赁住房项目规划用途一般为居住用地。建设租赁住房的集体建设用地须严格按照规划用途开发建设，不得擅自改变控规用途。租赁住房户型以90平方米以下中小户型为主。完善或同步建设相应配套设施。

（五）严格住房建设监管

集体建设用地租赁住房项目建设参照国有土地上建设项目程序管理，租赁住房建筑质量、装饰装修等须符合相关标准。为确保项目工程建设质量，应依法进行公开招投标。市（区）建设部门依法进行质量安全监督管理，对涉及的结构安全、建筑质量和建筑节能等方面进行重点监督。

（六）严格项目产权管理

在取得项目建设相关批准文件后，项目实施主体应当依法办理不动产登记手续。集体建设用地租赁住房涉及的土地使用权和房屋所有权登记至农村集体经济组织和市、区级国有平台企业合作双方名下，其中：土地使用权按宗地整体登记，房产所有权按幢登记，均不予分割登记，并在不动产权证和登记簿上注明集体建设用地租赁住房只能租赁，不得销售。

（七）规范项目运营模式

项目建成后，在符合相关规定的前提下，租赁住房的租金水平可统筹考虑区位、配套、市场需求等因素，并参考周边市场物业水平，与房屋租赁市场接轨。房屋的租赁年期、经营方式和收益分配等事宜，由村集体经济组织与合作主体协商确定，并在合作协议中予以明确约定。租赁年期、租金价格及支付方式等事项由房屋出租方与承租方协商确定，并可依法约定租金调整方式，合同约定租期原则上不超过10年，一次收取租金一般不超过1年。

（八）加强住房租赁监管

集体建设用地租赁住房出租应遵守相关法律法规和租赁合同约定，不得以租代售，不得转租，不得违规使用租金贷。集体建设用地租赁住房和租赁行为统一纳入南昌市住房租赁服务监管平台，提供便捷、规范的租赁信息发布服务，推行统一的住房租赁合同示范文本，实现住房租赁合同网上备案。对参与运营房源的住房租赁机构加强备案管理，强化市场主体的信用管理，建立多部门守信联合激励和失信联合惩戒机制。各区（开发区、新区）政府（管委会）与市直相关部门加强协作、各司其职，在集体建设用地租赁住房不动产登记、租赁备案、税务、工商等方面加强联动，建立规范有序的租赁市场秩序。

（九）保障承租人基本公共服务权利

集体建设用地租赁住房承租人可按照南昌市有关规定凭登记备案的住房租赁合同依法申领居住证，享受规定的基本公共服务。积极探索建立健全对非本市户籍承租人的社会保障机制。

三、组织实施

（一）组织分工

1. 组织构架

为积极推进南昌市利用集体建设用地建设租赁住房试点工作，市政府成立由市政府主要领导任组长，分管国土、房管工作的副市长任副组长的市利用集体建设用地建设租赁住房试点工作领导小组，成员由市政府分管副秘书长，市国土局、市房管局、市发改委、市规划局、市建委、市农业局、市税务局、市金融办等相关部门主要领导组成。领导小组下设办公室，负责日常事务性工作，办公室主任由市国土局主要领导兼任。

2. 责任分工

各辖区政府（管委会）是利用集体建设用地建设租赁住房试点工作的责任主体，全面负责组织实施辖区内利用集体建设用地建设租赁住房试点工作。

市国土局（不动产登记局）负责集体建设用地租赁住房项目的用地审批、不动产登记等工作，以及相关用地政策研究。

市房管局负责将集体建设用地租赁住房信息纳入市住房租赁服务监管平台管理，负责督促指导县区开展租赁市场监管工作。

市发改委按照审批权限负责和指导区（开发区、新区）发改部门做好集体建设用地租赁住房项目立项审批等工作。市规划局负责集体建设用地租赁住房项目建设用地选址意见书、规划许可、规划查验等工作。

市建委负责集体建设用地租赁住房项目施工许可及竣工验收等工作，并对房屋建筑工程质量和安全等方面进行监督管理。

市农业局负责指导农村集体经济组织严格集体建设用地租赁住房资产管理，完善集体建设用地租赁住房的收益分配等机制。

市税务局按照相关规定落实集体建设用地租赁住房项目税收支持政策。

市金融办负责研究并指导集体建设用地租赁住房项目获取金融支持。

（二）试点步骤

1. 试点方案实施阶段（2018年10月—2020年11月）

根据《南昌市利用集体建设用地建设租赁住房试点实施方案》要求，开展利用集体建设用地建设租赁住房试点项目的可行性研究、制订项目审批流程和管理规范，首期试点先在土地管理秩序良好、区域配套较为完善、居住需求较为旺盛的高新区、红谷滩新区、青山湖区选择1~2个成熟地块，边试点、边总结、边完善。

待首批试点地块顺利开展后，可结合实际在市本级范围内统筹推进。积极总结首期试点工作经验，加强和规范试点项目的建设和管理，及时研究和完善实施方案，边试点、边总结、边提升。

2. 中期评估阶段（2019年11月）

在省国土资源厅、住房城乡建设厅的指导下，组织开展试点中期评估工作，形成评估报告报省国土资源厅、住房城乡建设厅。

3. 总结验收阶段（2020年12月）

在省国土资源厅、住房城乡建设厅的指导下，组织开展试点总结工作，形成总结报告报自然资源部、住房城乡建设部。

四、保障措施

（一）加强组织保障

按照市利用集体建设用地建设租赁住房试点工作领导小组的统一部署，各区（开发区、新区）政府（管委会）、各乡镇（街道）政府（办事处）和市直相关部门稳步推进利用集体建设用地建设租赁住房试点工作。市利用集体建设用地建设租赁住房试点工作领导小组定期召开试点工作联席会议，及时通报试点进展情况，会商和解决试点相关问题。

（二）强化部门联动

各区（开发区、新区）政府（管委会）和市直相关部门要按照职责分工，建立对集体建设用地租赁住房建设的联动机制，加强对试点工作的指导监督，依法规范运行。建立激励和容错纠错机制，允许进行差别化探索，切实做到封闭运行、风险可控，发现问题及时研究、及时纠偏。

（三）做好宣传引导

加强对试点工作的监督管理，密切关注舆情动态，妥善回应社会关注点，重大问题及时报告。

加大舆论宣传和引导，营造良好的舆论氛围。准确解读相关政策，大力宣传开展租赁试点工作的重要意义，引导市民逐步树立租购并举的住房消费观念，倡导理性、梯度消费。

青 岛

青岛市利用集体建设用地建设租赁住房试点实施方案

为构建租购并举住房体系，增加租赁住房供应，缓解住房供需矛盾，促进建立房地产平稳健康发展长效机制，根据国土资源部 住房城乡建设部《关于印发〈利用集体建设用地建设租赁住房试点方案〉的通知》（国土资发〔2017〕100号）和省政府办公厅《关于加快培育和发展住房租赁市场的实施意见》（鲁政办发〔2017〕73号）精神，结合我市实际，制定本方案。

一、总体要求

（一）指导思想

全面贯彻党的十九大精神，以习近平新时代中国特色社会主义思想为指导，统筹推进"五位一体"总体布局，协调推进"四个全面"战略布局，牢固树立创新、协调、绿色、开放、共享的发展理念，始终坚持"房子是用来住的，不是用来炒的"定位，以建立多主体供给、多渠道保障、租购并举的住房体系为方向，审慎稳妥开展利用集体建设用地建设租赁住房（以下简称集体租赁住房）试点，构建城乡统一的建设用地市场，提高存量土地利用效率，推动房地产市场平稳健康发展，完善利用集体租赁住房规则，推进集体土地不动产登记，助力乡村振兴战略，促进城乡融合发展，维护农民权益，壮大集体经济，为满足人民日益增长的美好生活需要提供坚实的用地保障。

（二）基本原则

政府主导推进，保证有序可控。各区（市）政府作为试点工作责任主体，主导项目运作，以满足新市民合理住房需求为主，封闭运行、风险可控、审慎稳妥、平稳有序推进试点工作。

尊重集体意愿，保障农民权益。充分尊重村集体经济组织意愿，确保项目所在地村集体经济组织自愿实施、合理确定运作模式，切实维护农民合法权益。

坚持规划先行，严格用途管制。集体租赁住房用地须符合城乡规划、土地利用总体规划，土地性质为存量集体建设用地，严格执行土地用途管制，不得占用耕地。

需求导向为先，科学合理布局。试点项目选择在租赁住房需求较大的区域，统筹布局，统一管理，试点项目区域基础设施完备，医疗、教育等公共设施配套齐全。

依法审批建设，监管约束到位。集体租赁住房建设必须依法办理相关审批手续，强化监管约束，不得以租代售、不得转租，坚决杜绝变相开发经营性房地产或建设小产权房。

（三）试点工作目标

在审批程序、建设方式、产权管理、运营模式、监管办法、承租人权利、支持政策等方面进行探索，形成可复制、可推广的经验，逐步构建多主体供给、多渠道保障、租购并举的住房体系。

（四）试点范围

在全市范围内符合城乡规划、土地利用总体规划，大型产业园区、高校集中区域周边等租赁住房需求量大、区域基础设施完备、医疗教育等公共设施配套齐全的区域和轨道交通站点周边区域开展试点。试点地块由项目所在地区（市）政府确定，经审批同意后进行封闭运行，待经验成熟后逐步推开。重点在城阳区、黄岛区、胶州市开展第一批试点。

二、试点内容

（一）明确试点项目审批程序

1. 申请条件

（1）项目选址必须符合土地利用总体规划，在城市建设用地、镇建设用地之外的村庄建设用地范围内，且不属于政府拟纳入征收范围内的土地。

（2）项目选址土地在土地利用现状库中须为存量集体建设用地，权属清晰无争议；优先利用便于土地整理的地块。

（3）项目申请人须为项目所在地的村集体经济组织。村集体经济组织可自行建设运营，或通过入股、联营等方式优先选择与国有企业合作建设运营。

（4）选址建设项目须符合环保有关法律法规要求。

（5）在供地方案报批前，选址地块须完成权属全部注销、地上附着物全部拆除，达到"净地"条件。

2. 申请流程

对照试点申请条件，区（市）政府牵头组织相关部门在辖区内进行调查梳理。具备试点条件的，由项目所在地村集体经济组织拟定试点实施方案（包括：项目名称、建设地点、用地面积与四至范围、土地利用现状及相关图件、用地规划及相关图件、建设规模、项目必要性可行性分析、资金来源和测算，以及项目建设和运营模式等内容），并依照相关规定经村民会议或村民代表会议通过，经街道办事处（镇政府）同意，报区（市）政府核准后，由区（市）政府正式函报市住房租赁工作领导小组办公室申请试点。

市住房租赁工作领导小组成员单位联合审核试点实施方案。符合试点要求的，由市住房租赁工作领导小组办公室报请市政府批准后，纳入试点范围，组织实施。

3. 试点项目实施流程

试点实施方案获批后，一般应由村集体经济组织或通过入股、联营等方式成立的合作公司（以下简称"合作公司"）申请办理立项、规划、用地、环保、建设及不动产登记等相关手续。各类手续均须注明："集体租赁住房项目，只租不售"。具体流程如下：

（1）项目立项手续。区（市）发展改革部门按项目基本建设程序，对试点项目进行审查。通过审查的项目，出具立项批复文件。其中，使用政府投资建设的集体租赁住房项目，按照政府投资项目管理流程办理；由项目单位自筹资金建设的项目，按照核准项目流程办理。

（2）项目规划手续。区（市）规划部门根据相关规划要求，出具规划条件，明确地块位置、用地性质、规划条件和用地范围等内容，依法依规办理乡村规划许可手续。

（3）项目环评手续。区（市）环保部门依据项目立项、规划等手续，依法依规办理环评批复手续。

（4）项目用地手续。区（市）国土资源部门征求住房保障部门意见后，编制集体租赁住房供地方案，上报有批准权限的区（市）政府批准后，下达集体建设用地使用批复，批复中明确土地坐落、面积、用途、使用年限等内容。

（5）项目施工手续。区（市）建设主管部门依据项目立项、规划、用地手续，依法依规办理施工许可手续。

（6）项目竣工手续。区（市）规划、建设主管部门按规定办理竣工验收备案手续。

（7）不动产登记手续。村集体经济组织或合作公司在取得集体建设用地使用权批复后，依法办理集体建设用地使用权首次登记；在项目竣工验收并符合首次登记条件后，依法办理房屋所有权首次登记。其中，以村集体经济组织为申报主体的，土地使用权和房屋所有权登记至村集体经济组织名下；以合作公司为申报主体的，土地使用权和房屋所有权登记至合作公司名下。房屋所有权登记单元按照不动产登记规定划分，但不动产权证书按照建设项目整体核发，不予按照单元分割办理不动产权证书。不动产权证书须注明"集体租赁住房仅用于租赁住房建设和运营，不得出售，不得转租、抵押、转让，不得改变房屋和土地用途"。

（二）完善集体租赁住房建设和运营机制

1. 建设要求

为确保项目工程建设质量，应由村集体经济组织或合作公司进行公开招投标确定建设施工单位。集体租赁住房项目由所在区（市）政府建设主管部门依法进行质量安全监督管理，对涉及的结构安全、建筑质量和建筑节能等方面进行重点监督。集体租赁住房项目的套型结构和面积标准可参照青岛公共租赁住房建设的有关技术规定，也可以结合区域实际，灵活安排，原则上以 90 平方米以下中小户型为主。项目中可安排一定数量的集体宿舍，用以解决周边为城市生产运行服务的普通劳动者的住宿问题。项目建设还应当符合污染防治等相关法规、规范要求，不得危及人身安全和违反环境保护要求。

2. 运营模式

集体租赁住房由村集体经济组织或合作公司进行运营和管理。其中，由合作公司进行运营和管理的，房屋的租赁年期、经营方式和租金分配等事宜，由村集体经济组织与合作主体协商确定，并签订书面合同，特别要强化租金管理，稳定租金价格，不得随意变动，做到透明、规范。

（三）加强房屋租赁监管

1. 实施集体租赁住房统一平台监管

集体租赁住房全面纳入青岛市住房租赁市场信息化服务监管平台（以下简称市住房租赁监管平台）统一监管，租赁合同须通过市住房租赁监管平台予以备案。集体租赁住房出租应遵守相关法律法规和租赁合同约定，不得以租代售。租赁期限由合同双方协商，但最长租赁期限不得超过 20 年，具体承租人不得转租。鼓励当事人使用全市统一的住房租赁合同示范文本，一次收取租金不得超过 1 年，不得含有自动续租条款，合同期满符合条件的可以申请续租并重新签订租赁合同。对参与运营房源的住房租赁机构加强备案管理，强化住房租赁信用管理，建立多部门守信联合奖励和失信联合惩戒机制。

2. 建立集体租赁住房租赁市场管理体系

项目所在区（市）政府要加强集体租赁住房租赁情况的日常巡查，指导、督促居（村）委会开展租赁管理具体事务、矛盾协调化解等工作，要求利用集体建设用地建设租赁住房建筑质量、装饰装修符合相关标准，不得违规使用租金贷。同时，建立街道办事处（镇政府）、国土资源、房管、城乡建设、规划、财政、农业、公安、工商、税务等多部门联合监管体制，明确职责分工，在不动产权登记、租赁备案管理、税务、工商、防范非法销售等方面加强联动，构建规范有序的集体租赁住房租赁市场秩序。

（四）保障承租人获得基本公共服务的权利

通过市住房租赁监管平台，将集体租赁住房租赁合同备案信息与税务、金融、住房公积金、工商、公安、教育、人力资源社会保障、卫生计生等主管部门共享。依法登记备案的非本市户籍承租人申领居住证后，享受居住地医疗保障服务项目；符合条件的随迁子女按居住地入学政策接受义务教育；集体租赁住房承租人符合条件的可纳入社保体系；依托街道（镇）和居（村）委提供计划生育、劳动就业、法律援助等人口基本服务；依托基层党、团、工会等组织开展社区文化建设。

职工连续足额缴存住房公积金满 3 个月，本人及配偶在青岛市行政区域内无自有产权住房（含尚未取得《房屋所有权证》）且租赁住房的，可按照青岛市有关规定提取夫妻双方住房公积金支付房租。集体租赁住房按照居民住宅水、电、气价格执行，非居住功能用房的水、电、气实行分别计价。

（五）相关支持政策

1. 土地政策

集体租赁住房以使用集体建设用地方式办理用地手续，土地用途为住宅（集体租赁住房），使用年限70年，政府不收取土地价款。项目地块由村集体经济组织负责交付净地，并按有关规定进行补偿。项目可设置一定比例的商业服务等配套设施，建筑面积不超过总建筑面积的15%，与项目整体一并登记，使用权人不得出售，承租人不得转租、抵押、转让。

2. 金融政策

完善对建设运营主体的信贷支持力度，引导金融机构加大对建设集体租赁住房的贷款支持力度；加强与国家开发银行等政策性银行合作，协调安排一定的贷款额度，支持以试点集体租赁住房项目预期收益向金融机构申请融资贷款。

3. 财税政策

集体租赁住房建设及其租赁收益等相关税费政策，由财政、税务部门按相关规定执行，根据试点推进需要，项目所在地区（市）政府严格落实税收优惠政策，并给予一定的财政补贴。

4. 加强配套设施建设

完善集体租赁住房项目道路、自来水、电、煤气、排水等综合管网建设。区（市）政府应按照城市规划，落实集体租赁住房项目周边必要的医疗、教育等设施配套。配套建设城市公共交通设施的，应规划相应的场地建设公交场站和办公用房，并与建设项目主体工程同步设计、建设、验收；在城市公共交通设施竣工后，由交通运输主管部门参加验收，验收合格的，交付交通运输主管部门配套相应的公交线路。

三、试点工作时间安排

（1）2019年2月底前，在全市部署开展试点工作。

（2）2019年4月底前，相关区（市）政府根据本实施方案的有关规定，研究确定试点项目地块，并按程序进行试点申请、审批；负责协调推进项目实施过程中存在的问题。

（3）2019年11月底前，按照要求组织开展试点中期评估，形成中期评估报告，报省自然资源厅、省住房城乡建设厅审核后，报自然资源部、住房城乡建设部。

（4）2020年底前，总结试点工作实施效果、提出有关政策法规的修改建议，形成试点总结报告，报省自然资源厅、省住房城乡建设厅审核后，报自然资源部、住房城乡建设部。

四、保障措施

（一）加强组织领导

市住房租赁工作领导小组要积极贯彻落实党中央、国务院构建租购并举的住房体系决策部署，研究制定青岛市集体租赁住房试点工作相关支持政策措施；审慎稳妥指导开展集体租赁住房试点；统筹协调解决试点工作推进过程中出现的问题。市住房租赁工作领导小组办公室负责做好领导小组日常的沟通联络及协调组织工作。

（二）明确职责分工

市国土资源房管局负责牵头组织和统筹协调整体试点工作，具体负责定期组织召开青岛市集体租赁住房建设工作调度会议，及时通报试点进展情况，会商和解决相关问题；负责集体租赁住房的用地管理、审核工作，相关用地政策及集体租赁住房运营管理实施细则的研究制定，做好集体租赁住房租赁管理等工作。

市发展改革委按照项目管理权限负责和指导区（市）投资主管部门做好集体租赁住房立项工作。

市城乡建设委负责指导区（市）建设部门，对集体租赁住房的建设、房屋建筑工程质量和安全等方面进行监督管理，以及试点项目及周边市政基础设施工程的建设和维护工作。

市规划局负责做好集体租赁住房的规划审批工作。

市公安消防局、市人防办、市环保局负责做好集体租赁住房的消防审批、人防审批、环境评价等工作。

市金融工作办负责研究并指导集体租赁住房项目获取金融支持。

市财政局、市税务局严格按国家的相关规定，贯彻落实集体租赁住房建设及租赁收益等相关税费政策。

市教育局、市人力资源社会保障局、市卫生计生委负责研究指导做好承租人教育、社会保障、医疗卫生等公共服务权利保障工作。

市住房公积金管理中心负责制定承租人公积金使用、提取办法并做好相关服务工作。

（三）落实属地责任

各区（市）政府是本区域集体租赁住房试点工作的责任主体。各区（市）政府应建立相应的工作协调机制，全面负责组织实施本区域集体租赁住房试点工作，全面协调街道（镇）、村集体经济组织、村民以及相关部门等各方关系，统筹谋划试点项目选址、推进项目建设、加强监测监管、保障承租人基本权利，将试点工作各项内容落到实处。

(四)做好宣传引导

各区(市)政府和有关部门,以及村集体经济组织,要加强舆论正面引导,准确理解和把握集体租赁住房试点工作的相关政策措施,为试点工作营造良好的舆论氛围。严格按照规定进行项目建设,防止借机违法用地,防止变相开发房地产或建设小产权房。严格遵守租赁相关法律规定,防止以租代售。切实加强对试点工作的监督管理,密切关注舆情动态,妥善回应社会关切,重大问题及时报告。

青岛市人民政府办公厅关于加快培育和发展住房租赁市场的实施意见

青政办发〔2018〕11号

各区、市人民政府,青岛西海岸新区管委,市政府各部门,市直各单位:

为贯彻落实《国务院办公厅关于加快培育和发展住房租赁市场的若干意见》(国办发〔2016〕39号)和《山东省人民政府办公厅关于加快培育和发展住房租赁市场的实施意见》(鲁政办发〔2017〕73号),加快培育和发展我市住房租赁市场,经市政府同意,结合我市实际,现提出以下实施意见。

(……)

(十二)利用集体建设用地建设租赁住房。积极争取在全市范围内符合条件的区域开展利用集体土地建设租赁住房试点工作,在审批程序、建设方式、产权管理、运营模式、监管办法、支持政策等方面进行探索,平稳有序地推进试点工作。

(……)

青岛市人民政府办公厅
2018年5月18日

青岛市住房和城乡建设局关于印发《青岛市城镇租赁住房发展规划（2020—2022年）》的通知

青建房字〔2020〕99号

各区（市）、青岛西海岸新区住房城乡建设主管部门，青岛高新区建设部，局有关处室，局直有关单位，各有关企业：

为深入贯彻落实习近平新时代中国特色社会主义思想、党的十九大和十九届五中全会精神，加快构建多主体供给、多渠道保障、租购并举的住房制度，落实"一城一策"房地产长效调控机制，根据经市政府批准的《青岛市中央财政支持住房租赁市场发展试点实施方案》，特制定《青岛市城镇租赁住房发展规划（2020—2022年）》。现印发给你们，请遵照执行。

附件：青岛市城镇租赁住房发展规划（2020—2022年）

青岛市住房和城乡建设局
2020年12月30日

青岛市城镇租赁住房发展规划（2020—2022年）

为加快构建多主体供给、多渠道保障、租购并举的住房制度，落实"一城一策"房地产长效调控机制，以供给侧结构性改革推动住房高质量发展和城市跨越式转型，更好地满足人民美好生活需要，实现全体人民住有所居，制定本规划。

本规划主要阐明青岛市城镇租赁住房发展的现实基础，提出2020—2022年的发展目标，明确发展的主要任务和政策措施，是指导城镇租赁住房供给、规范租赁市场发展、引导相关政策制定与资源合理配置的重要依据。

规划范围：青岛全域

规划期限：2020—2022年

一、指导思想和基本原则

深入贯彻落实习近平新时代中国特色社会主义思想、党的十九大和十九届五中全会、2020年中央经济工作会议精神，坚持"房子是用来住的，不是用来炒的"定位，规范发展长租房市场，坚持以人民为中心，坚持市场为主，坚持需求导向下的供给侧改革，加快建立多主体供给、多渠道保障、租购并举的住房制度，努力实现广大群众住有所居，满足人民日益增长的美好生活需要。

（一）市场主导，政府支持

坚持市场在资源配置中的决定性作用，以市场为主满足多层次需求，丰富供给主体、扩大供给渠道、提升服务水平；更好地发挥政府的调控和支持作用，培育市场动力、规范市场发展、提振租赁消费、保障居住权益。

（二）租购并举，统筹协调

租赁与产权相统筹，市场与保障相结合，整体考虑租赁型住房与产权型住房、商品住房与公共住房等各类住房在总体供给中的规模与结构，促进住房发展的整体协调。

（三）增存并重，量质并举

积极适应城市发展方式由外延扩张向内涵挖潜转型，在适当增量扩张的同时，积极促进存量资源释放。推动房地产行业和企业转型发展，促进租赁住房品质和配套服务与人民美好生活需要相适应，提升租住全链条运营服务水平。

（四）职住平衡，特色示范

立足青岛特色的组团式城市空间格局，促进租赁住房供给规模、类型、空间与城市功能产业发展、就业人口特征充分适应，推动形成合理交通支持模式下的组团内职住平衡，提升通勤幸福度。在组团职住平衡领域，构建具有青岛特色的租赁市场发展体制机制。

二、发展基础

（一）城市发展基本情况

经济产业发展态势良好，城市活力不断增强。2019年，青岛市实现国内生产总值11741.31亿元，占全省经济总量的16.5%，位居全省第一，在长江以北区域名列前茅。人均GDP达124282元，高出全省平均水平75%。城镇人均可支配收入达到45452元，远超全省平均水平。2015—2019年，青岛市GDP总量和人均GDP增速均逐渐趋于平缓，经济呈现缓中趋稳发展态势。

人口持续稳定增长，对外来人口吸引力大。青岛市人口基数大，属典型的人口流入型特大城市：2015—2019年，青岛市常住人口从909.7万人增加到949.98万人，年均增长10.7万。青岛在省内的人口集聚作用日益显著，常住人口增量占全省比重从

2015年的10%上升到2019年的45%。全市城镇人口由2015年的637万人增加到2019年的704万人，年均增长约17万。近年来流动人口维持在200万人以上，2019年末，全市流动人口225.43万人，较2015年增长了20.5%。

房地产市场快速发展，住房供需基本平衡。2019年底，全市约有城镇住房2.9亿平方米，共306万套，总体实现户均一套房，城镇居民人均住房建筑面积31.9平方米。青岛市房地产开发投资额2019年达到1808.8亿元，其中住宅投资占68.7%，年均增速13.1%。近年来房地产竣工面积稳定在年均1300万平方米左右，其中住宅竣工面积约1079万平方米。商品房销售面积在2016年达到高点后平稳回落。

（二）租赁市场发展现状

租赁住房规模稳定增长，租赁市场日益活跃。青岛市目前租赁房源总量约为37.5万套，约3535.6万m^2，占城镇住房总量的12%左右。现状城镇租房人口约188万，租房人口人均住房建筑面积约19m^2。近年来房源供给稳步增长，年均出租房源新增上市在20万~30万套，2019年上市房源较2009年增加了53%，有出租房源上市的小区比2009年增加了1.3倍。租赁市场活跃区域也由市南区、市北区向西海岸新区、城阳区扩散，房源分布更加均衡。

租赁住房供应以市场为主，专业化经营机构发展迅速。从类型结构看，全市累计建设和筹集公共租赁住房7.5万套、租赁型人才住房约5万套，分别占全部租赁住房供给套数的20%、13%，房源供给以市场化租赁住房为主（占67%）。从供应主体看，个人租赁房源占全部租赁房源供给面积的76%，机构代为经营房源占比12%，个人供给主体为主的特征较为明显。但2017年以来，青岛市住房租赁企业进入快速发展期，目前已达132家左右，其中规模较大的租赁企业有7家，从业人数400余人，运营店面49个，运营间数约1.2万间。全市在业的住房租赁经纪机构共3570家（其中2019年新增367家），从业人员约1.5万人。

住房租金增长相对平稳，租赁可支付性总体较好。与同类城市相比，青岛市住房租金长期处于较低水平，租金增长总体平稳。2019年主城区住房租金平均价格为37.9元/（月/平方米），相比2009年仅上涨33%，租房可支付性总体较为合理。2019年，青岛市主城区平均租售比为1∶548，在同类城市中仍处于相对较低水平，整体尚处于发展租赁市场的有利时期。

信息化平台启动运行，长效化管理机制逐步建立。2019年末，青岛市"1+N"模式的住房租赁服务监管平台上线运行，有效提升了租赁市场信息化服务监管水平。目前，已逐步形成以住房租赁工作领导小组牵头，市、区及各部门多层次组成的住房租赁工作领导体系，先后起草并印发了《关于加快培育和发展住房租赁市场的实施意见》《青岛市利用集体建设用地建设租赁住房试点实施方案》《关于进一步促进住房租赁市场平稳健康有序发展的通知》等12项配套支持政策，市场长效化管理机制和配套政策体系初步构建成形。

与此同时，城市租赁市场发展还存在一定问题与挑战：一是租赁住房房源供应不足,并存在供需空间错配、结构失衡等结构性矛盾;二是租赁企业发展面临房源筹集困难、投资动力不足等制约性因素;三是新市民租房消费能力仍有不足;四是市场管理体制机制建设仍较为滞后。

三、面临形势

(一)双循环发展新格局需要降低居住成本

当前城市总体较高的房价水平,抬高了城镇化和城市经济运行的基础性成本。培育和发展住房租赁市场,有利于降低居住成本,释放消费潜力,既是落实"房住不炒"、促进房地产市场平稳健康发展的重要举措,也是促进房地产行业对经济贡献方式转型升级、住房与实体经济协调发展的重要抓手,进而为加快形成以国内大循环为主体、国内国际双循环相互促进的新发展格局提供有力支撑。

(二)人口持续集聚推高住房租赁需求

我国人口向城市群、中心城市进一步集聚的态势日益显著。青岛是山东半岛城市群的中心城市之一,承担了上合示范区、国家军民融合创新示范区、财富管理金融综合改革试验区等多项国家战略,省内及周边地区人口的持续集聚将带来不断增长的住房需求。而城市当前相对较高的房价收入比导致新市民购房能力不足,将进一步促进住房需求和消费结构调整,推高租赁需求。预测2022年,全市城镇人口将超过750万,城镇租房人口约214万,未来3年租赁住房需求缺口在750万平方米左右。

(三)多样化租赁需求亟待构建多层次供给体系

租房需求群体不断扩大,不同类型群体对住房的差异化需求日益显著。城镇中等偏下收入住房困难家庭要求更加稳定、成套的住房保障;以新就业大学生和外来务工人员为主的新市民对宿舍、单间以及一、二居小户型需求十分旺盛;而常住人口之外的其他临时性、过渡性租住人群也对短租市场提出了一定要求。践行"以人民为中心"的发展理念,需要推动人人共享的包容性发展,着力解决租赁市场在类型结构和空间上的供需失配问题,积极回应各类承租主体的差异化住房需要。

(四)专业化企业加速发展形成多主体供给新局面

随着住房租赁市场深入发展,租赁市场的巨大潜力会被多方资本所看重,租赁市场从散户化租赁到机构化、平台化运营是大势所趋,以住房租赁为主的投资机构及运营商会持续增加,机构经营的长租公寓在租赁住房供给中的市场份额将显著提升,租赁市场供给主体将逐步由当前以个人为主,转变为个人、房地产经纪机构、专业租赁机构多元主体并举的局面。

(五)租赁住房消费升级带来品质提升要求

租房消费群体年轻化趋势明显,90后、95后已经成为租赁市场主力人群。伴随新市民总体素质显著提高,未来以新就业大学生为主的引进人才将逐渐成为新增住房租赁需求的主体。以知识新青年为代表的新市民住房消费意愿和能力不断提高,租房"消费升级"日益明显,将更加注重租房品质、租房便利性、透明度、社区化体验及其他衍生服务，进而推动租赁市场类型与服务供给的转型升级。

四、发展目标

（一）总体目标

以推动住房高质量发展为主题，以深化体制机制改革为突破，推动住房租赁市场供给侧改革和需求侧保障，形成租购并举、协调互促的房地产市场发展格局。到2022年，基本建立法规制度健全、供应主体多元、经营服务规范、市场交易活跃、租赁关系稳定、消费价格合理的住房租赁市场体系。量质并举、增存并重，实现租赁住房供需总量平衡、户型结构适配、空间布局得当、品质服务卓越，彰显青岛特色，形成全国示范。

（二）具体目标

规划期末，实现城镇租房人口人均住房建筑面积达20平方米，全市租赁住房房源达到50.5万套（间），租赁住房套数占全部城镇住房套数的比例提升至15%以上。实现为50%的新增城镇人口提供满足需求的租赁住房，近30%的城镇人口租房居住。

多渠道增加租赁房源供给。以新建、改建为主，盘活存量为辅，多渠道增加租赁住房有效供给。规划期内新增租赁住房供给约13万套（间），其中：通过新建、改建方式增加租赁住房约7万套（间）（含新建公租房0.4万套）；通过盘活存量住房方式增加租赁住房约6万套（间）。

培育专业化、规模化市场供应主体。通过政策支持，培育和规范住房租赁行业，积极培育专业化住房租赁企业，并促进企业扩大市场占有率，探索形成市场运营的可复制、可推广模式。至规划期末，培育专业化、规模化租赁企业（房源在1000套或面积达到3万平方米以上）15家。

健全适应市场发展的管理体制机制。破除制约住房租赁市场发展的体制机制障碍，形成涵盖住房租赁立项、规划、建设、竣工验收、运营管理全流程的住房租赁政策体系。建立多部门互动协作、多层级上下衔接的长效工作机制。

提高规范化、信息化的监管服务水平。推广信息平台使用，构建政企联动、房源全覆盖的租赁市场信息化管理机制。提高住房租赁市场运行监测能力，为政府提供住房租赁市场全方位动态监管服务；为住房租赁企业、房地产经纪机构提供住房租赁交易服务和技术支持；为消费者提供真实透明、安全便捷的租赁信息服务。大幅提升通过平台备案的住房租赁企业和房地产经纪机构数量。有序引导房源核验、入库和交易备案。实现试点奖补项目的租赁房源和网签备案100%纳入住房租赁管理服务平台管理。逐步提高其他住房租赁合同的网签备案率。

构建保护租赁权益的市场消费环境。积极推进租购同权，促进承租人公平享受公积金等住房金融支持和与住房挂钩的城市公共服务。积极稳定租金，将租金涨幅控制在城市居民人均可支配收入的涨幅之内。维护良好的市场秩序，防范金融信贷风险，全面提升租赁消费意愿，保障消费安全。

提升租赁住房品质和综合服务水平。积极适应住房发展步入量质并举阶段的新要求,着力满足全体人民更高水平、更高质量的美好生活居住需要。保障安全卫生的居住条件,提高租赁住房建造设计质量,推动智慧化的运营服务管理,完善社区配套服务,优化空间布局和通勤效率,全面提高租房幸福度和满意度(表1)。

租赁市场发展指标体系　　　　　表1

指标类型	指标名称	指标值	指标性质
规模发展指标	出租房源上市套数	每年30万~50万套(间)	预期
	租赁住房总量	≥50.5万套(间)	预期
	租赁住房增量	≥13万套(间)	约束
	新建租赁住房数量	≥6.4万套(间)	约束
	改建租赁住房数量	≥0.6万套(间)	约束
	盘活存量房源数量	≥6万套(间)	约束
	培育专业化、规模化企业数量	≥15家(年均5家)	预期
机制建设指标	制定住房租赁相关政策制度	是	预期
	建立存量房屋基础数据库	是	预期
	建设完成住房租赁管理服务平台	是	预期
	建立住房租赁企业和房地产经纪机构数据库	是	预期
	新增房源和住房租赁合同网签备案率	100%	预期
	财政奖补项目纳入住房租赁管理服务平台	是	约束
社会效益指标	租金价格涨幅控制	不高于人均可支配收入增幅	约束
	租住财政奖补项目承租人满意度	≥80%	预期

指标解释:

1.改建租赁住房:指工业厂房、商业用房、城中村、城边村、闲置毛坯房以及其他改建为租赁住房的项目。

2.盘活存量房源:将闲置住宅转化为租赁住房。

3.专业化、规模化住房租赁企业:房源在1000套(间)或面积达到3万平方米以上。

4.住房租赁企业:指出租自有房屋或转租他人房屋的企业(不含民宿、酒店等)。

5.经纪机构:指实际从事房地产经纪活动的中介服务机构。

6.住房租赁管理制度:包括租赁住房发展规划;住房租赁市场管理制度;新建、改建租赁住房管理规定和报建流程;住房租赁企业、经纪机构登记备案或信息采集规定;开通租赁投诉举报渠道等。

7.新增房源和租赁合同网签备案率:指纳入财政奖补项目的房源及租赁合同备案率。

五、重大任务

（一）构建青岛特色的租购并举住房制度

构建"2×2"模式的住房供给体系。按照供应主体的差异，将住房分为商品住房和公共住房两类。同时，根据产权形式的不同，商品住房分为用于销售的商品住房和市场化租赁住房，公共住房分为租赁型公共住房和产权型公共住房。

推行差异分类的租赁住房供给模式。青岛租房人口主要包括城镇中等偏下收入住房困难家庭，新市民（非户籍的新就业大学生、新引进人才、外来务工人员），以及因工作、经商、旅游等需要临时性短期租住的人群。对租赁补贴在保的城镇中等偏下收入住房困难家庭，逐步实施公租房实物保障；对存在租赁需求的新就业大学生和新引进人才，及存在租赁需求的外来务工人员，根据住房困难和支付能力等情况，以租赁型公共住房为主，结合市场化租赁住房供给；对临时性短期租住的人群和其他各类租赁需求人群，主要以市场化租赁住房供给。

规范培育市场化租赁住房。市场化租赁住房由社会主体投资建设和筹集，以新市民为主体，面向存在长、短期租赁需求的各类居民供应。通过鼓励个人出租闲置住房，引导企业盘活个人零散房源、改造和新建租赁房源等，多渠道实现市场化租赁住房扩容提质。积极推动专业化住房租赁企业扩大经营规模，提供长周期、稳定化、标准化的住房租赁服务。有序引导各类市场供应主体实施房源备案、合同网签备案，逐步实现对全部市场化租赁住房的规范、动态监管。

积极发展租赁型公共住房。通过政府直接投资建设或支持社会力量建设，多主体多渠道增加租赁型公共住房。其中：公租房单套面积控制在60平方米以内，主要面向城镇户籍和环卫、公交等公共服务行业的非户籍住房困难家庭供给，规划期内着力解决约4000户租赁补贴在保家庭的实物配租需求。租赁型人才住房单套（间）面积30~50平方米，主要面向在青岛全职工作且在青岛市无住房的各类人才供给。对各类租赁型公共住房，实施差别化租金制度，并按照相关规定，继续加强分配和运营管理，优化空间布局，完善周边配套，不断提升后期运营和服务水平。

（二）完善多样化、多渠道的房源供应体系

国有土地集中建设租赁住房。通过企事业单位自有土地、协议出让土地、整体出让租赁住房用地等国有土地供地渠道，集中建设租赁住房。规划期内利用国有土地集中建设租赁住房约14700套（间）。

国有土地配建租赁住房。严格落实租赁型人才住房配建政策，不同类型用地分别按照规划住宅建筑面积的10%~45%实施配建。企业在新建商品房中超出应配建比例持有租赁房源，开展住房租赁业务的，可在商品房预售许可和商品房预售资金监管等方面给予政策支持，在企业信用考核中给予加分，并引导金融机构给予贷款支持。规划期内利用国有土地配建租赁住房约45000套（间）。

集体土地新建租赁住房。推动集体土地有效利用，缓解城市居住用地供需矛盾，

以城阳区、黄岛区、胶州市为重点，积极推动集体用地建设租赁住房试点工作。集体土地建设租赁住房项目以解决周边人员住房租赁需求为主，套型结构和面积标准原则上以中小户型为主。加强建设和运营的全周期监管，集体土地建设的租赁住房全面纳入青岛市住房租赁服务信息监管平台管理，防止变相开发房地产和以租代售。

盘活低效存量非住宅房屋改建租赁住房。调查、挖掘潜力改造空间，鼓励各类市场主体改建闲置、低效利用商业办公用房及工业厂房，用作租赁住房。改造租赁住房须满足安全健康居住和消防疏散基本条件，符合相关建设标准和规范，并按《关于支持和规范存量非住宅房屋改建租赁型住房工作的意见》办理相关手续。规划期内改造租赁住房约6000套（间）。

盘活闲置存量住房用作租赁住房。结合老旧小区改造，切实解决建筑物结构老化和配套设施破损、市政设施不完善、外部公共空间环境脏乱差等问题，通过住宅品质和生活服务的综合改善，提高老旧小区闲置住宅的吸引力和出租率。引导房地产经纪机构和专业化租赁企业收储市场闲置住房，通过专业化的装修改造，及后续运营管理，实现闲置住房的高效、成规模更新和利用。

（三）培育专业化、规模化的市场供应主体

发挥国有企业的引领、规范、激活作用。鼓励国有企业发挥社会担当和"压舱石"作用，在回报率相对较低、回报周期相对较长的"硬资产"投资领域引领牵头，利用自身在房源获取、金融支持等方面的优势，积极新建和筹集租赁住房，自持运营或为其他运营企业提供长期、稳定的房源供给。

扩大专业化企业租赁运营服务规模。以市场为主导，培育一批专业化、规模化的住房租赁企业。鼓励房地产开发企业逐步从单一商品房开发销售向配建自持租赁住房的运营模式转变。支持具有一定运营经验和规模的国有、民营和混合所有制企业将住房租赁纳入经营范畴。鼓励现有住房租赁企业通过规模化、集约化、专业化提升运营管理水平，保持和扩大运营规模。

重点促进长租市场发展并有序引导长短租结合。鼓励企业针对长期就业居住的新市民需求，持续、稳定提供半年以上长租房源。立足旅游城市特色，允许企业以长短租市场结合的模式发展，通过一定比例房源在不同租期的转化，降低房源闲置率，平衡淡旺季需求。加快短租规范化运营管理制度落地，支持企业规范化发展。

引导企业发展盈利模式转型。鼓励租赁企业发展多层次、多样化的租赁产品与服务供给体系，扩大业务增长点和利润增长点，增强市场抗风险能力。积极引导住房租赁企业与房地产开发、金融资管、信息服务、智能设备等多个领域的行业间合作，延伸产业供应链条，并促进租赁业务和多元化生活服务业的交融结合，引导探索可盈利、可持续、可复制的租赁经营模式。

发挥行业协会规范引导作用。建立住房租赁行业协会，行业协会应开展行业评估，协助政府制定实施完善的行业规范和有关技术标准，建立健全各项管理制度，加强企业自律管理。完善从业人员行为准则，促进住房租赁企业和人员依法经营、诚实守信、

品质服务。加强企业交流和从业人员业务培训，不断提高行业发展水平和从业人员业务素质。

（四）健全适应市场发展的管理体制机制

构建市级抓总、属地落实的责任分工机制。市政府主要领导担任组长的市住房租赁工作领导小组（现整合为青岛市住房制度改革和住房保障工作领导小组），负责全面统筹住房租赁工作，领导小组办公室设在市住房城乡建设局。建立并完善例会、通报和考核等各项制度。各区市政府为属地范围内培育和发展住房租赁市场责任主体，负责协调属地范围内住房租赁相关事项，处理属地范围内住房租赁相关事务和纠纷，督促租赁当事人遵守住房租赁管理有关规定，加强对住房租赁情况的日常检查。

健全专班主管、部门协同的联动工作机制。加强住房租赁管理机构和人员保障，市住房城乡建设局设立专门的住房租赁管理机构，负责全市住房租赁市场管理、指导和监督工作。建立住建、自然资源规划、网信、市场监管、公安、发改、金融监管等多部门协同联合的监管体制，明确部门职责分工，建立信息共享和工作联动机制，切实加大对全市住房租赁市场的监管和支持力度。

推进服务下沉、网格覆盖的基层管理机制。充分发挥社区、居民委员会和村民委员会等基层组织以及物业服务企业的作用，将住房租赁管理和服务的重心下移。街道（镇）按照规定职责负责本辖区内住房租赁市场管理的具体事务，以及协调化解矛盾和协助监督等工作；社区（村）做好所属区域租赁住房的基础性管理。实行住房租赁网格化管理，网格员做好住房租赁信息采集、日常巡查、综合管理等工作。

（五）提高规范化、信息化的监管服务水平

构建统一的租赁市场房源和交易数据库。实现租赁住房基础数据库的数据整合、入库规则、数据共享的标准体系建设，初步建成"楼幢—楼盘表—分户"管理的租赁住房基础图形库，抽取汇聚业务系统房屋要素属性，形成租赁住房基础属性库。借助青岛市政务资源共享平台进行数据交换，实现政府各部门间的信息共享，为政府和社会提供更高质量的信息服务。

提高住房租赁市场运行监测能力。采取政府服务和市场运营相结合、市场主体和个人用户全参与等方式，通过对房屋全生命周期数据的挖掘，对全市住房租赁市场运行进行动态监测，为政府管理部门分析住房租赁市场发展趋势和研判房地产市场形势提供数据和技术支撑。

加强市场主体和从业人员动态化监管。逐步实现住房租赁市场主体的平台化管理。实现房地产经纪机构及其从业人员在平台的实名备案管理和信用管理，并建立多部门守信联合激励和失信联合惩戒机制。将具有严重违规行为的企业及其法人代表、股东纳入"黑名单"管理并抄送相关部门，信用评分与财政、税收、金融等政策挂钩。

推动规范化、便捷化的租赁线上交易。积极引导线下交易全面向线上交易转变。推动各类住房租赁主体使用服务信息监管平台；逐步推行通过平台进行出租房源的真伪性核验和备案；全面推行以住房租赁合同示范文本为基础的租赁合同网签和备案工作。

优化网签备案办理程序。实现自助终端设备办理和人工服务窗口并行的线下业务办理。推进"互联网大厅"模式,通过集成身份证人证比对、租赁合同网签和备案功能于一体的自助办理系统,以及政务网站、移动 App 等形式,逐步实现网签备案"线上办理、不见面办理",并推进网签备案的下沉式网格化管理,实现租赁交易服务的就近、便捷办理。

(六)构建保护租赁权益的市场消费环境

完善租购同权导向下的公共服务政策。通过市级住房租赁服务监管平台,将房屋租赁合同备案信息与税务、金融、住房公积金、市场监管、公安、教育、人力资源社会保障、卫生健康等主管部门共享。依法登记备案的非本市户籍承租人申领居住证后,可以按照规定享有基本公共服务,符合各区(市)入学条件的随迁子女可以申请在居住证所在区(市)按照相关规定接受义务教育。

探索建立稳定的住房租赁价格体制。结合平台运营和大数据分析,提高信息化监管能力,建立科学合理、系统全面的租金价格监测体系。定期公布不同区域不同类型租赁住房的市场租金水平信息,逐步建立住房租赁指导价格发布制度,引导租赁双方合理确定租金价格,稳定市场预期。强化规模化、专业化住房租赁企业在稳定住房租赁价格方面的示范作用。

加大市场秩序管控力度。加大住房租赁违法违规行为查处。严厉打击租赁企业、房地产经纪机构垄断房源、"炒租"等违法违规行为,对市场欺诈、投机、不公平交易、不公平竞争、控制市场或者滥用市场势力等进行严格监管。严格保障租赁住房遵守相关法律法规和租赁合同约定,不得以租代售,不得改变房屋用途。全面加强住房租赁业务社会化信息服务平台的管理,采取信息监管措施对经纪机构、从业人员资质和租赁房源的真实性进行核验。对未按规定备案和公示相关信息、发布虚假房源和虚假广告的租赁企业、房地产经纪机构和个人,依法依规严厉处罚并公开曝光,并将违法违规信息纳入信用信息共享平台。

加强租赁房屋治安管理。推动"人房共管",公安部门负责流动人口的居住登记和居住证的发放和管理;督促指导居民委员会、村民委员会、物业服务企业等单位排查租赁住房的治安安全隐患。

(七)营造高品质、高效率的幸福租住生活

严格保证基本安全卫生条件。租赁住房应按照简单、适用、环保的原则进行装修,确保材料环保、健康及空气无污染;加强城镇租赁住房和城中村租赁住房违规"群租"的监管,城乡各类租赁住房应以原设计的房间为最小出租单位,且人均租住建筑面积不得低于6平方米。禁止出租人、住房租赁企业将原设计的房间再次分割改造为"房中房"对外出租。厨房、卫生间、阳台、地下储藏室和车库等非居住空间,不得出租用于居住。

推广精细化与绿色智能的建造设计。立足新时代青年租客的消费品位,发展集约精致装修设计的小户型租赁住房。推动智慧化租赁服务管理,为住户提供智能化居住体验。提升租赁住房能效水平和产业化水平,在建设和装修环节,推进装配式建筑和标准化部件运用，推广应用绿色环保材料，政府直接投资或予以支持的租赁住房应率先执行绿色建筑标准规范。

打造宜居空间环境。租赁住房新建和改建，应充分考虑交通、服务设施承载力及居住环境舒适性的要求，合理控制规模、容积率等规划指标。规划建设应进一步增强住区周边与内部绿地和公共开放空间可达性。根据规划引导管控建筑高度、体量、色彩和风格等，打造与周边环境相协调并具有地方特色的景观风貌。

提高租住服务水平。立足"5-10-15分钟社区生活圈"，配备生活所需的基本服务功能与公共活动空间，形成安全、友好、舒适的基本生活平台，营造兼具环境友好、设施充沛、活力多元等特征的社区生活。鼓励发展人性化、标准化、智能化的租赁住房运营管理模式。适应租客生活新需求，促进居住与办公、社交、休闲娱乐等功能的高度融合、混合。鼓励租赁企业与物业公司深度合作，与社区服务互为补充，围绕租住生活，提供更具针对性和更为丰富的生活服务。

着力推动高效通勤。通过合理布局租赁住房，减少非必要的跨组团通勤出行。积极推动租赁住房与就业密集区的临近布局。依托轨道提升公交出行比例与通勤效率，引导新建、改建租赁住房向轨道站点周边集聚。

六、建设指引

根据《青岛市住房发展规划（2018—2022年）》，未来3年青岛市将构建"优化提升区、重点拓展区、远郊发展区"的住房发展总体格局。各分区将以差异化的城市建设、功能提升、产业发展为引导，完善住房供给。

优化提升区包括市南区、市北区、李沧区、崂山区。该区域是青岛市以行政、文化、金融、科教、商贸、商务、旅游度假为主体的综合功能区，也是青岛市历史文化风貌、滨海特色风貌集中区和城市功能疏解区。未来新增住房需求旺盛，而城市空间可拓展潜力较小。

重点拓展区包括西海岸新区、城阳区、即墨区、胶州市。该区域是青岛市城镇发展空间拓展重点区，是青岛市着力建设的科技型、生态型、人文型的新城区，也是实施国家海洋强国战略、产业升级和承接功能疏解的核心区域。上述各区是承载人口和空间拓展的主要板块。

远郊发展区包括平度市、莱西市。两市远离主城区，是青岛市推进新型城镇化、提升生态环境保护水平、城乡统筹发展的重要区域，也是重要的先进制造业基地。住房市场以周边进城农民首次购房和本地居民改善性购房为主，租赁需求相对不突出。

（一）引导空间布局

坚持以需求定供给，基于对各区（市）人口增长、经济社会发展、土地资源约束等的综合研判，立足供需平衡，合理确定各区租赁住房供应总量。（以下规模不含新建公租房）

优化提升区：至规划期末，市南区租赁住房总量约6.5万套（间），其中新增

1.1万~1.2万套（间），新增套（间）数占全市新增总量的比例为8%~9%；市北区租赁住房总量约11.4万套（间），其中新增2.0万~2.1万套（间），新增套（间）数占全市新增总量的比例为15%~16%；李沧区租赁住房总量约7.7万套（间），其中新增1.3万~1.4万套（间），新增套（间）数占全市新增总量的比例为10%~11%；崂山区租赁住房总量约4.8万套（间），其中新增1.1万~1.2万套（间），新增套（间）数占全市新增总量的比例为9%~10%。

重点拓展区：至规划期末，西海岸新区租赁住房总量约10.9万套（间），其中新增2.8万~2.9万套（间），新增套（间）数占全市新增总量的比例为20%~22%；城阳区租赁住房总量约5.8万套（间），其中新增1.9万~2.0万套（间），新增套（间）数占全市新增总量的比例为15%；即墨区租赁住房总量约1.7万套（间），其中新增0.9万~1.0万套（间），新增套（间）数占全市新增总量的比例为7%~8%；胶州市租赁住房总量约0.9万套（间），其中新增0.7万~0.8万套（间），新增套（间）数占全市新增总量的比例为5%~6%。

远郊拓展区：至规划期末，平度市租赁住房总量约0.5万套（间），其中新增0.4万~0.5万套（间），新增套（间）数占全市新增总量的比例为3%~4%；莱西市租赁住房总量约0.4万套（间），其中新增0.3万~0.4万套（间），新增套（间）数占全市新增总量的比例为2%~3%。

（二）优化供给方式

结合各区（市）的存量住房套数和住宅供地潜力，明确新建和存量利用的比例关系，将全市分为三大类型：市南区、市北区、李沧区为存量优先类，新建比例约30%；崂山区、西海岸新区、城阳区、莱西市和平度市为增存并重类，新建比例50%~55%；即墨区、胶州市为新建优先类，新建比例在70%左右。各区（市）改建租赁住房套数视各区工业、商业建筑存量而定（表2、图1）。

优化提升区：市南区、市北区和李沧区重点利用盘活存量、商改租等方式，改善居住环境，增加租赁住房有效供给，形成大分散小集中、高度融合的租赁住房供给模式。市南区新建3000~3500套（间）；市北区新建6000~6200套（间）；李沧区新建4000~4200套（间）；崂山区在合理挖掘存量基础上，依托山前产业带，适度新建人才住房，新建5500~6000套（间）。

重点拓展区：城阳区以机场搬迁带动城市副中心建设为契机，结合企业搬迁、旧村改造等城市更新，腾退建设用地、大力促进工改租，并结合集体用地建设、新建住宅用地配建等方式，实现房源扩容增量，新建9500~10000套（间）；西海岸新区应结合创新产业园区建设，新建与配建相结合，通过集中建设以及科研院校、企业利用自有存量建设用地建设等方式，积极拓展各类租赁住房建设规模，新建14000~15000套（间）；即墨区和胶州市可通过产业用地配建等方式，为企业员工、产业工人配置职工宿舍、蓝领公寓等，支持工业园区通过提高生活设施用地比重建设租赁住房，即墨区新建6500~7000套（间），胶州市新建5000~5200套（间）。

各区租赁住房总量和新增套数　　　　　　　　　　　　　　表2

	租赁住房总量/万套（间）	新增租赁住房总量/万套（间）	
		新增总量	其中：新建
全市	50.5	13	6
市南区	6.5	1.1~1.2	0.30~0.35
市北区	11.4	2.0~2.1	0.60~0.62
李沧区	7.7	1.3~1.4	0.40~0.42
崂山区	4.8	1.1~1.2	0.55~0.60
西海岸新区	10.9	2.8~2.9	1.40~1.50
城阳区	5.8	1.9~2.0	0.95~1.00
即墨区	1.7	0.9~1.0	0.65~0.70
胶州市	0.9	0.7~0.8	0.50~0.52
平度市	0.5	0.4~0.5	0.20~0.25
莱西市	0.4	0.3~0.4	0.15~0.20

备注：新增总套数中的新建公租房（0.4万套）和改造租赁住房套数（0.6万套（间））另行分配。

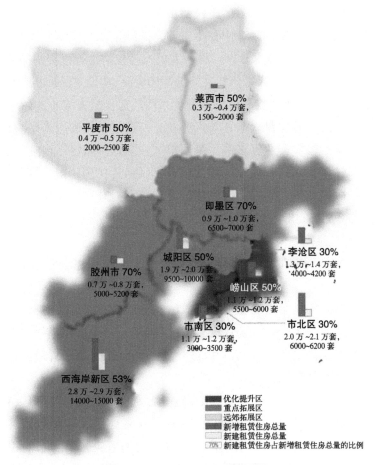

图1　租赁住房分区发展指引图

远郊发展区：平度市、莱西市结合产业园区、特色小（城）镇建设等，优先满足本地城镇中等偏下及以下收入住房困难家庭、引进人才及乡镇医疗、教育等行业职工的实际需求，适当利用存量潜力，积极推动新建租赁住房。平度市新建2000~2500套（间）；莱西市新建1500~2000套（间）。

（三）提升供给品质

优化提升区：基于配套完备的成熟社区、围绕年轻租客偏爱的活力商圈和消费中心，以公共交通为导向，积极利用地铁站点1km范围的存量空间实施改造，为企业白领、新就业大学生等通勤人群就近提供"一站式管家服务"模式的租赁住房和高品质租赁服务。推进棚户区改造、整治提升老旧小区，优化内部环境与公共空间，提升居民生活品质，建立人才友好、服务便捷的社区生活圈。结合复兴历史街区、活化利用工业遗存、打造特色街区等方式，重点依托中山路、四方路有机更新示范片区建设，增加独具文化特色的租赁住房供给。崂山区发挥自然生态优势，依托国际会议中心、金家岭金融区等区域，结合高端旅游度假设施建设，发展度假、健康、养老、会展等主题的租赁型住房项目，推动租赁住房建设与商业、旅游产业等融合发展。

重点拓展区：西海岸新区、城阳区需加强医疗、文体、教育等基本公共服务设施配置，提升优质服务供给水平。即墨区、胶州市重点提升老城区居住环境，补足绿地和开敞空间。依托蓝色硅谷核心区、中德生态园、国际生态智慧城、中日韩区域经济合作试验区等科研园区，针对技术专家、科研人员、高校学生等，提供酒店式公寓、Loft等品质化租赁住房。西海岸新区可依托良好的海湾资源，建设高品质租赁住房示范社区。

远郊发展区：积极支撑《青岛市突破平度莱西攻势作战方案（2019—2022年）》的实施，围绕引进重大工业项目、培育新兴产业、打造创新发展服务平台的需要，重点依托平度市"四区七园"产业聚集区、莱西市"一基地六园区"产业聚集区，建立以产业为核心的职住单元模式，为就业职工就近提供租赁住房，减少跨区通勤。实施城区旧城改造和城中村改造，完善基础设施配套，着力提升居住环境和服务水平，建设系列特色示范镇，加快农业人口就地就近城镇化。

（四）推动职住平衡

通过租赁住房空间布局和类型引导推动城市内部实现在合理通勤范围内的职住平衡。

围绕就业中心地区全面增加租赁住房供给。重点在高新区胶州湾北部园区、红岛经济区、城阳总部商务区、新机场片区、蓝色硅谷核心区、西海岸中央商务区、中德生态园、灵山湾影视文化区、董家口片区、金家岭金融区、崂山科技城等就业中心地区周边增加租赁房源供给（图2）。

紧密结合人才就业分布配置租赁型公共住房。重点在西海岸新区、市南区、市北区等人才引进量较大的地区，围绕崂山区高科技工业园区、即墨区蓝谷海洋科学城、国家实验室等未来重点打造的科研、产业园区，增加适应人才需求的租赁住房供给。鼓励在西海岸新区、城阳区、即墨区、胶州市、平度市、莱西市选取高铁站周边等交

图 2　租赁住房供给时序指引图

通便利、配套相对完善的片区打造人才小镇，满足各层次人才需求。

实施职住平衡政策引导分区。以最新国土空间总体规划确定的组团为核心依据划定职住政策引导区，对引导区内就业员工实行租赁型公共住房和人才住房的优先配租。努力实现90%的就业人口组团内居住，实现组团尺度职住平衡。

七、保障措施

（一）完善以住房需求为导向的供地机制

充分保障用于租赁住房建设的住宅用地供给，规划期内新建租赁住房（含集中建设和配建）供地需求约 5.5km²（0.83 万亩），年均供地需求约为 1.84km²（0.28 万亩），占住宅供地总量的 20% 左右。

将租赁住房用地供应纳入年度土地供应计划，合理确定租赁住房建设用地供应规模。探索将租赁住房建设用地与商品住宅用地搭配出让，用商品房所得收益平衡租赁住房的建设成本。

（二）加大各级财政支持

充分发挥中央财政支持住房租赁市场发展试点的政策优势，用好中央奖补资金，按照正式出台的《青岛市住房租赁市场发展试点专项资金管理办法》和年度实施细则，重点对房源筹集、企业培育、平台建设和机制完善四大方面进行财政直接奖补。3年计划补贴24亿元。根据项目建设需要，在不增加政府隐性债务的前提下，市区两级财政切实加大对住房租赁市场发展的支持力度，继续出资筹集租赁住房，预计试点期间总投资17亿元。

（三）优化税收政策支持

对依法登记备案的住房租赁企业、机构和个人，落实税收优惠政策。对个人出租住房取得的所得减按10%的税率征收个人所得税，2021年12月31日前房产税暂减按2%的税率征收。落实营改增关于住房租赁的有关政策，对个人出租住房的，由按照5%的征收率减按1.5%计算缴纳增值税；对其他个人出租住房月收入不超过10万元的，可按规定享受免征增值税政策；对一般纳税人出租在实施营改增试点前取得的不动产，允许选择适用简易计税办法，按照5%的征收率计算缴纳增值税。

（四）增强金融政策支持

鼓励开发性金融等银行业金融机构按照依法合规、风险可控、商业可持续的原则，加大对租赁住房项目的信贷支持力度，向住房租赁企业、进入住房租赁市场的房地产开发企业提供分期还本等符合经营特点的长期贷款等金融支持。鼓励金融机构开发优惠贷款利率的定向金融产品，向住房租赁企业提供金融支持，鼓励政策性金融机构比照保障房建设或者棚户区改造贷款优惠条件发放长期低息贷款。支持金融机构创新针对住房租赁项目的金融产品和服务，鼓励住房租赁企业和金融机构运用利率衍生工具对冲利率风险。拓宽住房租赁企业直接融资渠道，支持发行企业债券、公司债券、非金融企业债务融资工具等公司信用类债券及资产支持证券，专门用于发展住房租赁业务。稳步推进房地产投资信托基金（REITs）试点工作。

（五）加大住房公积金支持

职工连续足额缴存住房公积金满3个月，本人及配偶在本市行政区域内无自有住房且租赁住房的，可提取夫妻双方住房公积金支付房租。租住公共租赁住房的，按照实际支出全额提取。租住商品住房，提供身份证明、住房租赁备案证明及房租发票的，在不超过市住房公积金管理委员会确定的租房提取额度上限的情况下，可按照实际房租全额提取；不能提供住房租赁备案证明及房租发票的，可按照本市规定的年度提取额度定额提取。

八、规划实施

（一）年度计划

2020年，计划通过新建、改建方式新增租赁住房房源约2.2万套（间），其中新建2万套（间），改造0.2万套（间）（图3）；通过盘活存量方式新增租赁住房房源约2万

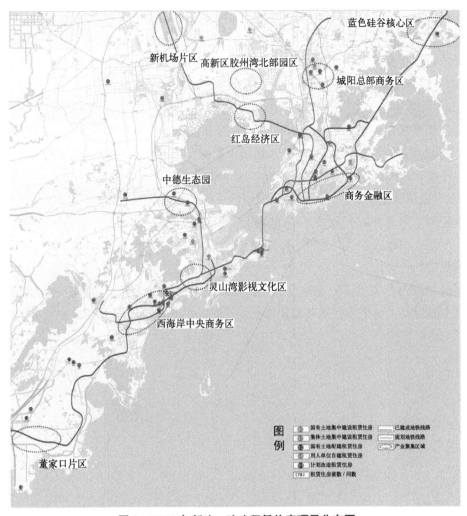

图3 2020年新建、改建租赁住房项目分布图

套(间)。鼓励发展以住房租赁为主营业务的专业化企业,新增5家运营房源在1000套(间)或建筑面积达到3万 m² 以上的专业化、规模化住房租赁企业。大力促进租赁服务信息监管平台与市场主体信息对接,持续推动平台功能升级。出台《关于进一步规范存量非居住房屋改建租赁住房工作的实施意见》。

2021年,计划通过新建、改建方式增加租赁住房房源约2.2万套(间),其中新建2万套(间),改造0.2万套(间);通过盘活存量方式新增租赁住房房源约2万套(间)。新增5家运营房源在1000套(间)或建筑面积达到3万平方米以上的专业化、规模化住房租赁企业。全面推进平台使用,积极引导个人房源入库登记,推动规范、便捷的租赁线上交易。根据实际需要不断完善住房租赁政策体系。

2022年,计划通过新建、改建方式增加租赁住房房源约2.2万套(间),其中新建2万套(间),改造0.2万套(间);通过盘活存量方式新增租赁住房房源约2万套(间)。

新增5家运营房源在1000套（间）或建筑面积达到3万平方米以上的专业化、规模化住房租赁企业。持续完善平台建设，实现服务功能完善、信息覆盖全面、运行规范稳定。基本形成涵盖住房租赁建设、运营、管理工作全流程的住房租赁政策体系。

（以上房源建设计划不包括公租房，公租房建设计划另行制定）

（二）评估考核

建立规划定期评估和动态调整机制。及时加强规划实施过程中的重大问题研究与协调，发挥规划的指导作用。每年度对规划实施情况进行评估，并视情况调整年度计划。规划和年度计划的制定与修改实施情况，应主动向社会公开、接受监督。

（三）适用范围

本规划适用于青岛市全域，包括市辖七区和胶州、平度、莱西三市。市、区各级建设、规划、土地、财政等相关主管部门，应根据本规划制定工作方案，确保本规划目标如期实施到位。

本规划期内各类租赁住房建设和租赁市场发展工作的开展，应符合本规划及本规划年度实施计划。与租赁住房和租赁市场发展相关的政策、计划，应与本规划相协调。

海 口

海口市利用集体建设用地建设租赁住房实施方案

为积极稳妥推进海口市利用集体建设用地建设租赁住房试点工作，构建租购并举的住房体系，建立健全房地产平稳健康发展长效机制，结合海口市工作实际，制定本方案。

一、总体要求

（一）指导思想

全面贯彻落实党的十九大精神，深入贯彻落实习近平总书记系列重要讲话精神，坚持"房子是用来住的，不是用来炒的"定位，以构建租购并举的住房体系为方向，着力构建我市城乡统一的建设用地市场，有效拓宽租赁住房的供应渠道，完善利用集体建设用地建设租赁住房审批程序；完善集体建设用地产权制度，拓宽集体经济组织和农民增收渠道；拓展集体建设用地用途，加快集体建设用地改造，促进集体建设用地优化配置，提高节约集约利用水平，为建设海南自由贸易试验区和中国特色自由贸易港提供用地保障，推动建立房地产平稳健康发展的长效机制。

（二）工作目标

通过试点，成功运营一批集体租赁住房项目，完善利用集体建设用地建设租赁住房规则，形成一批可复制、可推广的改革成果，为全国推进集体建设用地建设租赁住房提供经验借鉴，为构建海口市城乡统一的建设用地市场提供支撑。

二、基本原则

（一）符合规划、权属清晰、存量优先原则

利用集体建设用地建设租赁住房要与经济社会发展规划相适应，用地必须符合省总体规划和海口市总体规划，须在经依法批准的集体建设用地上进行建设，并以存量建设用地为主，不得占用耕地。

（二）政府引导、市场运作、村民自愿原则

政府统一组织、落实规划、制定政策，充分调动村集体、国有企业、优质社会资本等各类主体的积极性，发挥市场配置资源的决定性作用，采用市场化方式推进集体

建设用地建设租赁住房建设和运营，充分尊重村集体意愿，切实维护村集体等各主体合法权益。

（三）规模适度、有序推进、方便实施原则

集体租赁住房项目在结合住房供需状况基础上，合理控制规模总量，科学安排规划布局，充分考虑实施操作性，优先利用农村闲置地、废弃地等建设集体租赁住房。

（四）市区联动、简政放权、强化监管原则

利用集体建设用地建设租赁住房试点项目方案审批和规划、计划统筹等工作由市级有关部门负责，项目具体行政许可实施、后续监管等工作由属地区级有关部门负责，项目申报方案编制费用由属地区政府承担。集体建设用地建设租赁住房必须依法办理相关审批手续，严格执行用途管制，按整体确权、权属统一的原则进行监管，坚决防止以租代售和变相开发商品住宅，确保集体土地所有权性质不改变。

三、试点范围

在全市范围内符合条件的区域，循序渐进，逐步开展利用集体建设用地建设租赁住房项目试点工作，首期试点拟选择1~2个地块。重点选择基础设施完备，医疗、教育、交通等公共设施配套齐全，有较大人口住宿需求的区域，特别是满足外来务工人员等新市民居住需求的城乡结合部，或者人员较为集中的产业园区附近。

四、试点任务

（一）编制试点项目规划和实施方案

编制试点项目规划，明确用地布局建设规模、建设强度、用地配套、建设投入、运营回报等情况；编制各试点项目实施方案，明确实施主体、改造模式、拆迁安置方案、资金筹措、实施计划等内容。

（二）试点项目报批

探索按照租赁住房用地或产业用地使用集体建设用地，试点批准后，办理立项、用地、规划等手续后由区政府核发使用集体建设用地批准书。探索集体建设用地立项、用地、规划、开工、建设等审批程序，简化审批流程，同步办理各项审批手续，建立快速审批通道。

（三）试点项目供地

结合集体建设用地区位、配套等条件，分析租赁住房收益、建设成本等情况，保

障农民集体权益。农村集体建设用地地价须经土地估价专业机构评估，地价评估报告报市自然资源主管部门备案。涉及入市交易的，由市自然资源主管部门编制土地供应方案，镇村集体经济组织进行确认后，报经市政府批准实施。

（四）试点项目建设

探索以镇村集体经济组织自主开发或联营、入股建设运营集体租赁住房的模式，积极引导国企参股投资，发挥国有企业的引领和带动作用。兼顾政府、农民集体、企业和个人利益，探索集体租赁住房收益分配机制，平衡项目收益和征地成本关系，建立投资收益以及集体建设用地所有权、使用权收益相结合的分配机制，完善集体建设用地增值收益分配。

（五）试点项目不动产的产权管理

在取得项目建设相关批准文件后，项目单位应当依法办理不动产权利证书（土地使用权）。权利证书按项目整体核发，并注明：仅用于租赁住房建设，不得出让、转让，不得转租，不得改变土地用途。项目建成后，项目单位应依法办理不动产权利证书（房屋所有权），土地使用权按宗地整体登记，房产所有权按幢登记，均不予分割登记，并在不动产权证和登记簿上注明集体建设用地租赁住房只能租赁，不得销售。

（六）试点项目运营

1. 关于项目主体

集体租赁住房项目可以由村镇集体经济组织自行开发运营，也可通过与企业联营、入股等方式建设运营租赁住房项目，积极支持和鼓励国有企业参与建设运营租赁住房项目。

按照《中共中央国务院关于支持海南全面深化改革开放的指导意见》（中发〔2018〕12号）关于在海南全省统筹推进农村土地制度改革试点的要求，并根据国家的授权，在符合规划的前提下，集体经济组织可以利用存量集体经营性建设用地入市以出让、出租等方式交易，由土地竞得人进行租赁住房开发建设。

以上方式均需征得村民会议三分之二以上成员或三分之二以上村民代表的同意。

2. 关于建设资金

（1）集体经济组织自有资金，市、区住房保障专业运营机构、园区管理机构或签约租赁的企业支付租金，用于项目开发建设。

（2）农村集体经济组织以建设用地的预期收益，向金融机构申请抵押贷款，获得金融资本的支持。加强与国家开发银行等政策性银行合作，充分利用长期、低息政策性信贷资金。金融监管部门引导有关银行针对符合相关政策的项目，按照风险可控、产业可持续原则开展相关金融产品创新。

（3）由农村集体经济组织以土地使用权入股、联营的方式，与企业联合开发建设。

3. 关于规划布局及用地标准

集体租赁住房用地按照城镇居住用地标准进行规划和管理。在统筹考虑城乡发展和产业整体布局的前提下，确定集体租赁住房的建设类型、用地规模和空间布局，优先在产业比较完备、居住配套相对不足的区域布局，并配置必要的教育、医疗等居住公共服务设施。

4. 关于住房套型结构和标准

集体租赁住房的套型结构和面积标准，以 90 平方米以下中小户型为主，可结合区域实际情况，按照市场需求，进行规划、设计和建设，实施全装修成品交房，要求建筑质量、装饰装修符合相关标准。

5. 关于租赁模式

项目建成后，在符合相关规定的前提下，租赁住房的租金水平可统筹考虑区位、配套、市场需求等因素，并参考周边市场物业水平，与房屋租赁市场接轨。农村集体经济组织应制定出租方案，经民主决策后公开进行。租赁年期、租金价格及支付方式等事项由相应的出租方与承租人协商确定，并可依法约定租金调整方式。集体租赁住房的出租年限不得超过 10 年，一次收取租金一般不超过 1 年，出租合同到期后原承租人可优先续租。

区政府应加强租赁引导，与产业布局、就业人群相结合，促进职住平衡。鼓励将集体租赁住房委托给专业化运营企业进行管理和运营，提高租赁业务和物业管理的标准化、专业化水平。

（七）试点项目监管

集体租赁住房出租管理过程中应遵守相关法律法规和租赁合同约定，不得以租代售。探索建立租金形成、监测、指导、监督机制，防止租金日常波动，维持市场平稳运行。市房管、建设、自然资源、规划、税务、工商等部门要加强协作，各负其责，在房屋运营管理、不动产登记、租赁备案、规划设计、税费征收、经营等方面加强联动，构建形成规范有序的运营秩序，探索搭建统一的网上租赁平台。将租赁房源纳入政府住房租赁信息服务监管平台，统一进行管理，提供便捷规范的租赁信息发布服务，推行统一的住房租赁合同示范文本，实现住房租赁合同网上备案，对参与运营房源的住房租赁机构加强备案管理，强化住房租赁信用管理，建立多部门守信联合激励和失信联合惩戒机制。不得违规使用租金贷。完善合同履约机制，土地所有权人和建设用地使用权人、出租人和承租人依法履行合同和登记文件中所载明的权利和义务。

（八）试点项目资产管理

除规划公共服务设施及人防工程外，归农民集体所有的集体租赁住房及其附属设施设备，纳入农村集体经济组织固定资产台账，加强监管。

农村集体经济组织应严格履行民主程序，制定分配方案。其中，已完成集体产权制度改革的村集体，应按照社区股份合作经济组织章程规定，进行公开、公平、公正分配，并按照本市农村集体经济组织财务公开有关规定，定期公布账目，接受集体经济组织成员监督。

五、组织实施

（一）工作组织

1. 成立海口市利用集体建设用地建设租赁住房试点工作领导小组

由市人民政府分管市长任组长，分管秘书长任副组长，市自然资源、住房和城乡建设、发展改革、国资、财政、税务、金融、工商、公安等部门以及试点项目所在区政府分管领导为小组成员。领导小组下设办公室，设在市自然资源主管部门。

2. 落实责任分工

领导小组的主要职责是负责统筹推进试点工作，研究制定试点工作总体目标和年度任务；掌握试点工作进展，组织对各单位贯彻落实情况的监督检查；协调解决工作中的重大问题，统筹安排、协调督办重点工作；审议试点工作实施方案、试行工作规则、试点项目审批程序、试点工作总结。

领导小组办公室组建工作专班，负责试点项目日常工作，组织召开试点工作联席会议，做好各成员单位之间的联系协调、信息沟通；组织实施集体租赁住房用地摸底调查，制定试行工作规则，加强政策指导；协调做好试点工作宣传报道；负责总结试点工作经验，组织做好迎接上级检查准备。

各成员单位根据领导小组的要求和安排，落实试点工作的有关政策规定和工作部署，完成交办的各项工作任务，提出试点工作的意见和建议，出台配套政策等。

试点项目所在区是具体责任主体，全面负责组织实施当地集体租赁住房试点工作，确定试点项目具体实施方案、领导责任、实施主体及区各部门具体职责等试点工作内容，统筹安排，全面协调镇村集体经济组织等各方关系，将试点工作各项任务落到实处。

（二）工作安排

1. 实施阶段（2018年12月—2019年9月）

试点实施方案经自然资源部、住房城乡建设部批复后，编制试点工作任务分解表，召开试点工作动员部署会，对试点工作全面动员部署。制定利用集体建设用地建设租赁住房管理试行办法及项目审查认定、开发建设审批、规划设计规范、城中村存量房源委托、村级工业园改造提升配建租赁住房、运营监测监管、诚信管理、金融支持等配套政策文件，探索可行、管用、易操作的长效管理机制。

根据实施方案全面推进试点工作，及时研究解决试点工作过程中存在的问题，适时总结海口市试点工作的经验和不足。充分借鉴其他地区的先进做法和经验，完善修订海口市试点工作的政策文件。

2. 中期评估阶段（2019年10月—2020年5月）

在省自然资源主管部门、住房城乡建设部门的指导下，组织开展试点中期评估工作，形成评估报告报省自然资源主管部门、住房城乡建设主管部门。

3. 总结提炼阶段（2020年6—12月）

2020年12月底前，全面总结试点工作组织、实施、建设、运营等开展情况，形成《海口市利用集体建设用地建设租赁住房试点工作报告》。总结试点工作中的审批程序、办事流程、审查细则、管理职责、支持政策等经验，形成《海口市利用集体建设用地建设租赁住房试点工作规则》，形成系列具有可复制、可推广价值的工作规则、标准、政策等经验和模式。

六、保障措施

（一）制度保障

1. 建立联席会议制度

市试点工作领导小组成员单位建立联席会议制度，由市自然资源主管部门牵头组织，定期召开试点工作联席会议，及时通报试点进展情况，共享信息资源，会商和解决试点相关问题。

2. 建立试点工作报告制度

各区（功能区）作为试点的责任主体，要定期向市领导小组汇报动态进展、主要问题、相关建议、经验总结。市领导小组建立定期交流机制，适时组织试点单位进行交流座谈，解决试点工作中遇到的困难，并适时总结经验。

3. 建立试点工作考核评价制度

市领导小组将试点工作任务按时间节点分解、按部门职责分解，形成可量化的试点工作考核评价体系，每一年度形成试点工作考核评价结果并进行通报。

（二）宣传保障

通过政府门户网站、电视、广播、报刊等传统媒介，并结合微信、微博等新媒体宣传渠道，大力宣传试点工作的重要意义。加强政策宣传，鼓励符合条件的集体经济组织、企业等积极参与试点项目建设；加强舆论引导，积极引导消费者树立理性住房消费观念，为培育和发展住房租赁市场营造良好氛围。

（三）法律保障

在试点项目实施中，加强项目执法监管，在项目规划、用地、建设、质量、产权登记等方面加强执法检查。对未经批准擅自建设租赁住房、将租赁住房销售、违法用地、违规建设、质量不达标等情况一律依法予以查处，切实防止以租代售、"小产权房"出现，保障试点项目依法依规建设。

（四）经费保障

将试点工作所需经费纳入政府年度财政预算，确保及时落实经费，安排专项补助资金，保障试点工作的顺利开展。

贵 阳

贵阳市利用集体建设用地建设租赁住房试点实施方案

为促进城乡经济协调发展，盘活农村集体存量建设用地，加快构建租购并举住房体系，全面保障城镇居民和新就业职工、大中专毕业生、来筑务工人员以及大量"贵漂、贵创"等新市民住有所居，推动城镇化进程，打造公平共享创新型中心城市，按照《国土资源部、住房城乡建设部关于印发〈利用集体建设用地建设租赁住房试点方案〉的通知》（国土资发〔2017〕100号）、《中共贵州省委办公厅贵州省人民政府办公厅关于印发〈贵州省全面推进农村资源变资产资金变股金农民变股东改革工作方案〉的通知》（黔委厅字〔2017〕17号）要求，结合贵阳市实际，制定本实施方案。

一、指导思想、基本原则及试点范围

（一）指导思想

坚持房子是用来住的、不是用来炒的定位，加快建立多主体供给、多渠道保障、租购并举的住房制度，实现城乡融合发展，人民住有所居，增加人民群众的获得感。以精准扶贫、精准脱贫为背景，以"城乡三变"改革为路径，以建设公平共享创新型中心城市为总目标，积极稳妥开展利用集体建设用地建设租赁住房试点工作，促进城乡二元土地结构按照市场化的方式进行更有效的资源配置，多渠道解决以新市民为主的新就业职工、大中专毕业生、来筑务工人员等住房困难突出问题，实现住有所居。

（二）基本原则

1. 坚持自愿，自主运作

要切实尊重集体经济组织成员意愿，收益主要用于发展和提高集体经济组织成员的社会保障水平，确保集体经济组织成员获得长期稳定收益，分享城乡统筹发展成果。

2. 符合规划，用途管制

要促进农村集体建设用地优化配置，进而促进农村产业结构调整和优化布局。项目用地应当符合城乡规划、土地利用总体规划及村土地利用规划，且权属清晰。

3. 有序可控，审慎推进

政府主导，审慎稳妥推进试点。以存量土地为主，不得占用耕地，增加住房有效供给。严格控制试点规模总量，经批准后方可实施，防止以各种名义擅自扩大用地和建设规模。

4. 设施配套，环保达标

项目选址应考虑市政和公建配套设施，满足基本生活条件。应注重环境条件，避开噪声超标或有毒有害、易燃易爆等区域。

5. 依法依规，有序运营

利用集体建设用地建设租赁住房，应统筹规划规模、结构和时序。以满足新市民为主的新就业职工、大中专毕业生、来筑务工人员等基本住房需求为主，强化监管责任，保障依法依规建设、平稳有序运营，做到供需匹配。

6. 注重监管，只租不售

利用集体建设用地建设租赁住房，必须依法履行相关报批手续，不得违法出租和转让建设用地使用权，不得出售或以租代售。

（三）试点范围

按照自愿原则，在重点产业功能区、城乡结合部、重点新城、城镇、产业园区等以新市民为主的新就业人员、青年人才、外来务工人员较多，租赁住房需求较大区域，第一批试点选择云岩区、观山湖区、花溪区、乌当区、白云区、经开区、清镇市、修文县。其余区（市、县）根据推进情况适时开展。

（四）项目选址

项目选址应做到统筹安排、合理布局。尽量安排在城镇、产业园区、中心城区城中村等中心城区、景区周边或生态植被好、交通便捷、公共设施较齐全的区域，市政公交方便，水、电、气、道路、排污系统等基本生活配套设施相对完善。

二、政策措施

（一）规模及户型

以适宜居住、便于管理等为出发点，各租赁住房小区单个项目住房建筑面积不得低于3万平方米，并可按住房建筑面积配建不高于20%的商业服务设施。利用集体建设用地建设租赁住房可以是成套型住房，也可以是宿舍型住房、公寓型住房，以90平方米以下中小户型为主。租赁住房单套户型按如下三类建设："一室一厅"户型，面积不超过40m^2（1人户或2人户）；"两室一厅"户型，面积不超过70m^2（2人户或3人户）；"三室一厅"户型，面积不超过90m^2（3人户或4人户）。应进行装修并配置家具和家电设备，交付使用时达到"拎包入住"。

（二）实施主体

农村集体经济组织可自行开发运营，或通过联营、入股等方式建设运营。

（三）用地供应

在符合城乡规划、土地利用规划及村土地利用规划的前提下，可以利用闲置的镇、村企业用地或废弃的其他集体建设用地建设租赁住房,不得占用耕地。依申请经审核批准用于建设租赁住房用地,其用地性质不变、土地权属不变。坚持节约集约,充分利用现有区块环境优势和存量资源,合理规划产业、生活、生态等空间布局,可由村集体自行调节宅基地、乡镇企业等向规划点集中。

(四)产权登记

建设单位应持国土、规划管理部门明确建设用地使用权人、建设用地使用权性质、取得方式、用途、范围、使用期限及房屋建设合法性的批准文件或书面意见(含附图附表),消防部门验收合格的书面意见,房屋质监部门竣工验收备案证明(无房屋质监部门竣工验收备案证明的,出具质量检测合格意见),向不动产登记部门申请办理初始登记。利用集体建设用地建设租赁住房不得转让、不得抵押,不得分割办理不动产权证书。土地使用权按宗地整体登记,房产所有权按幢登记,均不予分割登记,并在不动产权证和登记簿上注明集体建设用地租赁住房只能租赁,不得销售。

(五)保障对象

利用集体建设用地建设租赁住房主要为解决来筑新就业职工、大中专毕业生、来筑务工人员以及其他"贵漂、贵创"等新市民居住问题。同时,鼓励集体经济组织按规定将利用集体建设用地建设租赁住房统一租赁给用工企业以解决企业新就业人员住房困难。住房租赁年限、经营方式和租金分配等事项由双方协商确定,并签订书面合同。合同期限不超过5年,一次收取租金一般不超过1年,合同期满后若双方无异议可续租。承租住房运营机构统一在住房城乡建设行政主管部门进行住房租赁备案。

(六)资产管理

除规划公共服务设施及人防工程外,利用集体建设用地建设租赁住房及其配套商业和附属设施设备归农村集体经济组织所有。集体经济组织应严格按照本市集体资产管理和村合作经济组织会计制度的有关规定,管理利用集体建设用地建设租赁住房等相关集体资产。集体经济组织可以成立相应的租赁和服务机构,也可以探索采取购买服务模式,将房源有偿委托给专业的住房租赁和物业服务企业,签订租赁经营管理协议,进行专业化管理和开展经营活动;租赁经营管理协议应兼顾集体、农民和企业等利益,理清权利义务关系,平衡项目收益与征地成本关系。对利用集体建设用地建设租赁住房的收益分配等重大事项,集体经济组织应严格履行民主程序,定期公布账目,接受集体经济组织成员监督。要健全完善收益分配机制,切实维护集体经济组织成员的合法权益,利用集体建设用地建设租赁住房租赁收益分配方案须得到集体经济组织成员大会或成员代表大会通过。

(七)建设和运营机制

集体租赁住房的租金水平应统筹考虑区位、配套、市场需求等因素,并参考周边市场，与房屋租赁市场接轨，防止租金异常波动。利用集体建设用地建设租赁住房的建筑质量、装饰装修应符合相关标准。

（八）住房监测监管机制

将租赁房源纳入政府住房租赁信息服务监管平台，统一进行管理，提供便捷、规范的租赁信息发布服务，推行统一的住房租赁合同示范文本，实现住房租赁合同网上备案。对参与运营房源的住房租赁机构加强备案管理，强化住房租赁信用管理，建立多部门守信联合激励和失信联合惩戒机制，不得违规使用租金贷。

三、利用集体建设用地建设租赁住房项目审批程序

利用集体建设用地建设租赁住房项目申报以实施主体为主，按照试点管理的相关要求，办理相关批准手续。

（一）试点申请

实施主体应按照本意见的相关规定拟定试点项目建设实施方案，方案包括：项目名称、建设地点、用地面积与四至范围、土地利用现状及相关图件、用地规划及相关图件、建设规模、资金来源和测算，以及项目建设和运营模式等内容；村集体拟发展的经济类型、经营管理方式、投资赢利模式及预期收益水平、经营收益分配机制等经营管理情况。方案经乡镇、社区初审同意，报区（市、县）政府核准后，由区（市、县）政府报"贵阳市利用集体建设用地建设租赁住房试点工作领导小组"申请试点。

（二）试点批准

收到试点申请后，由"贵阳市利用集体建设用地建设租赁住房试点工作领导小组"办公室组织有关部门，按照实施方案的相关规定对项目方案进行审核。符合试点要求的，由领导小组办公室报市政府批准后实施。

（三）项目报批

实施主体可根据各区（市、县）利用集体建设用地建设租赁住房建设计划目录，结合实际选定建设项目，按有关规定向住房城乡建设部门办理项目计划报批手续，取得计划批准手续后，实施主体向发改、规划、国土和建设等主管部门申请办理立项、规划、用地和开工建设等批准手续。项目立项批复、规划意见、用地批复和建设工程施工许可证等，均应注明：该项目只能用于租赁，不得对外销售。

1. 项目立项

发展改革部门对利用集体建设用地建设租赁住房项目的性质、建设主体、投资来源、招投标方案等方面进行审查，出具项目批复文件。

2. 项目规划

规划行政主管部门根据相关规划要求，对利用集体建设用地建设租赁住房项目出具规划条件等规划意见，规划意见中应包含用地性质、建筑性质、用地位置和范围、建筑规模、控制高度、容积率、绿地率等相应的规划要求。

3. 项目用地

国土部门对利用集体建设用地建设租赁住房项目的土地权属、地类、土地规划等情况进行全面审查，下达项目用地批复。

4. 项目施工

住房城乡建设部门对利用集体建设用地建设租赁住房项目工程建设进行审查，依据上述项目立项、规划、用地手续，出具项目建设工程施工许可证，并对项目施工过程进行监管。

5. 竣工验收

工程完工后，建设单位在取得工程消防、环保、规划的认可文件后依法组织勘察设计、施工、监理、房屋质监部门等进行竣工验收，出具竣工验收合格报告并向城乡建设主管部门进行备案，未组织竣工验收或竣工验收不合格严禁投入使用。

（四）项目报备

区（市、县）政府应及时将项目审批情况上报市利用集体建设用地建设租赁住房试点工作领导小组办公室备案。

四、试点工作时间安排

贵阳市利用集体建设用地建设租赁住房试点工作，按照中央和省关于"租购并举"住房制度改革相关精神，结合即将施行的《贵阳市住房发展规划（2018—2022年）》《贵阳市培育和发展住房租赁市场的工作方案》审慎推进。2019年在公共设施配套完善、轨道等公共交通便利、租赁住房需求较大区域，积极稳妥选择批准一批项目并开工建设，第一批试点项目力争用1~2年时间建成1万套并投入使用。

五、试点工作保障

（一）强化组织领导

按照统筹推进的要求，成立"贵阳市利用集体建设用地建设租赁住房试点工作领导小组"，明确领导小组组长和副组长、成员单位，完善领导小组议事规则和重大事项协调机制，负责研究解决利用集体建设用地建设租赁住房过程中的重大事项，提出解决的政策措施建议，供市委、市政府决策。领导小组办公室设在市住房城乡建设局，负责日常工作事务。

（二）强化监管服务

市及各试点的区（市、县）加强利用集体建设用地建设租赁住房的事前、事中、事后监管和服务。区（市、县）政府应及时将项目审批情况上报市利用集体建设用地建设租赁住房试点工作领导小组办公室。领导小组的主要职责是组织领导全县利用集体建设用地建设租赁住房试点工作，制定试点方案和实施意见，明确改革目标任务，统筹推进改革试点；及时召开联席工作会议，审议利用集体建设用地建设租赁住房的重要政策措施；研究解决跨部门、跨领域的改革重点、难点问题，督促检查重要试点工作事项落实情况和工作开展情况。

（三）强化责任落实

各试点单位要立足职能职责，主动领责，建立专班，狠抓落实。试点区（市、县）要按照市里的部署要求，对应完善相应的领导机构和工作机制，加强和市直有关部门的沟通对接，协同做好相关工作。规划局、住建局会同发改委、国土资源局、统计局、财政局负责编制利用集体建设用地建设租赁住房发展规划和年度计划；住建局会同发改委、财政局、监察局、民政局、教育局、文广局、人社局、统计局、法制办等有关部门制定利用集体建设用地建设租赁住房管理办法；住建部门应探索建立租金形成、监测、指导、监督机制，防止租金异常波动，维护市场平稳运行；公安部门及其派出机构及时办理居住登记、户籍迁移手续，协助基层政府做好社会治安综合治理工作；教育部门积极支持处于义务教育阶段的利用集体建设用地建设租赁住房承租人子女在公办学校就近入学；城市管理部门负责督促产权单位做好利用集体建设用地建设租赁住房项目市政排污、路灯及环卫设施等配套设施的管理；人社部门负责为利用集体建设用地建设租赁住房承租人就业、创业提供政策扶持；工商、税务、商务等部门积极为利用集体建设用地建设租赁住房承租人创业提供政策支持；卫生、体育、供水、供电、通信、燃气、广播电视等部门配合产权人做好利用集体建设用地建设租赁住房项目相关工作；社区服务中心、乡镇政府、利用集体建设用地建设租赁住房产权人或其委托管理单位要建立信息共享机制，按照职责分工做好利用集体建设用地建设租赁住房的社区服务和管理工作。

（四）强化政策支撑

在用足、用活、用好国家、省、市现行政策基础上，围绕实施利用集体建设用地建设租赁住房建设工作，进一步健全完善相关政策措施机制，建立城乡产权要素交易市场，促进资金、人力、技术、信息、权属等城乡要素双向流动，盘活城乡资源要素，吸引社会资本投入利用集体建设用地建设租赁住房建设，促进全面参与城乡统筹，全面共享改革成果。要落实"放管服"改革的总体要求，梳理新建、改建租赁住房项目立项、规划、建设、竣工验收、运营管理等规范性程序，建立快速审批通道，探索实施并联审批。鼓励开发性金融等银行业金融机构在风险可控、商业可持续的前提下，加大对租赁住房项目的信贷支持力度,通过合理测算未来租赁收入现金流,向住房租赁企业提供分期还本等符合经营特点的长期贷款和金融解决方案。支持金融机构创新针对住房租赁项目的金融产品和服务,加强金融监管,防止出现金融风险。

(五)强化地方责任

试点区(市、县)人民政府要按照本意见的精神,抓紧制定具体工作方案和政策措施,切实抓好落实。大力发动辖区内有条件的集体经济组织、社会组织和企业参与利用集体建设用地建设租赁住房建设,广泛动员社会各方力量积极支持试点工作。要充分发挥社区服务中心、乡镇,尤其是村民委员会等基层组织的作用,将利用集体建设用地建设租赁住房的租赁管理和服务重心下移,实行住房租赁网格化管理;建立纠纷调处机制,及时化解租赁矛盾纠纷。

(六)强化指导监督

市直相关部门和区(市、县)有关部门要按照职责分工,加强对试点工作的指导监督,依法规范运行。要加强分类指导,尊重基层首创精神,健全激励和容错纠错机制,允许进行差别化探索,切实做到封闭运行、风险可控,发现问题及时纠偏。

1. 强化监测分析

各试点区(市、县)要健全利用集体建设用地建设租赁住房市场动态监测监管制度,完善监测监管信息系统,掌握土地、房屋出租的数量、结构、价款、时序等信息,研判分析市场形势。

2. 强化价格监管

完善公示租金价格体系,定期发布租金指导价。完善租赁市场的价格形成、监测、指导、监督机制,防止交易价格异常波动,维护市场平稳运行。交易主体应当如实申报房屋租赁价格,不得瞒报或者作不实申报。

3. 强化合同监管

国土资源、住房城乡建设等部门要加强投资协议、租赁合同履约监管,并将相关情况纳入诚信体系进行信用考评。住建部门要探索推行统一的住房租赁合同示范文本,尽快实现住房租赁合同网上备案。

4. 严格责任追究

要强化监督问责,减少寻租空间,对违反土地市场、房屋租赁市场相关规定的地方政府和有关部门、单位以及责任人员严格实行责任追究,坚决打击各种腐败行为。

试点区(市、县)要加强对试点工作的监管服务,密切关注舆情动态,妥善回应社会关切,重大问题及时报告。

贵阳市人民政府办公厅关于贵阳市实施"安居工程"行动计划的指导意见

筑府办发〔2019〕3号

各区、市、县人民政府，高新开发区、经济技术开发区、贵阳综合保税区、贵州双龙航空港经济区管委会，市政府各工作部门，市各直属事业单位，市管企业：

为全面落实党的十九大关于加快建立多主体供给、多渠道保障、租购并举的住房制度，努力让全体市民住有所居的总体安排部署，建立完善住房保障体系和住房市场体系，解决不同收入群体基本住房需求，不断增强市民群众的获得感、幸福感、安全感，结合贵阳实际，提出以下意见。

（……）

三、总体要求

（三）多渠道建设筹集安居住房房源

（……）

4. 支持鼓励

鼓励支持社会力量按保本微利原则，通过自行开发或投资合作等方式建设安居住房。支持企事业单位利用符合规定的自有用地或自有用房，建设和筹集租赁型安居住房。鼓励支持农村集体经济组织利用集体建设用地，通过自行开发经营或者联营、入股等方式建设租赁型安居住房。鼓励支持社会组织等各类主体，依法运营具有公益性质的各类住房。

（……）

抄送：市人才办
　　　贵阳供电局，市消防救援支队，贵州燃气集团公司
　　　中国电信贵阳分公司，贵州广电股份有限公司
　　　贵阳市人民政府办公厅
　　　2019年3月29日印发

实践篇

北京、上海试点概况

集体土地建设租赁住房的规划建设与管理
——北京的实践与挑战

北京市住房和城乡建设委员会　田相伟

引言：住房问题关系民生福祉。住房租赁市场的发展和完善是促进房地产市场平稳健康发展、解决群众住房问题的重要举措。自2015年以来，中央和地方政府陆续出台了系列政策文件，多层面地鼓励住房租赁市场的发展。党的十九届五中全会明确提出"探索支持利用集体建设用地按照规划建设租赁住房，完善长租房政策，扩大保障性租赁住房供给"；中央经济工作会议提出"探索利用集体建设用地和企事业单位自有闲置土地建设租赁住房"；北京市委十二届五次全会提出"深入推进集体土地租赁住房试点"。北京市集体土地租赁住房面临巨大的发展机遇，地方政府通过出台相关的土地、金融和财税等配套政策，为企业机构或社会资本在进行集体土地建设租赁住房的过程中提供政策支撑；通过完善公共服务和市政配套设施，为集体土地建设租赁住房提供基础保障。通过推动集体土地建设租赁住房，有利于稳定城市的住房市场，实现多主体供给和保障住房需求[1]。

本文重点从实践层面在系统总结梳理北京市近几年来的建设管理经验教训基础上，针对存在的问题提出若干建议，力求把握新发展阶段，贯彻新发展理念，构建新发展格局，对于进一步完善管理体制机制，推动"十四五"期间北京市集体土地租赁住房建设高质量发展，更好地满足各类人群对租赁住房的美好需求具有重要意义。

一、北京在集体土地上建设租赁住房的历程

2011年，经原国土资源部批准，北京市开始开展利用集体土地建设租赁住房试点工作。截至2016年底，先后分四批次启动建设了海淀区唐家岭、海淀区温泉镇太舟坞村、朝阳区平房乡平房村等5个项目，房源约1.2万套。

2017年，北京市被确定为全国第一批13个城市开展利用集体建设用地建设租赁住房试点。为深入贯彻落实习近平总书记"房子是用来住的，不是用来炒的"定位要求，加快建立多主体供给、多渠道保障、租购并举的住房制度，结合落实新版《北京城市总体规划（2016—2035年）》，北京市明确未来5年要新供应各类住房150万套以上，其中租赁类住房约占30%，主要利用集体土地建设，计划于2017—2021年5年内供应1000公顷集体土地，用于建设租赁住房。

截至2021年2月，全市已累计开工44个项目，房源约5.7万余套，房源数量居全国首位。其中，第一个开工建设的万科泊寓成寿寺项目已出租运营，社会反映良好，今年年底全市还将建成大批房源，陆续投放市场运营。大量项目的开工建设，既优化了租赁住房供应，又增加了项目所在地集体经济组织和农民收益，对稳定住房租赁市场，优化国土空间布局，推进以人为核心的新型城镇化，发挥了积极作用。

二、2017年以来北京集体土地租赁住房的管理现状及特点

（一）成功管理经验

1. 政策体系完善

为充分调动各区、乡镇政府、集体经济组织和社会企业参与集租房建设积极性，加快推动项目开工，北京市陆续出台了《关于进一步加强利用集体土地建设租赁住房工作的有关意见》《关于加强北京市集体土地租赁住房试点项目建设管理的暂行意见》《关于北京市利用集体土地建设租赁住房相关政策的补充意见》《关于集体土地建设租赁住房不动产登记有关事项的通知》《关于进一步加强集体土地租赁住房规划实施工作的意见》《关于进一步加强全市集体土地租赁住房规划建设管理的意见》等多个政策文件，基本搭建起集体土地租赁住房建设管理政策体系。从项目准入条件、建设主体、资金筹措、规划布局、租赁模式、审批程序、产权管理等方面进行全面管理。

2. 坚持规划引领科学选址

在全面梳理、深入研究全市集体建设用地资源及其规划情况的前提下，北京市有关部门把年度土地供应任务分解到各区，指导各区按照毗邻产业园区、毗邻交通枢纽、毗邻新城的原则科学选址，并明确配套交通、市政等基础设施，提高公共服务水平。各区在严格落实《北京城市总体规划（2016—2035年）》基础上，统筹考虑首都城乡发展和产业整体布局，结合腾退疏解、减量发展要求，确定具体项目供应规模与选址，促进职住平衡、产城融合。2017年以来，北京市供应的集体土地租赁房项目，主要集中于中心城区和平原地区新城范围内，除东城、西城、密云三区外，其他13个区均有项目分布，试点空间分布比较合理，有助于职住平衡。

3. 多主体参与建设

充分发挥市场配置资源的基础性作用，激发市场活力，鼓励各区从项目实际情况出发，引导乡镇、村集体经济组织合理选择建设运营方式。一是由乡镇、村集体经济组织自行投资建设；二是集体经济组织以土地使用权作价入股、联营方式与国有企业合作建设；三是集体经济组织以项目经营权出租的方式与社会资本合作开发。从目前已开工的项目来看，经济实力较强、有相关项目开发经验的乡镇、村集体经济组织一般采取自行投资建设方式；缺乏资金和管理经验的乡镇、村集体经济组织主要通过与品牌社会企业合作开发模式，合作企业包括华润、首创等中央、市属国有企业，以及万科、愿景等专业住房租赁企业。

4. 切实维护好村民和集体经济组织利益

村民按照村民自治法律法规相关规定，通过民主程序行使权利参与项目相关管理。各乡镇、村集体经济组织代表村民按照中央及北京市集体土地租赁住房建设管理政策与社会企业签订合作协议合作开发建设运营或自主开发建设。合作开发的项目主要通过合作协议及相关补充协议保障合作双方权益，且村集体享受保底分红。其中，乡镇、村集体经济组织自行投资建设运营的，农村集体经济组织制定出租方案，经民主决策后公开进行，收益归集体经济组织所有。由农村集体经济组织与国有企业、社会资本合作建设运营的，集体经济组织按照在新成立企业的持股比例分红，且应有保底分红。各区政府加强监督引导，确保集体资产不流失，切实维护农村集体经济组织与农民合法利益。例如，首创新城镇建设的房山窦店、下坡店项目采用的"前期保底分红+超额收益分红"模式。

5. 简化审批流程

对项目涉及的行政审批事项进行精简流程、下放权限。除立项权限未下放外，项目预审、规划、用地、建设等审批权限均下放至各区政府，环评、水评、交评等在项目审批过程中同步开展，并明确了项目审批的具体环节、责任部门和审批时限等要求。

（二）制度性成果

1. 试点项目审批程序

项目申请。各区政府组织编制项目规划综合实施方案，方案内容包括：项目名称、建设地点、用地面积与四至范围、土地利用现状及规划情况、项目申报主体、资金来源、运营模式以及项目推进计划等，申请纳入"多规合一"协同平台。

试点批准。由规划自然资源部门牵头组织发展改革、住房城乡建设、农业农村、安全、水务、园林绿化、生态环境、交通、文物等相关部门，对项目实施方案进行联合审核。符合试点要求的，由规划自然资源部门报市政府批准后实施。

项目报批。申报单位向规划自然资源、发展改革和住房城乡建设等主管部门申请办理项目规划、预审、立项、用地和开工建设等批准手续，其中可同步办理的审批手续同步开展。明确建立政策性住房项目建设审批绿色通道，与优化营商环境和"多规合一"协同平台衔接，集租房作为单独一种类型也专门设计了相应程序，进一步优化了审批流程，简化了前置条件。

用地管理。结合F81绿隔产业用地作为集体经济发展载体和集体土地租赁住房作为解决农民长远生计重要举措的共同属性，进一步优化F81绿隔产业用地兼容性，用地功能可混合兼容集租房、配套商业及综合服务等内容。基于北京市现行的城乡规划用地分类，不再新增规划用地分类，新选址规划的集租房规划用地性质在继续沿用F81绿隔产业用地的基础上，明确为"F81绿隔产业用地（集体土地租赁住房）"。

统一标准。依据居住人群需求特点细化户型分类，集体土地租赁房可分类设计成套住宅、公寓、职工宿舍等多类型住房。具体套型结构和面积标准，可结合区域实际情况，按照市场需求进行规划、设计和建设。目前开工项目中，宿舍、公寓类非成套房源占48%，成套小户型房源占42%，成套90平方米以上户型房源占10%，有效满足新就业无房职工、城市运行和服务保障行业务工人员等不同层次租赁需求。

2. 建设机制

多主体建设。目前北京市参与集租房建设的申报主体分为三种：一是原则上以镇级集体经济组织为主体，统一办理相关立项、规划及用地等手续；二是有条件的村级集体经济组织，也可作为项目申报主体；三是集体经济组织以土地使用权入股与国有企业合作开发的，可以集体经济组织为项目申报主体，也可以成立的新企业为申报主体。

高标准设计建设。针对集体土地租赁住房项目特点，明确全市统一的集体土地租赁住房项目设计案审查协同机制。遵循项目建设长寿化和可变性相结合的原则，单体设计要充分考虑全寿命期可持续发展，集体土地租赁住房项目全面实施全装修成品交房，鼓励公寓型、宿舍型租赁住房实施装配式装修，鼓励项目应用装配式建筑、绿色高星级建筑和超低能耗建筑等绿色节能环保技术。

多渠道筹集建设资金。主要包括五种模式：一是农村集体经济组织的自有资金。二是市区住房保障专业运营机构、园区管理机构或签约租赁的企业支付的租金。三是农村集体经济组织以建设用地的预期收益及履行村民（股东、社员）大会民主程序并经区政府审定同意的资产抵押等方式，向金融机构申请获得金融资本支持。目前国家开发银行、中国建设银行、中国农业银行、华夏银行等已确定集体土地租赁房长期贷款融资方案，向符合条件的农村集体经济组织、与国企合作的联营公司提供长期足额贷款。四是由农村集体经济组织以土地使用权入股、联营的方式，与国有企业联合开发建设。但集体经济组织新成立企业的，期限不得超过50年，持股比例在区政府指导下由双方协商确定，且应有保底分红。五是探索推进保险资金、住房公积金等长期资金参与集体土地租赁住房建设。鼓励支持项目建设单位探索通过资产证券化、不动产投资信托基金等方式融资。

3. 运营管理机制

集体土地租赁住房租赁实行以区为主，统筹考虑公共租赁住房轮候家庭、新就业无房职工、城市服务保障行业务工人员等租赁需求。鼓励各区政府趸租集体土地租赁住房作为公租房使用，或由集体土地租赁住房建设单位、运营单位直接向各区政府确定的公租房家庭配租使用。纳入全市公共租赁住房建设筹集计划的集体土地租赁住房项目，按照国家及本市公租房政策规定运营管理的，可享受税收优惠政策。纳入全市政策性住房建设计划的集体土地租赁住房项目，租赁住户使用水、电、气、热，执行居民价格。

租金方面。租赁住房的租金水平可统筹考虑区位、配套、市场需求等因素，并参考周边市场物业水平，与房屋租赁市场接轨。严禁"以租代售"，运营单位应按每月收取租金，经承租人同意，也可按每季、每年收取租金，但不得一次性收取12个月以上租金。

租期方面。鼓励签订长期住房租赁合同，但单次租期不得超过 10 年。除承租人另有要求外，单次租赁期限不低于 3 年；承租人要求承租 3 年或以内的，出租机构不得拒绝。

鼓励专业化租赁运营。鼓励将集体租赁住房委托给专业化运营企业进行管理和运营，提高租赁业务和物业管理的标准化、专业化水平。

4. 监测监管机制

严格项目产权管理。以集体经济组织为申报主体的，集体租赁住房涉及的土地使用权和房屋所有权归农民集体所有。以集体经济组织与国有企业合作成立的企业申报的，集体租赁住房涉及的土地使用权和房屋所有权归新成立的企业所有。不动产权证书（包括土地使用权和房屋所有权）按项目整体核发，不予分割办理单元产权证书。权利证书应注明：仅用于租赁住房建设和运营，未经批准，不得出让、转让，不得转租，不得改变土地用途，不得出售。

租赁监测监管。加强供需对接引导，鼓励项目建设方将房源直接对接租赁住房需求集中的社会单位、企业，但不得出让、转让，不得转租，不得改变土地用途。加强集体土地租赁住房租期、租金等运营管理，落实监管责任，将集体土地租赁住房统一纳入全市租赁监管服务平台，市区住房城乡建设部门要落实监管责任，加强租金监测和出租合同管理，规范出租经营，严禁"以租代售"情形出现。

5. 基本公共服务

尊重市场，依据居住人群需求特点及项目实际，弹性、合理配置居住公共服务设施。按照住宅型、公寓型、宿舍型分类明确集体土地租赁住房设计标准，适当提高商业配套比例，最高可提高至地上总建筑规模的 15%。合理设置机动车停车位、建筑间距及日照标准。鼓励集体土地租赁住房项目业态混合兼容，建设宜居、宜业综合社区。同一项目地块建筑内可兼容多种功能，租赁住房、研发、办公、商业等用途可混合利用，促进产业融合和新业态发展，提高项目资源在功能组合和空间配置中的优化增效。运营主体应积极配合项目属地街道社区管理，根据集体土地租房入住人群特点，开展人性化、个性化服务，推进公共服务资源共享，打造和谐宜居社区。

三、集体土地租赁住房发展成效

一是丰富了租赁住房产品类型，促进了租赁市场健康发展。相关调查发现，在北京，近 90% 的租客年龄在 35 岁以下[2]，构成了住房租赁市场的主力军。同时，由于租赁市场大户型房源多且每平方米租金高，合租比较普遍。2017 年艾普大数据的调查发现，北京市租房市场中关注合租的租客占比将近 80%[3]。合租为主的租赁形态也显示出北京小户型单间的租赁供给严重不足。近年来，北京一居室房源的租金上涨幅度在所有居室里最高[4]，由此可见年轻租客对小户型房源的强烈需求。集体土地建设租赁住房可提供更多户型不大功能全、单套价低品质高的租赁住房，能一定程度上弥补周边租赁市场供应缺口。

二是拓宽保障性租赁住房筹集渠道。低成本的租赁房源，既能解决公租房备案家庭住房需求，也实现了园区就业人才职住平衡。如海淀区的部分项目既保障了海淀区公租房备案家庭，也为中关村和上地产业人才提供了住房。

三是拓宽集体经济组织和村民可持续增收渠道。创新农村集体建设用地利用机制，变"瓦片经济"为"楼宇经济"，促进农村产业结构优化升级，增加集体经济组织和村民收益，共享城乡协调发展成果。如成寿寺项目原来是多功能用地，散租用于饭馆、商铺，年收入不足100万元，现打造成服务青年白领群体的精装公寓，并配有共享性的趣味办公场所和开放型商业街区，村集体收益增加了十数倍。

四是改善优化城乡结合部环境，推动疏解整治促提升。随着集体租赁住房陆续建设及投入使用，地区整体环境得到了显著改善，以前脏乱差、垃圾遍地、村民私搭乱建、电线乱拉的社会治安和消防安全问题得到有效整治。

五是拉动投资，带动当地村民就业。目前全市已供地计划推进实施的项目计划总投资近千亿元，建设运营过程中提供大量就业岗位。部分项目通过物业管理、配套服务等方式，还为当地村民提供了一批就业岗位，村民的收入水平和生活质量得到很大提高，实现了就地城镇化。

四、集体土地建设租赁住房面临的挑战与问题

（一）各方参与积极性问题

一是集体土地租赁房建设采取占地模式，没有土地出让金收益，而且需投资建设项目周边配套市政基础设施，部分区政府投资建设积极性有待提高；二是部分村民及村集体经济组织固守原有征地拆迁补偿模式，倾向于一次性赚大钱，没有彻底转变思维；三是集体土地租赁房建设前期投入大，回报周期长，大多数企业出于业绩考核、投融资成本考虑采取审慎态度。

（二）建设主体选择问题

从列入开工计划的项目来看，建设主体整体专业化水平不高，除万科、首创等品牌企业参与的十几个项目外，其他建设主体多为乡镇、村集体经济组织联社或与非品牌企业组建的合作企业。其中，由镇或村集体经济组织自主开发项目25个，占比达44%，各建设主体专业水平参差不齐，高度离散，建设管理运营能力有待进一步提高。

（三）项目用地问题

部分合作开发项目有大面积需建设主体同步实施整理地块，此类地块大多为规划道路及绿化用地，不产生租金收益，但集体经济组织也需按照土地面积收取分红

收益，导致建设主体投资成本增加。集租房建设用地多属于"城中村"或位于城乡结合部，配套市政基础设施较薄弱，属地主体责任尚未完全落实，集中体现在市政道路及随路管线建设无规划、无实施主体、无投资来源，与集租房建设不同步问题比较突出。

（四）租赁住房建设标准不够明确

目前，公寓类租赁住房产品尽管在市场上已较为成熟，但缺乏标准支撑，公寓类项目在安全疏散和消防设施的建设方面都没有精准标准可循。不同类型租赁住房生活服务设施配套和纯住宅项目存在差异，需要更加精细化、差别化的设置标准。

（五）项目融资问题

集体土地价值的评估体系仍有待完善，金融机构难以准确认定集租房价值，多数项目需要投资方进行主体信用或者项目之外的抵押担保，特别是采取经营权合作模式开发的项目，运营权质押估值较低，融资贷款难度较大。

（六）税费负担问题

目前，集体土地租赁房除建设过程中需主要缴纳的市政配套费外，集体土地流转税收也不明确，如集体土地出让是否属于契税征缴范畴等。项目可能涉及房产税、增值税及附加、企业所得税、城镇土地使用税、印花税等多种税费，客观上加重了租赁住房开发运行企业负担，对项目租金定价以及运营单位积极性影响较大。

五、总结及政策建议

（一）引导各方进一步转变观念，加快项目土地供应

生产力的根本要素是人，一个城市赢得青年才能赢得未来，各区政府应正确认识土地出让收益和综合解决新市民、青年人等各类人群租赁住房需求的关系，尽快转变思路；也要对村民及乡镇、村集体经济组织加强引导，彻底转变征地拆迁补偿思维，通过建设租赁住房给子孙后代留下长期稳定收益。

（二）坚持规划引领，进一步完善职住平衡

按照北京城市总体规划、分区规划、住房专项规划，加强全市空间统筹，统筹人口、就业、交通、配套设施等要素，结合"三城一区"和产业功能区建设，做好项目的规划布局。中心城区与生态涵养区集体土地用地供应的比例应适当降低，中心城区以外的平原地区用地供应比例应进一步增加，特别是顺义区、大兴区、昌平区等多点地区需重点供应。应重点引导在中关村各园区、CBD、亦庄开发区、大兴生物医药基地、顺义天竺港工业区、沙河高教园、昌平生命科学园、房山良乡高教园、通州文化

创意聚集区、怀柔科学城等功能区进行选址布局，促进职住平衡。各区要优选区位较好、配套相对齐全的熟地净地。

（三）完善机制，优选建设主体

一是各区尽快搭建平台，完善项目建设主体选择机制，比照工程招投标方式，引导各乡镇、村集体经济组织通过市场公开选择建设主体，优选实力强、信誉好的专业平台公司进行合作。二是通过相应政策支持，加快培育一批集租房建设运营专业平台公司，着力发挥其标杆、示范作用，依托其信用规模优势，创新金融工具，通过企业债、资产证券化、上市融资等多渠道多方式为集租房建设提供优质资本支持；依托其专业管理优势，将极大地提高项目设计、工程建设及运营管理服务水平，有利于统一产品标准，应用新材料、新工艺，打造精品工程。

（四）严格落实属地政府主体责任

各区政府加强统筹协调，督促并指导乡镇政府加快项目地上物拆迁拆除，督促相关部门手续审批。建立市政配套建设统筹协调机制，成立集租房市政建设管理工作组，结合本区区域规划尽快编制集租房市政建设计划，加大统筹力度，明确牵头单位、投资来源、建设主体等，确保与住宅本体同步交付使用，原则上集租房市政基础设施应控制在2~3年内建成。同时，财政部门研究土地出让收入分配机制用于支持各区集体土地租赁住房项目配套市政基础设施建设政策。

（五）进一步完善建设技术标准

尽快研究制定租赁住房适用建设标准的指导意见，精准指导项目开发建设中标准适用问题。产权类住宅和租赁类住宅在使用和管理上差异较大，现行《住宅设计规范》《住宅建设规范》等国家标准在底线标准方面，如居室面积下限、电梯设置标准等应予以提升，公寓建设标准应进一步明确，以促进租赁住房市场发展。

（六）加大金融税费优惠政策支持

引导金融机构进一步创新产品与服务，为集体土地租赁住房建设提供长期、低利率资金支持，切实降低项目建设运营成本，提高各方主体参与积极性。集体土地租赁房本质上属于民生工程，建议进一步明确税费优惠支持政策及实施路径，如现行企业向个人出租住房减按4%征收房产税政策，扩大到利用集体建设用地建设租赁住房，降低税费负担，促进集体土地租赁住房持续发展。

参考文献

[1] 田莉, 陶然. 土地改革、住房保障与城乡转型发展: 集体土地建设租赁住房改革的机遇与挑战[J]. 城市规划, 2019, 43 (9): 53-60.

[2] 禤文昊, 张杰. 北京住房租赁市场现状、问题及对策: 基于对租客的网络调查实证[J]. 住区, 2012 (2): 109-114.

[3] 艾普大数据. 买不起, 你还租得起吗? | 北京租房大数据报告[EB/OL]. [2017-11-20]. https://cj.sina.com.cn/article/detail/2949462582/489429？cre=financepagepc&mod=f&loc=1&r=9&doct=0&rfunc=100.

[4] 邵挺. 中国住房租赁市场发展困境与政策突破[J]. 国际城市规划, 2020, 35 (6): 16-22.

上海试点利用集体建设用地建设租赁住房的政策与实践调研

中房研协技术服务有限公司　回建强　王铮嵘　武英子　屈雁翎

一、上海市发展利用集体建设用地建设租赁住房的背景

（一）国家层面

1. 坚持"房子是用来住的,不是用来炒的"定位,加快建立多主体供应、多渠道保障、租购并举的住房制度

1998年我国开启住房商品化改革进程，随后10年出现了经济高速增长，城镇化快速推进，居民亟需改善住房需求，综合因素推动下我国房地产市场尤其是商品房市场迎来高速发展。住房供应短缺与巨大的市场需求矛盾突出，房价出现不可遏制的上涨。2010年之后，一线城市和部分热点二线城市房价快速上涨，而同期居民收入并未跟上房价上涨的步伐，房价收入比偏离正常水平，导致中低收入者及新市民购房难度不断加大，沉重的购房负担严重影响了年轻人创业、生育、个人发展等事项，民生矛盾不断激化。

房价的过快上涨，除了与经济快速增长、居民收入显著提高及市场投资投机性炒作等因素相关外，最根本的仍在于住房的供需关系失衡。一方面，城镇化导致人口加速向城市集聚，尤其在经济发达的一二线城市，有限的商品住房供给无法满足持续高增长的市场需求；另一方面，住房供应体系建设不健全，与快速发展的市场化商品房体系相比，起到托底民生的住房保障体系长期欠账。另外，住房租赁市场与商品房市场发展失衡，新市民等"夹心层"住房需求长期得不到重视，住房租赁市场缺乏稳定的房源供应和制度保障。

基于此，2015年12月，中央经济工作会议首次提出，以建立购租并举的住房制度为主要方向，以满足新市民住房需求为主要出发点，把公租房扩大到非户籍人口。2017年10月，中共"十九大"明确，坚持"房子是用来住的，不是用来炒的"定位，加快建立多主体供应、多渠道保障、租购并举的住房制度。自此，我国住房制度改革正式进入新的阶段，租赁住房迎来新的发展契机，政策利好逐渐释放。

2021年3月，《中华人民共和国国民经济和社会发展第十四个五年规划和2035年远景目标纲要》发布，强调在"十四五"期间，要完善住房市场体系和住房保障体系。

继续坚持"房子是用来住的,不是用来炒的"定位,加快建立多主体供给、多渠道保障、租购并举的住房制度。

2021年6月,国务院办公厅印发《关于加快发展保障性租赁住房的意见》强调,新市民、青年人等群体住房困难问题仍然比较突出,要坚持房子是用来住的、不是用来炒的定位,突出住房的民生属性,扩大保障性租赁住房供给,缓解住房租赁市场结构性供给不足,推动建立多主体供给、多渠道保障、租购并举的住房制度。文件明确提出,人口净流入的大城市和省级人民政府确定的城市,在尊重农民集体意愿的基础上,经城市人民政府同意,可探索利用集体经营性建设用地建设保障性租赁住房;支持利用城区、靠近产业园区或交通便利区域的集体经营性建设用地建设保障性租赁住房等。

2. 土地制度改革为集体建设用地入市扫除障碍

解决租赁住房供应问题,首先要解决租赁住房用地供应问题。集体建设用地是建设租赁住房的重要土地来源。集体建设用地与国有建设用地实现同权同价,经历了艰辛探索过程,并最终为入市扫除了制度与法律障碍。

根据我国《宪法》和《土地管理法》,按所有权性质划分,我国土地分为国有土地和集体土地。其中,集体土地又分为集体建设用地、农用地和未利用地。

在过去很长的一段时间内,我国集体建设用地必须先征收为国有建设用地,其土地使用权经出让程序后才能用于商品房开发建设。尽管江苏苏州、安徽芜湖、广东顺德等地早期曾有过集体建设用地入市的探索,但2007年12月国务院印发的《关于严格执行有关农村集体建设用地法律和政策的通知》提出,严格控制农民集体所有建设用地使用权流转范围;农民集体所有的土地使用权不得出让、转让或者出租用于非农业建设。2008年10月,原国土资源部明确,严格土地用途管制,农村集体土地决不能搞房地产开发。集体建设用地入市探索遭遇重挫。

2013年11月,中共十八届三中全会通过《中共中央关于全面深化改革若干重大问题的决定》,提出建立城乡统一的建设用地市场。在符合规划和用途管制前提下,允许农村集体经营性建设用地出让、租赁、入股,实行与国有土地同等入市、同权同价。集体建设用地入市的改革序幕正式拉开。

2015年1月,中共中央、国务院印发的《关于农村土地征收、集体经营性建设用地入市、宅基地制度改革试点工作的意见》提出,建立农村集体经营性建设用地入市制度,赋予农村集体经营性建设用地出让、租赁、入股权能,明确农村集体经营性建设用地入市范围和途径等,并在全国选取33个左右县(市)行政区域进行试点。这标志着土地制度改革进入试点阶段。

2017年7月,住建部等九部门联合发布的《关于在人口净流入的大中城市加快发展住房租赁市场的通知》指出,超大城市、特大城市可开展利用集体建设用地建设租赁住房试点工作。同年8月,国土资源部和住房城乡建设部联合印发《利用集体建设用地建设租赁住房试点方案》,确定第一批在北京、上海、沈阳、南京、杭州、合肥、厦门、郑州、武汉、广州、佛山、肇庆、成都等13个城市开展利用集体建设用地建设租赁住房试点。试点工作进入实际落地的新阶段。

2020年1月,新《土地管理法》正式施行。新《土地管理法》删除了原法第43条关于"任何单位和个人进行建设,需要使用土地,必须使用国有土地"的规定,允许集体经营性建设用地在符合规划、依法登记并经本集体经济组织三分之二以上成员或村民代表同意的条件下,通过出让、出租等方式交由集体经济组织以外的单位或者个人直接使用,彻底破除了集体经营性建设用地入市的法律障碍。企业参与集体建设用地流转并用于租赁住房建设有法可依,市场空间充满想象力。

(二)上海市层面

1. 上海市流动人口高规模、高增长促使租赁住房需求保持旺盛

据第六、第七次全国人口普查数据显示,2010年末,上海市常住人口为2301.9万人,其中流动人口897.7万人。2020年末,上海市常住人口2487.1万人,其中流动人口1048.0万人。

从数据来看,第一,上海市常住人口自2010年末即突破两千万,且近十年来继续保持增长,2020年末常住人口总量仅次于重庆,位居全国城市第二位,庞大的人口体量意味着城市住房需求量大。第二,近10年来,上海市流动人口增加150.3万人,占城市常住人口增量(185.2万)的81.2%。非沪籍人口的不断流入成为上海市常住人口增长的主要支撑,且流动人口总量占城市常住人口总量比例由2010年末的39.0%提升至2020年末的42.1%,非沪籍人口在上海市人口构成中的比例继续扩大。迫于上海市高房价及执行严格的限购政策等因素,外来新增非沪籍家庭及个人的住房问题只能依托租房解决,住房租赁市场需求旺盛,且住房租赁需求具有多样性。

尽管上海市政府于2017年发布的《上海市城市总体规划(2017—2035年)》中提出,至2035年常住人口控制在2500万人左右,但从客观现实来看,人口由经济欠发达地区向经济发达地区流动是改革开放以来我国人口变动的主要特征。上海市定位于建设国际经济、金融、贸易与航运中心城市,近年来又提出建设科创中心,城市对外来人口吸引力不断增强,是大部分年轻人就业、创业的首选城市之一。从城市发展来看,人才是城市创新发展的原动力,是城市可持续发展的重要"引擎"。上海市提出控制人口总量,是基于人口快速增长与资源环境紧约束之间的矛盾。在具体做法上,侧重于通过产业转型升级实现,即将劳动密集型产业向周边承接城市转移,重点发展知识密集型科创产业、先进制造业、现代服务业等。因此,上海市对高学历人才、技能型人才等始终保持开放,并多次针对各类人才引进出台支持类政策。

综上,长远来看,未来上海市常住人口增速或将放缓,但人口流动或将更加频繁,人口住房需求不断升级,尤其是租赁住房需求将多层次铺开,长期保持旺盛。

2. 上海"五大新城"规划与住房租赁

《上海市城市总体规划(2017—2035年)》在研究市域空间结构时,选取了位于重要区域廊道上、发展基础较好的嘉定、松江、青浦、奉贤、南汇等5个新城,要求建

设成为长三角城市群中具有辐射带动作用的综合性节点城市。

与原来的卫星城和单纯郊区新城的定位不同,五大新城不是简单承接中心城人口和功能疏解,而是按照集聚百万人口规模、形成独立综合功能的要求,打造"长三角城市网络中的综合性节点城市"。"五大新城"的建设意在寻求新的发展空间,五个新城环绕在上海中心城区周边,意味着上海的城市空间将从单中心变成多中心。将视线投向整个长三角,"五大新城"是纽带,是战略支点,是上海融入、服务长三角的前沿阵地,"五大新城"将跳出上海市域的"中心城+郊区"的二元空间模式,和长三角城市群其余40多个城市一样,建成现代化的大城市和长三角的增长极。

"五大新城"建设还将强化汇聚共享,以高能级功能聚集融合、人性化活力街区、复合高效的空间利用来吸引和支撑人口集聚,使更多的优秀人才将新城作为入沪就业、生活的首选地。

在这一定位下,五大新城的住房租赁需求将不只是来自于中心城区人口的转移,而是更多地承接长三角乃至更广范围内输出人口的集聚,与产业升级进行整合。住房租赁需求非常大,且随着五大新城的建设,需求也同步升级。

3. 上海市已基本明确"一个定位、两大体系、三个为主、四位一体"和租购并举的住房制度框架

上海人口结构的特点、国有土地的稀缺性以及新一轮城市规划的落地,决定了上海市需要更加慎重、妥善地落实中央关于房地产的调控策略,并根据城市发展的实际,因城施策制定适合本地情况的住房制度框架。

为了贯彻落实党中央坚持"房子是用来住的,不是用来炒的"定位,促进住房回归居住属性,上海市围绕强化房地产市场调控、发展住房租赁市场等出台多项政策措施,并逐步明确了"一个定位、两大体系、三个为主、四位一体"和租购并举的住房制度框架。具体而言:一个定位,即坚持"房子是用来住的,不是用来炒的";两大体系,即聚焦住房市场体系和住房保障体系;三个为主,即深化以居住为主、市民消费为主、普通商品住房为主;四位一体,即优化廉租住房、公共租赁住房、共有产权保障住房、征收安置住房的住房保障体系。

在此制度设计下,租赁住房是不可或缺的组成部分。2021年1月,上海市政府发布《上海市国民经济和社会发展第十四个五年规划和二〇三五年远景目标纲要》,再次明确要多主体、多渠道增加租赁住房供应,到2025年形成租赁住房供应40万套(包括间、宿舍床位)以上。发展租赁住房成为"十四五"期间上海市城乡建设工作重点任务。

二、上海市利用集体建设用地建设租赁住房的政策规定

(一)上海前期积极探索利用集体建设用地建设租赁住房,主要服务于公租房领域

上海是全国较早探索利用集体建设用地建设租赁住房的城市之一。早在2009年8月,上海市住房保障和房屋管理局印发的《关于单位租赁房建设和使用管理的试行意见》

即提出，按照"政府引导、规范运作、只租不售、封闭运行"的要求，规范利用农村集体建设用地建设市场租赁房，并明确了利用集体建设用地建设的租赁住房，主要定向提供作产业园区、产业集聚区内员工租住的市场化租赁宿舍。上海市利用集体建设用地建设租赁住房的探索由此开启。

2010年9月，上海市住房保障和房屋管理局、市发展改革委等六部门制定的《本市发展公共租赁住房的实施意见》提出，拓展房源筹集渠道，综合利用农村集体建设用地，适当集中新建公共租赁住房。

2011年7月，上海市住房保障和房屋管理局等六部门联合印发《关于积极推进来沪务工人员宿舍建设若干意见的通知》，强调做好土地供应，对利用农村集体建设用地建设的，鼓励充分利用闲置的存量建设用地，在符合规划的前提下，以使用集体土地方式办理有关手续，不改变原建设用地用途，不改变集体土地性质。

2012年8月，上海市规划和国土资源管理局等七部门印发《关于积极推进利用农村集体建设用地建设租赁住房的若干意见》，从规划选址、建设标准、土地供应、审批流程、融资渠道、运营管理、支持政策等方面提出了实施意见。

总体来看，这一阶段政策主要是将利用集体建设用地建设租赁住房作为发展公共租赁住房的一种补充形式，政策表述相对简单，关于如何落地、推进等具体深层次规定较少。

（二）2017年开始上海正式开启试点推广，利用集体建设用地建设租赁住房的制度与法律环境明显改善

2017年8月，上海市被国务院有关部委确定为第一批利用集体经营性建设用地建设租赁住房的13个试点城市之一，集体经营性建设用地入市进程提速。

同年9月，上海市人民政府在《关于加快培育和发展本市住房租赁市场的实施意见》中明确，稳妥有序开展利用集体建设用地建设租赁住房试点工作，探索优化试点项目审批程序，完善集体租赁住房建设和运营机制等。利用集体建设用地建设租赁住房类政策向更具落地性、实践性的纵深方向发展。

2018年11月，上海市人民政府印发《本市全面推进土地资源高质量利用若干意见的通知》，提出要盘活乡村存量建设用地，利用空闲农房和宅基地，探索发展乡村旅游等，继续有序推进利用集体建设用地建设租赁住房试点。

2020年4月，上海市人民政府印发新《上海市土地交易市场管理办法》，与原管理办法相比，新办法新增"集体经营性建设用地使用权出让、出租""其他根据法律法规规定进行交易"和"按合同约定进行交易"三项交易活动。尤其是明确集体经营性建设用地使用权招标拍卖挂牌和协议出让、出租交易等规则，参照同类用途国有建设用地执行，为上海集体经营性建设用地入市提供了更多的法律法规支持，也为全国层面制定集体建设用地入市的法律规范细则提供了参考。

2020年8月，上海市住建委、市房屋管理局、市财政局联合印发《上海市中央财

政支持住房租赁市场发展试点资金使用管理办法》。办法明确，对从事新建租赁住房项目开发建设的房地产开发企业，根据申请项目规划批复中载明的租赁住房总建筑面积，按照平均200元/平方米的标准予以奖补。其中，利用集体建设用地建设的租赁住房被纳入新建租赁住房覆盖范围，享受财政奖补。利用集体建设用地建设租赁住房在政策层面的受重视程度和得到的支持力度进一步加大。

2020年10月，上海市住建委印发《上海市租赁住房规划建设导则》，内容涵盖租赁住房规划、设计、建设、运营等租住全生命周期，为上海市租赁住房规划建设提供了统一规范。其中，导则明确，租赁住房分为住宅类租赁住房、宿舍类租赁住房两大类。住宅类租赁住房应以中、小套型为主，即70平方米以内；宿舍类租赁住房每个居室不超过8人，人均使用面积不低于4平方米。

2021年1月，上海市人民政府发布的《上海市国民经济和社会发展第十四个五年规划和二〇三五年远景目标纲要》明确，"十四五"期间，上海市将进一步增加多主体、多渠道租赁住房供应，到2025年形成租赁住房供应40万套（包括间、宿舍床位）以上。

2021年2月，上海市人民政府印发的《关于本市"十四五"加快推进新城规划建设工作的实施意见》提出，完善多主体供给、多渠道保障、租购并举的住房制度，推进人才安居工程，探索支持利用集体建设用地规划建设租赁住房，提升新城"十四五"新增住房中政府、机构和企业持有的租赁性住房比例，在轨道交通站点周边优先规划建设公共租赁住房。利用集体建设用地建设租赁住房将成为上海市"十四五"期间加快新城建设租赁住房的重要途径。

（三）松江区是上海落实利用集体建设用地建设租赁住房试点的主要区域，配套政策齐全，项目进展最早最快

2018年9月，上海市松江区人民政府印发《集体经营性建设用地入市"1+5"配套文件》，明确以农民集体经济组织为主，建立"1+5"配套政策体系。具体包括：《上海市松江区农村集体经营性建设用地入市管理办法》《上海市松江区农村集体经营性建设用地基准地价》《上海市松江区农村集体经营性建设用地土地增值收益调节金征收使用管理实施细则》《上海市松江区农村集体经营性建设用地使用权抵押贷款试行管理办法》《关于松江区建立农村土地民主管理机制的实施意见》《上海市松江区农村集体经营性建设用地集体收益分配管理规定》。文件内容涵盖经营性建设用地入市范围、方式、程序、基准地价、土地增值收益金征收、土地抵押贷款等多个方面，强调集体经营性建设用地入市与国有土地"同地、同权、同价、同责"，是上海市关于集体经营性建设用地入市的首个相对系统、完善的政策性文件，为松江区利用集体建设用地建设租赁住房提供了政策支持和具体指导，也为全国其他城市、地区利用集体建设用地提供了借鉴。

2021年7月，上海市松江区人民政府印发新的《上海市松江区农村集体经营性建设用地入市管理办法》《关于上海市松江区农村集体经营性建设用地入市民主管理的实施意见》，与原管理办法相比，新办法在入市形式方面，删除了"作价入股"的表述，

保留"使用权出让""使用权租赁"两种形式;在入市决策方面,由"三分之二以上成员或成员代表同意"提升至"五分之四以上成员或成员代表同意",进一步强化民主集中;在土地出让收入分配方面,删除原办法中的"土地出让价款缴入区财政专户""优先用于支持松江区经济欠发达的浦南地区""出让收入扣除土地增值收益调节金以外部分,扣除地块前期的出让成本,部分以定期分红形式分配给农民"等相关表述,强调"农村集体经济组织应制定经成员认可的土地增值收益分配办法",给予了地方在土地出让收入分配上更大的自主性。

(四)上海市被确立为首批试点城市以后,利用集体建设用地建设租赁住房相关政策内容已逐渐细化、深入,走出了积极试点、创新制度、重点突破、统筹兼顾、稳步推进的发展路径

创新制度方面,政策出台频繁、深入,尤其表现在土地供应端政策方面,具体包括鼓励集体建设用地入市、推动集体建设用地与国有土地"同地、同权、同价、同责"、给予房企利用集体建设用地建设租赁住房财政资金支持等。

大的制度框架搭建后,在试点项目落地方面则选择重点突破,以松江区出台的"1+5"政策配套体系为代表,全面、系统地为利用集体经营性建设用地建设租赁住房提供了方法指导,走在全国前列,为其他城市利用集体经营性建设用地建设租赁住房提供了借鉴。

此外,上海市于2012年探索了以镇级为主体、村庄为单元的郊野单元规划国土空间用途管制模式,在集建区以外约4000平方公里的农村地区构建郊野单元逐步覆盖规划。此后经过不断补充完善,最终形成3.0版本,明确了郊野单元采用"镇+村"的形式,将集体建设用地使用、入市等乡村建设项目纳入上海市"大规划库"统一管理。

在审批流程方面,创新性地提出了"一策划六方案"的弹性机制,即必须有具体项目和建设需求才启动,将项目行政审批里涉及的内容提前到设计层面来研究,可以同步完成上位规划的调整,并同步核发乡村建设规划许可证,构建了一条集体建设用地入市等乡村建设项目的绿色通道。

最为关键的是土地出让和供应改革统筹兼顾,稳步推进。2017年,上海市政府在供地计划中单列"租赁住房"用地性质(R4),作为一个重要的政策工具,R4用地既可以是国有建设用地,也可以是集体建设用地,在同一话语体系下,在"自持70年""只租不售"的同样约束条件下,国有土地和集体土地实现了真正的"同地同权"。

三、上海市利用集体建设用地建设租赁住房的发展现状及成效评估

(一)上海市利用集体建设用地建设租赁住房发展历程

上海市自2009年即开展了利用集体建设用地建设租赁住房的相关探索,并陆续在多区域进行了试点。其中,以闵行区七宝镇联明村的公租房项目——联明雅苑最为典型。

在建设租赁住房之前，该地块已用于厂房和配套宿舍楼建设。随着2009年8月上海市住房保障和房屋管理局发文，允许农村利用集体建设用地建设市场租赁房，联明村村民以入股的方式集资8000余万元，将厂房改建为400余套租赁住房，即联明雅苑小区，由村集体进行管理运营，之后再进行分红。由于房租明显低于周边市场价，联明雅苑常年保持着较好的租住率，租户主要为周边企业职工和中低收入、无力购房的居民家庭。

2012年，上海市已在全市新规划21个利用集体建设用地建设租赁房项目，用地面积约55hm²，建筑面积约106万m²，主要分布在浦东、松江、嘉定、青浦、闵行、宝山、奉贤、崇明等区域。

2015年2月，上海市松江区被列入全国人大授权的33个农村集体经营性建设用地入市试点区域之一。

2017年，上海市政府在供地计划中单列"租赁住房"用地性质（R4），出让地价约为同期同片区住宅用地的20%，但规定"自持70年""只租不售"等。同年8月，上海市被列入第一批利用集体建设用地建设租赁住房试点城市。

2018年10月，上海市以公开拍牌方式出让了首宗农村利用集体建设用地入市建设租赁住房地块——泗泾镇SJSB0001单元07-09号。地块由华润置地控股有限公司的全资子公司有巢科技投资（深圳）有限公司以1.25亿元的底价竞得，楼板价3100元/m²（表1）。

上海市松江区利用集体建设用地入市建设租赁房地块一览　　表1

地块名称	建筑面积/m²	容积率	竞得人	成交时间	成交总价/万元	楼板价/(元/m²)
泗泾镇SJSB0001单元07-09号	40333.4	2.0	有巢科技投资（深圳）有限公司	2018-10-22	12503	3100
泗泾镇SJS20004单元03-11号	26852.7	1.4	上海派米雷投资（集团）有限公司	2018-11-12	8581	3196
车墩镇SJC10022单元23-01号	58471.5	2.5	上海车兴房地产开发建设有限公司	2018-11-20	17541	3000
小昆山镇SJS40002单元11-04号	96818.6	2.0	上海小昆山资产经营发展有限公司	2018-11-26	29530	3050
九亭镇SJT00106单元10-07A号	5113.6	2.0	上海九亭资产经营管理有限公司	2018-11-26	1606	3141

资料来源：上海市土地交易网，中房研协整理。

随着土地制度的改革和上海市逐步确立"一个定位、两大体系、三个为主、四位一体"和租购并举的住房制度发展方向，上海市利用集体建设用地建设租赁住房试点进程也在加速落地。2021年3月，上海市首个利用集体建设用地入市建设租赁住房项目——

华润有巢国际公寓泗泾社区投入运营，向市场供给租赁房约1264套。5月，同处松江区的派米雷link新界未来社区投入运营，向市场供给租赁房约600套。

（二）上海市利用集体建设用地建设租赁住房的主要做法

1. 地块选址

上海市坚持规划统筹、引领和国土空间用途管制，按照严控增量、盘活存量的原则，在符合土地利用总体规划和城乡土地总体规划的前提下，综合考虑区域定位、产业政策、人口发展趋势等因素，开展利用集体建设用地建设租赁住房项目选址研究。按照"符合城乡规划、配套设施完善、临近功能性园区、便于实施启动"的原则，统筹考虑项目选址布局。

2. 土地利用方式

土地利用方式是试点的核心内容。从上海市现有的14个项目来看，在不改变土地所有权性质的前提下，上海市利用集体建设用地建设租赁住房主要有四种方式：第一，以申请批准形式使用存量集体建设用地建设租赁住房，即经认定后，土地用途将直接调整为R4租赁住房用地（6宗）；第二，集体经营性建设用地入市，企业通过"招拍挂"形式竞得土地使用权，用于建设租赁住房（5宗）；第三，作为工业园区配套设施用地，批准使用存量集体建设用地建设租赁住房（1宗）；第四，村集体利用自有集体建设用地，直接申请建设许可建设租赁住房（2宗）。

3. 土地入市主体（仅针对集体经营性建设用地，下同）

根据《松江区集体经营性建设用地入市管理办法》，集体经营性建设用地入市主体主要分镇、村两级，即属于镇（街道）农民集体所有的，由镇（街道）集体经济组织代表集体行使所有权，属于村集体所有的，由村集体经济组织代表集体行使所有权；分别属于两个及以上农民集体所有的，由各村集体经济组织共同行使集体所有权。

4. 土地出让规则

集体经营性建设用地出让前，土地由集体经济组织自行或委托土储机构实施前期开发，达到土地供应条件。由出让人即集体经济组织拟定出让方案，包括地块名、出让面积、土地用途、容积率、出让起始价等内容，经集体经济组织三分之二（2021年7月修改为"五分之四"）以上成员或成员代表同意，交镇政府审核，报松江区政府批准后实施。入市程序实行与国有建设用地入市等同，在全市统一的土地交易市场内进行，实施统一规则、统一平台、统一监管。出让采用招标、拍卖、挂牌或协议方式，出让年限参照国有建设用地，最高出让年限应与国有建设用地使用权等同（70年）。

5. 土地定价方式

为了确保集体经营性建设用地出让价格有法有规可依，松江区政府将集体经营性建设用地纳入城市建设用地管理体系，并参照国有建设用地基准地价定价规则及程序，制定了《松江区农村集体经营性建设用地基准地价》，明确农村集体经营性建设用地使用权应与国有建设用地使用权"同地、同权、同价、同责"，土地价格应通过具有土评估资格的估价机构进行市场评估，并经村集体成员或成员代表三分之二（2021年7月修改为"五分之四"）以上同意。协议出让最低价不得低于出让地块所在级别基准地价的70%。

6. 土地出让收入分配

集体经营性建设用地土地出让收入分配对象主要包括松江区政府及集体经济组织，具体分配原则为：区政府参照国有土地收益分配方式，兼顾近期与远期、公益性与经营性、入市地块所在区域与整个地区间的关系，按照合理比例收取农村集体经营性建设用地入市土地增值收益调节金，并解决农民基本保障；剩余部分归集体经济组织所有，集体经济组织应制定经成员认可的土地增值收益分配办法，取得的收益纳入集体资产统一管理，分配情况纳入农村"三资"监管平台公开，接受集体内部审计监督和政府监管。

具体到分配比例方面，根据《松江区农村集体经营性建设用地土地增值收益调节金征收使用管理实施细则》，商服用途的土地按入市收入的50%向区政府缴纳土地增值收益调节金，工业用途的土地按入市收入的20%缴纳土地增值收益调节金。用于租赁住房建设的土地缴纳土地增值收益调节金比例暂无统一规定，由集体经济组织与区政府协商拟定。目前在试点实践过程中，租赁住房用途土地向区政府缴纳的增值收益调节金通常在土地入市收入的20%以内。

7. 项目运作模式

从上海目前利用集体建设用地建设租赁住房试点项目来看，运作模式主要分为三种：

一是村集体"自建自销"，即村集体利用自有集体建设用地，自筹资金建设，由村集体经济组织统一运营管理，村民以地作价入股或以投资额入股，年底由村集体经济组织根据经营情况和村民入股份额实行分红，如闵行区七宝镇联明雅苑社区等。

二是"代建代管"模式，即村集体提供土地，项目由企业代建代管。村集体经济组织获得保底收入并环比递增，企业承担项目施工及建设资金，后续经营盈亏自负，如闵行区颛桥镇租赁房项目等。

三是村集体经济组织转让集体建设用地土地使用权，一次性获得除土地增值收益调节金以外的土地出让收入，以成员认可的办法进行收益分配，企业拿地建设和运营，自负盈亏，如华润有巢国际公寓泗泾社区、派米雷link新界（泗泾）未来社区等。

8. 土地抵押贷款

根据《松江区农村集体经营性建设用地入市管理办法》，依法取得的农村集体经营性建设用地使用权及其地上的建筑物、构筑物及其他附属物可以设定抵押权。设定抵押关系和处理抵押物之前，应征询土地所有权人意见，土地所有权人享有优先购买权。抵押权实现后，不得改变土地所有权性质和出让合同约定的使用条件。抵押时所担保的主债权仅限于开发建设该出让地块的贷款，且不得超过合同约定的土地出让价款总额。以房屋在建工程、新建房屋连同土地抵押等情形，应当按照《上海市房地产抵押办法》相关规定办理。

(三) 上海市利用集体建设用地建设租赁住房试点成效评估

1. 上海市利用集体建设用地建设租赁住房试点积极成效

经过近10年的摸索推进，上海市在利用集体建设用地建设租赁住房方面已经取得了一定的进展：在建设数据方面，根据上海市房管局公开资料，上海市利用集体建设用地建设租赁住房试点累计14幅地块，面积约22hm^2，建成可提供租赁住房约7700套，其中有7个项目已经投入运营；在产品设计及服务方面，租赁住房产品也在不断迭代升级，配套设施不断完善，产品品质不断提升，覆盖客群由项目周边的中低收入者扩展至产业园区职工、依靠地铁通勤的市区"上班族"、青年白领等。且在中央及上海市政府的积极推动下，上海市利用集体建设用地建设租赁住房进程有进一步提速趋势。

从实践意义来看，一方面，利用集体建设用地建设租赁住房，盘活了农村闲置集体建设用地，提升了土地利用效率，促进了集体土地优化配置和节约集约利用，也为集体经济组织和农民带来了稳定的收入来源，增加了农民财产性收入，有助于进一步优化城乡利益分配格局。另一方面，利用集体建设用地建设租赁住房，有效增加了租赁住房供给。而且，集体建设用地大多集中在城乡接合部，用工量较大的工业园区、生产型企业一般也坐落在城乡结合部，在前者基础上建设的租赁住房供应可以高效匹配后者的住房需求。通过集体建设用地增加租赁住房供给，解决了更多外来务工人员的居住问题，缓解了住房供需矛盾，对上海市构建"一个定位、两大体系、三个为主、四位一体"和租购并举的住房制度、建立健全房地产市场平稳健康发展长效机制具有积极作用。

2. 利用集体建设用地建设租赁住房的试点实践，与政策性保障租赁住房共同构成上海规模化的租赁住房供应体系

集体建设用地出让在政策及法律障碍解除后，与国有土地出让从程序上基本没有区别，属于市场交易行为，因此在集体建设土地上建设的租赁住房也是市场化运营的。这也决定了该类租赁住房与政府主导的公租房具有本质的区别。前者是由企业主导建设，市场化运营，市场定位可高可低，可以是一套房、一间房，也可以是一张床，对承租者无进入门槛；后者是由政府主导，面向最低收入居民群体，租金显著低于市场化水平，政府进行补贴，承租者有严格的准入门槛，并且有一定的退出条件。

在市区可用土地资源日渐紧张的背景下，上海市政府对利用农村集体建设用地建设租赁住房重视度在不断提高，利用集体建设用地建设租赁住房正由上海市发展公共租赁住房的一种补充形式逐渐发展为加快发展住房租赁市场、增加租赁住房供给的重要途径。机构市场化的租赁住房与保障性公租房共同构成了上海规模化的租赁住房供应体系，两者相互补充，为稳定租赁市场运行、维护租房者合法权益，起到了重要作用。

3. 上海市利用集体建设用地建设租赁住房存在的问题

公开资料显示，2012年上海市已在全市规划了21块集体建设用地用于建设租赁住

房，后又陆续增加，但截至目前，仅有14个项目落地。规划落地进程缓慢，政策体系不健全、参与各方积极性不高是主要原因。具体表现在以下几个方面：

第一，虽然2020年1月起施行的新《土地管理法》破除了集体经营性建设用地直接入市的法律障碍，但截至目前，中央尚未发布集体经营性建设用地入市的实施细则，地方在推进集体经营性建设用地入市过程中缺乏统一指导和规范。据上海市规划和自然资源局相关负责人介绍，目前上海市多个区政府已初步完成对辖区内集体建设用地入市的可行性研究并形成方案，但碍于项目立项、报建、交易、抵押贷款等操作环节缺乏支撑依据，只能"一事一议"，难以系统性推进。

第二，在松江区的试点实践过程中，集体经营性建设用地入市仍然占用建设用地指标。相比国有建设用地入市的土地出让价款政府可以全额入库，集体经营性建设用地入市，政府仅从土地出让价款中征收较小比例作为土地增值收益调节金，用于农民基本保障和项目公共配套设施建设。在上海"以减定增"的土地供应原则下，加大集体经营性建设用地入市，必然压缩国有建设用地入市规模，从而对地方财政造成冲击，导致地方政府在推动集体经营性建设用地入市过程中积极性不高。

第三，目前上海市暂未明确利用集体建设用地建设租赁住房的土地出让价款中，区政府征收土地增值收益调节金的比例，松江区现行的《松江区农村集体经营性建设用地土地增值收益调节金征收使用管理实施细则》也仅对集体经营性建设用地用于商服和工业用途作出了明文规定。因此，在实践过程中，分配方案需要由集体经济组织同区政府协商拟定，一定程度上可能导致利益冲突，既消磨各方参与的积极性，也影响办事效率。

第四，利用集体建设用地建设租赁住房，同样面临着前期投入大、回报周期长、回报率不确定性大等问题。尤其在"房子是用来住的，不是用来炒的"调控基调下，房地产金融监管持续趋紧，房企资金压力不断加大，投资也愈加谨慎，近几年来长租公寓屡屡"爆雷"更是敲响了行业发展的警钟。从上海市利用集体建设用地建设租赁住房试点项目来看，除一定的税收优惠外，目前针对利用集体建设用地建设租赁住房的政策支持力度依然偏小，导致参与方主要局限在区域城投公司和国有企业，社会资本及民营企业参与度较低。

第五，集体经济组织"自建自销"的运作模式仍存在较大风险。一方面，集体经济组织专业水平较差，可能导致项目在运营、服务、管理等方面效率低下，进而影响项目收益和村民分红；另一方面，集体经济组织在项目运作过程中产生的经济投入和收益，能否做到公开透明，能否保障村民的知情权、参与权和决策权等，往往取决于集体经济组织的相关负责人，目前缺乏有效的监管机制和制度保障。

此外，在上海市利用集体建设用地建设租赁住房试点过程中，项目公共配套设施落地较慢的问题也比较显著。一方面是因为集体建设用地往往位于城乡结合部，此前片区可能缺少统一规划，导致后期在交通、商业、教育、医疗等配套设施建设上难度加大；另一方面是公共配套实施建设往往牵涉多个部门，审批流程及落地推进都比较复杂。

四、上海市利用集体建设用地建设租赁住房典型案例研究

（一）华润有巢国际公寓泗泾社区

1. 项目及地块基本情况

华润有巢国际公寓泗泾社区是上海市首个利用集体建设用地建设租赁住房的入市项目。该项目地块为松江区泗泾镇 SJSB0001 单元 07-09 号，出让人为"上海松江区泗泾经济联合社"，出让面积 20166.7m²，建筑面积 40333m²，规划容积率 2.0，土地用途为租赁住房（R4）。该集体租赁项目建设规定：限制租赁住房物业整体或分割转让；限制项目公司股权结构及实际控制人变更；通过对租赁期限和租金的限制，禁止变相出售租赁住房物业（图1）。

图 1　华润有巢国际公寓泗泾社区区位图

（资料来源：华润集团官网，中房研协整理）

从区位来看，该地块北起泗泾查袋泾，南至泗博路，东起大松瓦楞辊厂，西至米易路。项目地处 G60 科创走廊智能密码产业园核心位置，距离 9 号线泗泾站 2km，社区门口规划有两条公交线路，直达泗泾地铁站。

2. 地块出让及配套情况

地块于 2018 年 10 月 22 日以招拍挂形式出让，由华润置地控股有限公司全资子公司有巢科技投资（深圳）有限公司以底价竞得，成交价格为 1.25 亿元，楼板价 3100 元/m²。

据华润集团有关负责人介绍，企业通过向区政府缴纳土地增值收益调节金获得土地的使用权，期限为 70 年。土地增值收益调节金由区政府转交村集体，区政府与村集体按 15%、85% 的比例分配。地块出让后与普通国有建设用地一样，区政府需先做好"七通一平"等配套工作后出让给企业，由企业规划项目并运营，且自负盈亏，与村集体不再有利益分配（图2）。

图2 华润有巢国际公寓泗泾社区项目外立面及室内图
（资料来源：华润集团官网，中房研协整理）

3. 项目设施业态配比情况

2021年3月26日，华润有巢国际公寓泗泾社区正式投入运营。社区建成5栋约1264套租赁住房，配备1栋商业中心，商业配套面积约700余m²，规划业态包括餐饮、零售、生活服务等，满足居住者日常生活需求。社区提供大约500个车位和新能源充电桩，非机动车停车位约1000个。此外，还建有近7000m²组团绿地及多功能公共区域，含篮球场、樱花林、健身房、学习区等休闲娱乐空间。

从项目户型配比来看，社区户型主要有35、40m²的一室户、60m²的一室一厅和两室一厅户型，全南户型设计。其中，35m²的一室户800余间，为主力户型；40m²的一室户200余间；60m²的一室一厅和两室一厅120余间（表2）。房间均为精装修，民用水电，有基本的家具家电，并装置了抽油烟机，厨房配置较一般的长租公寓更为完善，可以拎包入住。

华润有巢国际公寓泗泾社区各类房型情况　　表2

户型	建筑面积/m²	特点	租金/(元/月)
一室户	35	全南卧室，独立厨房	2500~3500
	40	卫浴干湿分离，定制床垫	
一室一厅	60	收纳空间充裕，卫浴干湿分离	3500~4500
两室一厅	60	餐厨、客厅、卧室、卫浴独立分布，大飘窗设计	

资料来源：中房研协整理。

从服务配套来看，社区采用独创的智慧公寓3i体系，即智慧硬件设施层（i-infrastructure）、智慧软件服务层（i-service）、智慧公寓生态层（i-ecosystem），将人工智能和信息技术与公寓服务体系相融，提供更为安全的居住环境（图3）。为方便住户出行，小区还配备地铁接驳班车，早晚各4个班次，单次4元，包月150元。此外，社区可办理居住证。

从生活配套来看，社区配置了独立型商业，如超市、餐饮、咖啡等业态，为租户

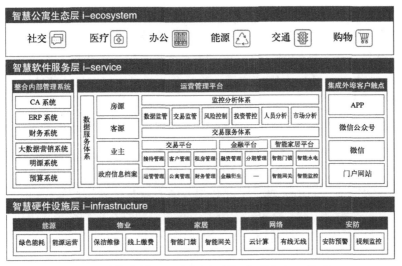

图 3　华润有巢国际公寓泗泾社区智慧公寓 3i 体系

（资料来源：华润集团官网，中房研协整理）

一站式解决生活购物日常所需。社区配有健身房、娱乐室等配套设施，社区周边 3km 范围内覆盖有三湘商业广场、保利悦活荟、汇泾商业广场等多个大型商业综合体，约 10 分钟的车程便可以满足租户多元化的休闲娱乐以及购物需求。此外，为满足当代青年的精神文化需求和社交体验，社区规划建设包括会客室、阅读区、运动（球）场等多元化公共区域与功能空间。

4. 项目经营模式及运营情况

从经营模式看，华润有巢国际公寓泗泾社区除地块性质为集体建设用地外，其他方面与国有土地上的项目无异。企业拿地自主建设，市场化经营，自负盈亏。

华润有巢国际公寓泗泾社区项目负责人表示，租赁住房用地地价相对较低，于企业而言，拿地成本相对较低；于政府而言，无需先将集体建设用地收储再出让，而是做中间人将集体的土地使用权转让给企业，简化了交易程序。农村集体建设用地拿地成本与国有建设用地的拿地成本相差不大，地块同价同权，企业的投资逻辑主要在于租赁项目的盈利性，目前，若以 80% 的租住率来看，大约需要 20 年能实现回本。华润有意在长租公寓领域深耕发展，开辟租赁行业高质量发展的新格局。

从实际运营情况看，华润有巢国际公寓泗泾社区租赁住房项目定位为大型青年租赁社区，对入住客户未设置准入门槛，优先面向租期 1 年以上的租户供应，房租押一付三。自 2021 年 3 月底入市以来，在线上媒体宣传、线下业务员地推及区政府大力支持等综合作用下，取得了良好的市场反馈。2021 年 5 月，华润有巢国际公寓泗泾社区被认定为 G60 科创走廊人才公寓，享受相关扶持政策。2021 年 6 月底，社区租住率已达到 80% 以上。

5. 用户反馈情况

目前，项目除了服务松江本地白领，还有不少租客来自漕河泾、新天地等 9 号线沿线企业。在他们看来，高性价比的租住环境刚好能满足需求。在诸多配套里，击中租客的"点"各有不同,"95 后"应届生陈海燕常常忘带钥匙,她偏爱人脸识别门禁和密码锁;许欢从事室内装修工作,经常要开着新能源车奔波于各个项目,让他印象深刻的是地库里配备充电桩的停车位。有的租客喜欢书吧、观影区和跑道,有的租客更看重小区集中式的智能化安全管理体系,这些企业经过反复调研才落地的运营和服务,得到了租客的认可和好评。

总体来看,华润有巢国际公寓泗泾社区的入市,为松江 G60 科创走廊的产业人才提供了安居的住房,有助于为落户泗泾的企业打造良好的营商环境;对运营企业来说,优质的居住环境和服务标准受到市场认可,较高的租住率使运营企业有较好的回报率;对农民来说,租赁项目的引入盘活了部分闲置的农村集体建设用地资源,农民们作为土地的所有权人能获得收益;对租客来说,华润有巢国际公寓泗泾项目提供了极具性价比的房源,解决了通勤人士的租房需求,最终实现了多方共赢。

(二)派米雷 link 新界(泗泾)未来社区

1. 项目及地块基本情况

派米雷租赁住房 link 新界(泗泾)未来社区项目,是松江区集体土地入市建设租赁住房试点中第一批交付的项目之一。该项目地块为泗泾镇 SJS20004 单元 03-11 号,出让面积 19180.5m²,规划容积率 1.4,土地用途为租赁住房(R4)(图 4)。于 2018 年 11 月 12 日以招拍挂形式出让,由上海派米雷投资(集团)有限公司以 8581 万元竞得,楼板价 3196 元 /m²。

图 4　link 新界(泗泾)未来社区区位图

(资料来源:派米雷企业官网,中房研协整理)

从区位来看，该地块东至泗联路，南至空地，西至张泾，北至高压走廊，位于松江区泗泾镇米易路 45 弄。距离地铁 9 号线泗泾站 1.5km，有公交、班车直达。

2. 项目设施业态配比情况

2021 年 5 月 29 日，派米雷 link 新界（泗泾）未来社区正式投入运营。项目定位为青年租赁社区，共建设楼宇 9 栋，总建筑面积为 43442.6m²，共提供租赁住房 600 套，民用水电，通燃气。社区规划 350 个机动车停车位，带有新能源充电桩。社区以"绿色、开放、智慧、共享"为设计理念，打造了星空花园、剧场花园、植物花园、阅读花园、运动花园、宠物花园、滨水花园 7 大主题花园，绿化率达到 35%（图 5、图 6）。

图 5　link 新界（泗泾）未来社区项目环境实景图

（资料来源：派米雷企业官网，中房研协整理）

图 6　link 新界（泗泾）未来社区项目样板房实景图

（资料来源：派米雷企业官网，中房研协整理）

从项目户型配比来看，link新界（泗泾）未来社区主要有35、40m² 的一室户，50m² 的一室两厅，70、80m² 的两室两厅五种户型，无论是单身、夫妻二人，乃至三口之家，均有符合需求的住房供应（表3）。房间均为精装修，设施齐备，可拎包入住；设计风格多样，带南向独立阳台。月租金覆盖2700~5500元多个档次，适应不同的需求。

link新界（泗泾）未来社区各类房型情况　　　　　　　　　　表3

户型	建筑面积/m²	系列	特点	租金/（元/月）
两室两厅	80	莫兰迪	灵动空间，双厅连通	5523起
两室两厅	70	莫兰迪	经典两居，南向阳台	5023起
一室两厅	50	莫兰迪	卧客分离，动静分明	3736起
一室户	35/40	莫兰迪	南北通风，客厅房间敞亮	2710起

资料来源：中房研协整理。

从服务配套来看，社区配备智慧一体化系统，包括智能安防、环境监测、智慧停车、智慧照明等；配备专属社区管家团队，为住户提供24h物业服务。此外，还提供入户保洁、班车、旧物代售等增值服务。在现场向租房者了解到，房屋内的家居完全能够满足日常生活需要，并且提供的入户保洁、管家服务等能够为生活带来更多的便利，旧物代售、班车等增值服务，使得在link新界中居住的体验感胜于一般住宅小区。

从生活配套来看，社区打造星空花园、剧场花园、植物花园、阅读花园、运动花园、宠物花园、滨水花园七大主题花园，为不同年龄层次人群提供休闲娱乐体验（表4）。此外，社区还打造了微厢共享空间，包括独立而又彼此相联的私密会客区、静谧阅读区、环绕式影音区、多功能办公区、全功能健身区等功能区域。

link新界（泗泾）未来社区七大主题花园特色　　　　　　　　　　表4

主题花园	花园特色及功能属性
星空花园	摩登魅力的户外酒吧走廊，搭配层次丰富的绿植，营造浪漫、温馨的格调
剧场花园	依托清水环绕的草坪活动空间，满足年轻人聚会交流需求，可成为草坪影院、草坪剧场等休闲活动场所
植物花园	可亲身参与植物种植，鼓励邻里间的互动交流
阅读花园	位于小区临河场地，营造具有神秘感的密林空间，形成绿色、安静的氛围
运动花园	多功能的综合运动场地，满足日常运动健身的健康需求
宠物花园	为满足宠物一族的需求，社区内专门设置了宠物们的专属活动空间
滨水花园	位于小区河畔，轻松惬意的观水空间，天然水景，亲近自然

资料来源：派米雷企业官网，中房研协整理。

3. 项目经营模式及运营情况

从经营模式来看，link新界（泗泾）未来社区同华润有巢国际公寓泗泾社区一样，自主建设，市场化经营，自负盈亏。项目未设置准入门槛，采用押一付三的收租模式。自入市即被纳入松江区人才公寓项目，符合条件的租户根据 G60 人才积分分值，可获得相应租房补贴。

截至 2021 年 8 月，社区房源接近实现"满租"，入住率达 99%，社区租客以青年白领和附近高校老师为主。就总体居住体验而言，多位租房者表示 link 社区是住过的最好的租赁住房。"只要进入到小区内，便能扫除一天工作的疲惫""小区内的阅读花园和楼内的健身区是最喜欢的场所，在小区内能够体验到图书馆一般的阅读环境和日常开放的健身场所，非常便利"，并且不少租房者表示如果建设的是商品住宅，肯定会大卖，租房者对社区的满意度可见一斑。

4. 用户反馈情况

无论是从租房者的反馈，还是从出租速度而言，市场对于派米雷 link 新界（泗泾）未来社区的反响是热烈的，并且将通过集体用地建设租赁住房嵌入到产城融合中的模式，为派米雷提供了非常旺盛的生命力。"派米雷以产城融合为目标，无论是其产业园区的开发，还是租赁住宅的开发，又或者是存量资产盘活打造商办物业的开发，均能起到一定的城市层面的赋能效果，对于产业地产而言，派米雷模式或许不是最能创造营收的模式，但是发展层面以及生命力却是非常旺盛的"，一位资深产业地产投拓人员如是说道。

总体来看，派米雷 link 新界（泗泾）未来社区的入市，为全区集体建设用地出让探索了新路径，在土地总量有限的前提下，既解决了产业及通勤人士的住房需求，盘活了集体经济组织资产，也进一步优化了全区租赁住房的供应体系，实现了多方的共赢，值得更多房企和政府参与者进一步复制、优化、推广。

五、利用集体建设用地建设租赁住房政策建议

上海较早开展了利用集体建设用地建设租赁住房的试点，在制度建设和实际落地方面都取得了突破，但建设总体规模还不大，地方政府、开发运营企业、集体建设土地所有权人等各方参与主体还都有一些顾虑，因此需要上海市政府进一步推动改革试点，相关建议如下。

（一）财政政策方面

由于集体建设用地在土地出让方面与国有建设用地享有"同权同价"，作为土地使用权的获取方，在集体建设用地上做租赁住房，与在国有土地上建设运营的成本是差不多的，在房价高、融资成本高、租金低的大背景下，运营企业面临的资金压力较大，投资回收期普遍在 20 年以上。为鼓励企业进入该领域，应加大财政补贴或税收优惠力度，降低项目投资期及运营初期的压力，逐步培育市场做大做强。

（二）土地政策方面

目前已经入市的两个松江项目，运营情况良好，说明市场比较认可，具备市场扩大推广的基础。相比收归国有然后再批租，集体建设土地的直接出让不能给地方政府带来更多收益，这也是目前各地推进并不积极的原因。未来利用集体建设用地建设租赁住房能否扩大规模，一方面取决于人口能否持续地流入以及由此带来的租赁需求，另一方面也取决于地方政府是否愿意放弃一部分土地收益，平衡农民收益，在土地出让政策方面更加倾向集体土地。

（三）入住门槛方面

建议上海市政府在落实职工入住租赁住房工作方面，能够降低政策门槛，并提供多层次的租赁住房产品，方便职工入住，具体而言：

一是建议将审核入住纳入"绿色通道"。相关单位职工申请公租房准入资格时，居住证、社保年限暂未达到规定要求的，可在单位书面承诺后，先入住公租房，再在规定期限内补齐。

二是建议加强公租房拆套合租和宿舍型房源筹集。在人均使用面积和居住人数符合国家和上海市相关规范的前提下，开展公租房拆套合租工作，引导单位租赁房增配宿舍型房源，增加"一间房""一张床"的租赁供给。

三是建议进一步优化租金定价。租金定价在遵循公租房"略低于市场租金"原则的基础上，可统筹考虑入住职工租金承受能力等因素进一步适当从优，并鼓励承租单位通过补贴部分租金等方式进一步减轻入住职工租金负担。

附件：上海已开工的新建租赁住房项目
（国有建设土地及集体土地入市试点）

序号	地块名称	所属区	四至范围	摘牌单位	总建筑面积/m²
1	浦东新区张江南区配套生活基地 A3-06 地块	浦东	东至：规划一路，南至：科农路，西至：A3-05 地块，北至：A3-05 地块（地块四至范围应以附图红线为准）	上海张江（集团）有限公司	191786
2	嘉定区嘉定新城 E17-1 地块	嘉定	东至：合作路，南至：德茂路，西至：云谷路，北至：双丁路	上海嘉定新城发展有限公司	99066
3	浦东新区北蔡社区 Z000501 单元 03-02、03-03 地块	浦东	东至：连波路，南至：前程路，西至：沪南路，北至：龙汇路	上海地产（集团）有限公司	193055
4	长宁区古北社区 W040502 单元 E1-10 地块	长宁	东至：姚虹路，南至：E1-11 地块，西至：E1-04 地块，北至：红宝石路	上海地产（集团）有限公司	44809
5	浦东新区南码头街道滨江单元 06-05 地块	浦东	东至：浦东南路，南至：东三里桥路，西至：规划 06-03 地块，北至：规划 06-02 地块	上海地产（集团）有限公司	67846
6	徐汇区漕河泾社区 196a-08 地块	徐汇	东至：南宁路，南至：南宁路，西至：196a-07 地块，北至：196a-03 地块	上海地产（集团）有限公司	22614
7	浦东新区黄浦江南延伸段前滩地区 Z000801 编制单元 41-01、42-01、47-01、53-01 地块	浦东	东至：芋秋路，南至：翠溪路，西至：园照路，北至：前滩大道（以附图红线为准）	上海陆家嘴（集团）有限公司	171347
8	浦东新区孙桥社区单元（部分）08-01 地块（张江南区配套生活基地 A5-01 地块）	浦东	东至：规划勤政路，南至：科农路，西至：规划一路（绿晓路），北至：规划二路（群秀路）（具体以附图红线为准）	上海张江（集团）有限公司	49812
9	浦东新区孙桥社区单元（部分）10-01 地块（张江南区配套生活基地 A7-01 地块）	浦东	东至：孙农路，南至：科农路，西至：规划勤政路，北至：规划二路（群秀路）（以附图红线为准）	上海张江（集团）有限公司	46113
10	浦东新区孙桥社区单元（部分）09-05 地块（张江南区配套生活基地 A6-05 地块）	浦东	东至：孙农路，南至：规划二路（群秀路），西至：勤政路，北至：十字河绿带（具体以附图红线为准）	上海张江（集团）有限公司	81016
11	浦东新区南码头社区 Z000301 单元 15 街坊 15-01 地块	浦东	东至：浦东南路，南至：15-02 地块，西至：雪野路，北至：华丰路	上海地产（集团）有限公司	197575
12	长宁区古北社区 W040502 单元 E1-06 地块	长宁	东至：E1-13 地块，南至：古羊路，西至：伊犁南路，北至：E1-02、05、12 地块	上海地产（集团）有限公司	145506
13	浦东新区上钢社区 Z000101 单元 10-2 地块	浦东	东至：济明路，南至：龙耀路隧道，西至：耀龙路，北至：耀华路	上海地产（集团）有限公司	117194
14	浦东新区上钢社区 Z000101 单元 11-3 地块	浦东	东至：济阳路，南至：龙耀路隧道，西至：济明路，北至：耀华路	上海地产（集团）有限公司	162461
15	虹桥商务区 G1MH-0001 单元 III-T01-A02-02 地块	闵行	东至：III-T01-A01 地块，南至：III-T01-A02-01 地块，西至：申虹路，北至：北翟路	上海地产（集团）有限公司	32954

续表

序号	地块名称	所属区	四至范围	摘牌单位	总建筑面积/m²
16	浦东新区16号线周浦站周边地区10-01地块	浦东	东至：姚渔港防护绿带，南至：周祝公路防护绿带，西至：周泰路，北至：韵涛路	上海浦东开发（集团）有限公司	88580
17	浦东新区16号线周浦站周边地区控制性详细规划10-05地块	浦东	东至：周秀路，南至：周祝公路防护绿带，西至：姚渔港防护绿带，北至：韵涛路	上海浦东开发（集团）有限公司	107856
18	闵行区莘庄工业区MHP0-0501单元32A-05A-a地块	闵行	东至：用地红线，南至：申学路，西至：用地红线，北至：用地红线	上海市莘庄工业区经济技术发展有限公司	97231
19	闵行区莘庄工业区MHC10501单元34A-01A-c地块	闵行	东至：春常路，南至：申学路，西至：用地红线，北至：用地红线	上海市莘庄工业区经济技术发展有限公司	41941
20	闵行区莘庄工业区MHP0-0501单元34AA-01A地块	闵行	东至：春常路，南至：用地红线，西至：春康路，北至：申学路	上海市莘庄工业区经济技术发展有限公司	87063
21	黄浦区南浦社区S010601单元F01-01地块	黄浦	东至：F01-05、F01-06地块，南至：F01-09地块，西至：西藏南路，北至：F01-02、F01-15地块	上海地产（集团）有限公司	74429
22	宝山区罗店镇美罗家园大型居住社区02单元0218-02地块	宝山	东至：沙场湾路，南至：美爱路，西至：罗店路，北至：美丹路	深圳市中集产城投资发展有限公司	99213
23	青浦区盈浦街道漕盈路东侧07-05地块	青浦	东至：佳邸别墅，南至：盈福路，西至：漕盈路，北至：现状绿化地块	上海盛青房地产发展有限公司	66875
24	崇明区长兴镇G9CM-0901单元（局部调整）12-04地块	崇明	东至：12-05地块，南至：12-03地块边界及规划圆南绿地，西至：12-01、12-02、12-03地块，北至：南圆沙路	上海长兴岛置业有限公司	89653
25	松江区工业区SJC10024单元09-10地块	松江	东至：09-11地块，南至：书林路，西至：晨星菜场，北至：九号河	上海新松江置业（集团）有限公司	63574
26	静安区市北高新技术服务业园区N070501单元22-01地块	静安	东至：寿阳路，南至：规划绿地，西至：规划商住办综合用地22-02地块，北至：云飞东路	上海市北高新集团不动产经营管理有限公司	111185
27	静安区市北高新技术服务业园区N070501单元15-02地块	静安	东至：静安大宁国际学校，南至：走马塘，西至：原铁路局预制品厂，北至：铁路	上海市北高新集团不动产经营管理有限公司	87479
28	静安区市北高新技术服务业园区N070501单元02-16-A地块	静安	东至：02-17地块，南至：02-16-B地块，西至：江场二路，北至：万荣一路	上海市北高新集团不动产经营管理有限公司	32451
29	杨浦区平凉社区03F3-02地块（平凉街道44街坊）	杨浦	东至：齐齐哈尔路，南至：凯达苑居住小区，西至：江浦路，北至：丹阳路	上海卫百辛（集团）有限公司	23833

续表

序号	地块名称	所属区	四至范围	摘牌单位	总建筑面积/m²
30	松江区中山街道SJC10032单元10-07地块	松江	东至：中创路，南至：空地，西至：新开河，北至：施园路	上海中建东孚投资发展有限公司	160635
31	杨浦区新江湾社区N091104单元A3-05地块（新江湾城街道原D4）	杨浦	东至：政澄路，南至：国泓路，西至：淞沪路，北至：国晓路	上海城投置地（集团）有限公司	130008
32	杨浦区江浦社区02-03地块（江浦街道77街坊北）	杨浦	东至：江浦路，南至：02-04地块，西至：02-02地块，北至：昆明路	上海卫百辛（集团）有限公司	14999
33	杨浦区新江湾社区E2-02B地块（新江湾城街道439街坊）	杨浦	东至：淞沪路，南至：殷行路，西至：E2-02A地块，北至：扶苏路	上海城投置地（集团）有限公司	66573
34	松江区工业区SJC10024单元09-11地块	松江	东至：消防站，南至：书林路，西至：09-10地块，北至：九号河	有巢科技投资（深圳）有限公司	70341
35	嘉定区嘉定工业区南门社区53-01地块	嘉定	东至：横沥河，南至：墅沟路，西至：嶂南街，北至：嘉罗公路	上海地产（集团）有限公司	44964
36	长宁区新泾镇228街坊5丘CN002e-01B地块	长宁	东至：协和路，南至：临虹路289号，西至：临虹路289号，北至：临虹路	上海虹桥临空经济园区发展有限公司	27470
37	闵行区浦江镇浦江社区MHPO-1307单元G03-04地块	闵行	东至：恒南路，南至：沈庄塘，西至：浦星公路，北至：用地红线	上海城投置地（集团）有限公司	164232
38	闵行区莘庄镇莘庄社区01单元（MHPO-0201）10A-01A地块	闵行	东至：秀涟路，南至：黎康路，西至：中春路，北至：顾戴路	上海莘至城置业有限公司	186809
39	松江区泗泾镇SJSB0001单元07-09（集体土地试点入市）地块	松江	东至：大松瓦楞辊厂，南至：泗博路，西至：泗联路，北至：查袋泾	有巢科技投资（深圳）有限公司	58315
40	徐汇区田林街道244-14B地块	徐汇	东至：244-18地块，南至：244-20、244-19地块，西至：244-14A、244-19地块，北至：244-08地块	上海徐房（集团）有限公司	42640
41	徐汇区田林街道244-19地块	徐汇	东至：244-20、244-14B地块，南至：244-21地块，西至：蒲汇塘河，北至：244-13、244-14B地块	上海馨伴寓置业有限公司	71222
42	徐汇区漕河泾街道282d-01地块	徐汇	东至：规划住宅，南至：规划八路，西至：规划七路，北至：规划二路	上海汇成房产经营有限公司	57217
43	徐汇区漕河泾街道282c-01地块	徐汇	东至：规划七路，南至：规划八路，西至：龙川北路，北至：规划二路	上海城开（集团）有限公司	66134
44	长宁区新泾镇351街坊3丘Ⅳ-H-03、351街坊2丘Ⅳ-H-07、346街坊5丘Ⅳ-K-03地块	长宁	东至：外环西河，南至：周家浜，西至：Ⅳ-H-02地块，北至：天山西路	上海市长宁区房屋管理有限公司	348371

续表

序号	地块名称	所属区	四至范围	摘牌单位	总建筑面积/m²
45	徐汇区田林街道244-13地块	徐汇	东至：244-14A地块，南至：244-19地块，西至：蒲汇塘河，北至：244-08地块	上海绿地商业（集团）有限公司	28709
46	松江区泗泾镇SJS20004单元03-11（集体土地试点入市）地块	松江	东至：泗联路，南至：空地，西至：张泾，北至：高压走廊	上海派米雷投资（集团）有限公司	42840
47	松江区车墩镇SJC10022单元23-01（集体土地试点入市）地块	松江	东至：车峰路，南至：影车路，西至：影松路，北至：影轩路	上海车兴房地产开发建设有限公司	82297
48	奉贤区海港开发区65-01地块	奉贤	东至：海鼎路，南至：海丹路，西至：港乐路，北至：海旗路	上海奉港置业有限公司	205166
49	杨浦区长白社区N1-01地块（长白街道228街坊）	杨浦	东至：安图路，南至：长白路，西至：敦化路，北至：延吉东路	上海杨浦科技创新（集团）有限公司	28760
50	闵行区吴泾镇紫竹科学园区MHPO-1004单元09A-19A地块	闵行	东至：用地红线，南至：东川路，西至：龙吴路，北至：蒋家港	上海城开（集团）有限公司	118458
51	闵行区吴泾镇紫竹科学园区MHPO-1001单元10A-05A地块	闵行	东至：规划二路，南至：规划一路，西至：规划四路，北至：塘泗泾	上海新黄浦置业股份有限公司	185627
52	浦东新区航头拓展大型居住社区01-03地块	浦东	东至：01-05地块，南至：01-04地块，西至：01-01、01-02和01-05地块，北至：D-1地块（地块四至范围应以附图红线为准）	上海兴利开发有限公司	155922
53	普陀区石泉路街道石泉社区W060401单元A17C-01地块	普陀	东至：岚皋路，南至：中山北路2347弄住宅小区，西至：规划砾曲路，北至：岚皋西路	上海西部企业（集团）有限公司	97055
54	宝山区桃浦社区H1-1b地块（宝山部分）	宝山	东至：区界，南至：区界，西至：规划连文路，北至：环镇南路	上海南宸置业有限公司	60265
55	宝山区月浦镇BSPO-2401单元H1-04地块	宝山	东至：H1-03地块，南至：规划支路，西至：H1-05地块，北至：H1-03地块	宝钢集团上海五钢有限公司，上海宝地不动产资产管理有限公司	67830
56	浦东新区孙桥社区单元08-01地块	浦东	东至：勤政路，南至：规划08-02地块，西至：绿晓路，北至：殷军路	上海张江（集团）有限公司	67528
57	浦东新区孙桥社区单元13-06地块	浦东	东至：规划13-07地块，南至：规划群秀路，西至：规划孙宇路，北至：规划13-05地块	上海张江（集团）有限公司	52903
58	浦东新区孙桥社区单元14-05地块	浦东	东至：规划14-06地块，南至：科农路，西至：规划14-04地块，北至：群秀路	上海张江（集团）有限公司	37793
59	浦东新区唐镇新市镇D-03-05b地块	浦东	东至：D-03-07地块，南至：D-03-07地块，西至：D-03-05a地块，北至：D-03-07地块	上海浦东发展（集团）有限公司	205025

续表

序号	地块名称	所属区	四至范围	摘牌单位	总建筑面积/m²
60	浦东新区康桥工业区东区PDPO-1402单元E08B-05地块	浦东	东至：箭桥路，南至：宁丰路，西至：E08B-04地块，北至：康科路	上海城投资产管理（集团）有限公司	192744
61	浦东新区周浦镇西社区PDPO-1001单元02-06地块	浦东	东至：浦三路，南至：康涵路，西至：02-04地块，北至：02-01地块	上海浦东发展（集团）有限公司	87929
62	松江区永丰街道新城主城H单元H42-02地块	松江	东至：H42-03地块，南至：花园二路（云逸路），西至：三新路，北至：花园路	上海志世企业管理咨询有限公司	48536
63	虹口区凉城新村街道074-05、074-16地块	虹口	东至：住宅小区，南至：广中路，西至：广粤路，北至：虹口高级中学	上海宝地宝邮汇企业发展有限公司	62389
64	青浦区赵巷镇佳采路南侧D1-01地块	青浦	东至：佳迪路，南至：河道，西至：佳驰路，北至：佳采路	上海漕河泾开发区赵巷新兴产业经济发展有限公司	77058
65	静安区市北高新技术服务业园区N070501单元02-16-B地块	静安	东至：02-17地块，南至：江场西路，西至：江场二路，北至：02-16-A地块	上海名新投资管理有限公司	19260
66	松江区永丰街道H单元H40-07地块	松江	东至：三新路，南至：花园二路，西至：新开河，北至：花园路	上海志世企业管理咨询有限公司	61435
67	闵行区华漕镇MHPO-1403单元30-01地块	闵行	东至：园堂路，南至：规划二路，西至：纪翟路，北至：纪宏路	上海前湾置业有限公司，上海实宁置业有限公司	74758
68	浦东新区北蔡培花社区Z00-0501单元控制性详细规划A3-2a地块	浦东	东至：A3-3a地块，南至：A3-2b地块，西至：A3-1地块，北至：芳华路（地块四至范围应以附图红线为准）	上海兴利开发有限公司	19998
69	金山区金山新城JSC10201单元20-07地块	金山	东至：西静路，南至：高压走廊控制带，西至：张泾河，北至：山康花苑	上海金山房屋建设集团有限公司	39379
70	闵行区七宝镇七宝社区MHPO-0105单元01-02地块	闵行	东至：星中路，南至：星风路，西至：智联路，北至：用地红线	上海城投置地（集团）有限公司，上海新九星企业发展股份有限公司	90057
71	闵行区MHP0-1003单元紫竹科学园区研发二期14-02地块	闵行	东至：规划拾月樱路，南至：规划兰香湖南路，西至：规划八重樱路，北至：规划绿野堂路	上海紫竹半岛地产有限公司	38132
72	闵行区梅陇镇MHP0-0306单元02-03A-01a地块	闵行	东至：用地红线，南至：用地红线，西至：规划二路，北至：规划一路	上海新黄浦实业集团股份有限公司	83039

续表

序号	地块名称	所属区	四至范围	摘牌单位	总建筑面积/m²
73	青浦区西虹桥光涞路北侧04-33地块	青浦	东至：04-29地块，南至：光涞路，西至：04-34地块，北至：苗泾港	上海青悦房地产开发有限公司	68012
74	浦东新区周浦镇西社区PDP0-1001单元09-01地块	浦东	东至：09-03地块，南至：09-03地块，西至：曲桥路和09-02地块，北至：康泽路和09-02地块（应以附图红线为准）	上海浦发租赁住房建设发展有限公司	143764
75	青浦区赵巷镇佳凯路西侧C4（a）-07地块	青浦	东至：佳凯路，南至：C4（a）-01地块，西至：C4（a）-01地块，北至：盈港东路	网易（上海）网络有限公司	70574
76	浦东新区康桥工业区东区PDP0-1402单元E09C-03地块	浦东	东至：E09C-05地块，南至：E09C-04地块，西至：E09C-01地块、E09C-02地块，北至：宁丰路地块（四至范围应以附图红线为准）	上海浦发租赁住房建设发展有限公司	64883
77	闵行区马桥镇MHP0-0902单元02-04地块	闵行	东至：用地红线，南至：用地红线，西至：中青路，北至：俞塘	有巢住房租赁（深圳）有限公司	117099
78	宝山区新城杨行鑫社区BSPO-0601单元07-08地块	宝山	东至：07-09地块，南至：07-10地块，西至：07-10地块，北至：沙浦河	中铁二十四局集团上海铁建工程有限公司	89041
79	黄浦区南浦社区S010601单元D04街坊D04-08地块	黄浦	东至：D04-14地块，南至：高雄路，西至：制造局路，北至：D04-17地块	上海锐拓实业有限公司	105236
80	虹口区北外滩街道HK276-02地块	虹口	东至：住宅小区，南至：东余杭路，西至：商丘路，北至：周家嘴路	上海北外滩（集团）有限公司	47522
81	自贸区临港新片区NHC10101单元11-02地块	浦东	东至：洋槐路，南至：铃兰路，西至：11-03地块公共绿地，北至：麦冬路	中铁建华东建设发展有限公司	148797
82	奉贤区奉贤新城15单元17A-06A区域地块	奉贤	东至：金钱公路，南至：聚秀路，西至：金汇港，北至：南行港	上海城申置业有限公司	112541
83	普陀区桃浦科技智慧城W06-1401单元090-01地块	普陀	东至：皋兰山路，南至：规划武南路，西至：规划山丹路，北至：永登路	上海普昇实业有限公司	73429
84	自贸区临港新片区临港科技城D03-01地块	浦东	东至：规划群欣路，南至：海洋七路，西至：D03-02地块，北至：木荷路	上海宜浩置业有限公司	94564
85	自贸区临港新片区PDC1-0302单元04-02地块	浦东	东至：叶菊路，南至：04-01地块，西至：04-01地块，北至：玉柏路	上海兴港置业发展有限公司	68180
86	自贸区临港新片区重装备产业区H21-04地块	浦东	东至：咏梅路，南至：D41路北侧绿化带，西至：H21-03地块，北至：五岭路南侧绿化带	上海临港产业区公共租赁房建设运营管理有限公司	97417

典型试点案例

北京首创新城镇公司在京开发项目

一、首创新城镇公司目前正在进行的利用集体（经营性）建设用地建租赁住房项目的操作模式是怎样的？

按照《关于进一步加强利用集体土地建设租赁住房工作的有关意见》（市规划国土发〔2017〕376号）、《关于我市利用集体土地建设租赁住房相关政策的补充意见》（京规自发〔2018〕64号）等政策文件精神，首创新城镇公司与村集体共同组建合资项目公司，作为集体土地租赁住房项目的投资建设主体，合作期限50年。具体操作模式如下。

（一）公司股权及资金筹措

首创新城镇控股项目公司，股权比例不少于51%。村集体以土地使用权评估作价入股，首创新城镇以货币出资作为合资项目公司注册资本金。村集体注册资金出资依据经国有资产监督管理备案的土地评估值确定，我方根据土地评估值及股权比例确定注册资本货币出资额（如我方在项目公司股权比例为51%，村集体为49%，则项目公司注册资本金＝项目宗地土地使用权作价入股评估值÷49%，首创新城镇注册资本出资金额＝项目宗地土地使用权作价入股评估值÷49%×51%）。村集体应在新公司成立后的约定期限内在不动产登记部门办理完成项目宗地的土地使用权变更登记，项目宗地的土地使用权人变更为合资公司后，视为村集体经济组织履行了出资缴付义务。

由首创新城镇负责项目全部投资的资金筹措工作，除注册资本之外还提供股东借款并对对外融资所需的融资增信措施提供全方位支持。针对除注册资本之外提供的股东借款，在村集体无法提供担保措施的条件下，以其持有的全部股权向首创新城镇进行质押。

（二）公司治理及经营管理

鉴于此类项目由企业方提供全部开发资金，并向村集体支付固定稳增长的保底收益和超额收益，根据权责对应的原则，项目由首创新城镇全权操盘。在项目公司董事会层面，首创新城镇享有多一席席位，项目公司管理团队亦由首创新城镇委派人员担任；村集体委派一名董事和一名监事，享有知情权和监督权。首创新城镇在国资系统审计、纪检监察等多条监管体系下合法合规经营，对项目前期手续办理、规划设计、工程建设、运营管理等按照国企规范体系管理实施，承担保护合资公司及集体经济组织权益、保证国有资产保值增值的多重职责。

租赁住房项目建成后，由首创新城镇投资设立的专业运营平台统筹负责项目的租赁运营。

(三) 收益分配

为优先保障村民利益，采用固定保底分红+超额收益分配的模式，结合项目地块综合条件，按照项目用地每年每亩的一定标准给予村集体经济组织固定及按年限递增的保底分红；当合资公司在支付村经济合作社保底分红后的项目内部收益率达到一定条件后，双方可适当调整收益分配机制，可按照双方在合资公司所对应的股权比例分配税后净利润。

二、利用集体（经营性）建设用地建设租赁住房，在土地政策方面遇到了哪些问题，包括土地的取得、产权、农民的积极性、实际操作等？哪些政策需要调整？

(一) 集体土地价值认定

目前，政策对于集体建设用地作价入股的价值评估标准体系尚未建立，业界普遍认为假设开发法对于集体土地的价值评估较为适用，但该种评估方法在预测项目开发完成价值过程中亦受到租金水平、出租率、租金增长率等假设条件的主观判断影响，造成评估结果可能存在较大差异。在缺少标准认定体系的情况下，集体土地作价入股的评估价值未能达成客观、统一的认价共识，往往与村集体产生认知偏差。

此外，各区对于集体土地价值认定也存在较大偏差。例如，大兴区作为本市集体土地入市试点，颁布了集体建设用地的基准地价，但其他区域参照大兴区的集体土地基准地价体系评估其区域集体土地价值并不适用，个别区域的集租房项目要求参照大兴区集体土地入市价格或项目地块周边国有建设用地的价值标准衡量集体土地价值，都造成我方在与集体经济组织洽商沟通过程中产生分歧和障碍。因此，建议相关部门进一步细化指导集体土地价格评估体系的完善。

(二) 项目地块市政条件

集租房项目地块红线外配套市政条件普遍存在缺失问题，根据京住保〔2018〕14号及京发改〔2018〕2137号文件精神，项目红线外市政基础设施应由各区政府统筹负责，但很多项目包括已开工项目仍无周边市政规划及实施方案，亦无明确的投建主体，集租房建设与周边市政建设周期存在严重不匹配现象，未来将严重影响集租房项目入市运营。

建议一方面由市级部门统筹、区级部门主责，尽快形成已开工项目市政建设实施方案，尽快启动项目周边大市政建设工程，保证项目顺利投建运营。另一方面，建议在制定集租房年度供地计划时，确认项目地块周边市政条件现状与规划，提前安排落实投资建设主体，将具备快速开工启动条件的集体建设用地作为集租房供应用地。

（三）同步实施整理用地划分

目前，大部分集租房项目地块都包含同步实施整理的道路及绿化用地。一方面，针对集租房项目中同步实施整理的道路及绿化用地的投资建设主体及资金来源尚不明确，存在周边道路及绿化工程与租赁住房入市运营时间不相匹配的风险。另一方面，同步实施整理用地作为项目作价入股土地的组成部分，企业投资方需承担相应的拆迁腾退成本及土地分红收益，但却不产生任何直接收益，而且道路用地无法办理土地权证至合资项目公司，无法有效保护双方在合资项目公司的合法权益。因此，建议相关道路、绿化用地后续统筹按照征地方式统一由政府部门管理。

（四）公共配套设施的投建及运营

针对项目用地范围内需配套建设的公共服务设施，如中小学校、幼儿园、公交场站，政策虽已明确投建主体，亦明确采用政府购买服务方式由相关部门运营。但在实际操作中，政府购买服务的标准仍无细则，另外，经与相关区教育、交通等相关部门沟通，公共配套设施采用政府购买服务方式也不受相关部门认可，导致该部分内容的投资建设运营主体无法明确，进而对项目报规手续的办理也存在影响。因此，建议相关政策能进一步明晰此类项目公共服务配套设施的投资建设及运营主体，学校类设施可适当给予自主经营权，对于公交场站等企业不能自主运营又需要承担相应成本的配套设施，建议不纳入集租房建设用地范畴。

三、现有项目客群的定位，其收入大致在什么水平上？利用集体（经营性）建设用地建设租赁住房，能否覆盖中等收入群体？

（1）北京市集租房产品根据区位环线特征，产品定位和客群具有明显的差异性，就现有推进的集租房项目而言，五环以内集租房产品，多以小户型为主，租赁客户为青年群体，解决过渡性居住需求，租户流动性较强。五环以外及远郊区集租房产品，租房客群主要以稳定性、家庭式客户为主，主要由市区外溢客群、当地工作人员、当地住房改善居民三类构成。

（2）首创新城镇目前共有8宗集租房项目，均处于六环外区域，部分项目紧邻区域及产业园区，具有产业基础。首创新城镇根据项目区位特性和市场需求，以打造"长居型"租赁社区为项目发展理念，同时发挥集中型长租项目在居住品质及与市区相比的租金价格优势，重点吸引城区外溢家庭客群及周边产业客群，产品均以中小面积为主，其中两居产品占比在65%以上，面积70~90m²，租金为2500~4500元/套。

（3）按照租金占租房客户家庭收入的三分之一预估，首创新城镇旗下两居产品主力租赁客户的家庭收入为 7500~15000 元。据统计，2019 年北京市全口径城镇单位就业人员平均工资 8847 元，即全市家庭平均工资 17694 元，完全能够承担新城镇主力产品租金。

四、发展租房市场，建构租购并举的住房制度，从房地产企业的角度有何建议？

（1）从面向客群角度考虑，产权型商品房能绑定各项公共资源和服务，而住房租赁市场体系尚未完善。尽管中央和各地多次下发关于重点培养住房租赁市场的配套措施和方案，但有关"租购同权"的设想尚未落实。当前我国住房城镇化已达到中等发达国家水平，但人口城镇化滞后以及城乡二元结构体制造成租房与购房在享受医疗、教育、公共服务设施等资源方面存在差异。因此，租赁住房建设更应注重公共配套资源的建设和引入，使租房者和购房者能够享受同区域同等教育、医疗等配套资源，缩小租购客群在享受公共服务及配套资源方面的差异，提升租赁房项目的吸引力。

（2）从企业投资角度看，自持型租赁住房相比销售型商品房存在投资回报水平较低、投资回收期较长的核心问题。目前已有的成套型租赁住房补贴政策可一定程度上缓解项目建设期的资金压力，但仍需在建设期、运营期等采取多元补贴支持政策来引导集租房投资领域发展。参照国外发达国家的住房租赁市场经验，减税降费可有效提高租赁住房项目的盈利能力，吸引长期投资者进入住房租赁市场。尽管《关于进一步加强全市集体土地租赁住房规划建设管理的意见》（市建发〔2020〕365 号）指出"按照国家及本市公租房政策规定运营管理的，可享受税收优惠政策"，但仍需进一步明确市场化运营的租赁住房项目的税收优惠标准。

（3）政府从供给端应综合考量多重指标，增加有效、精准供给。各地政府在研究制定住房供给体系时，应该针对本地常住人口状况，综合考量人口结构、经济发展状况、职业分布、收入状况等多重指标，预估本地居民住房支付能力，制定多元住房供给政策，优化供给结构。针对产业集中区域，应加大租赁住房供地指标，逐步摆脱土地财政思维，真正推进区域职住平衡。

北京万科泊寓院儿

一、土地来源

此地块原土地规划用途为F3多功能建设用地，原用作村集体小商户聚集市集。现用地性质为F81集体土地租赁住房用地，总用地为1.03万 m²，容积率2.8，总建筑面积4.75万 m²。后村集体利用土地作价入股，与万科泊寓共同组建金城源公司。

二、建设主体

万科北京泊寓成寿寺社区项目是北京成寿寺村集体以土地经营权与万科合作，将项目建成后45年的经营管理权及收益权转让给万科。万科负责所有建设成本投入，获得项目45年经营权，村集体获得固定租金＋超额经营分红。

三、资金来源

金城源公司作为立项主体，将项目建成后45年的经营管理权及收益权转让给万科，转让金为项目开发建设所需的全部资金。

四、周边规划

万科泊寓院儿项目位于南三环方庄桥西南角，位于方庄商圈，距离地铁14号线方庄站800m，周围商圈较为密集，北侧聚集有国贸、西单、王府井等。

1. 商业配套

由于用地周边无相应的配套，不能满足未来租户需求，因此，计划将用地首层全部设计为商业配套。商业配套将包括生鲜零售、创意餐饮、文创市集、教培中心、生活娱乐、社区服务等不同板块的主题街区，充分满足租户的生活、社交及娱乐需求。

2. 公交接驳方案

焦化厂地铁站（7号线）：距离本案交通距离3km，摆渡车单程车行时间6min，骑行时间15min；黄厂村地铁站（7号线在建）：距离本案交通距离3.8km，摆渡车单程车行时间7min，骑行时间18min；北神树地铁站（17号线在建）：距离本案交通距离4.3km，摆渡车单程车行时间8min，骑行时间20min；公交车667路（开往国贸、朝阳公园、望京、来广营方向）：始发站距本案步行500m；公交车638路（开往十八里店乡政府、十里河、劲松、北京站方向）：公交站点距本案步行400m。

3. 工作通勤方案

国贸地铁站距离本案交通距离17km，通勤单程车行时间22min；亦庄桥距离本案交通距离8.7km，通勤单程车行时间15min。项目将引入共享单车、共享汽车、共享班车等共享交通工具，为租户提供便利的出行条件。

五、房源信息

泊寓院儿是目前北京市唯一正在运行的集租房项目，也是全国首个开业的集体土地租赁住房项目，项目共有房源901套，大部分房源建筑面积为21~40m²，目前已租罄。由于地理位置相对较好，因此整体租金在3300~4000元范围内。性质属于市场化运营项目（图1）。

图1 泊寓院儿

项目特色：

（1）城市客厅是项目的核心特色。

为青年人在家门口提供"一站式休闲生活新空间"，塑造集咖啡、书吧、健身、艺术、交友于一体的青年聚集地。以真实运营，展示泊寓美好租住生活，传递泊寓生活的真实产品、真实服务、真实社群。

（2）功能分区、紧凑精确、健康环保、拎包入住是户型设计导则。

（3）围绕新时代客户需求，设置五大主题房型。

根据对客群的调研，设置五大主题房型：SOHO房、主播房、运动房、宠物房、女生房(图2)。各主题房型的家具配置及面积有所差异，但可根据用户需求进行家居定制。

（4）全面应用智慧社区服务平台。

（5）一站式管家与专业物业服务结合，提升入住体验。

（6）注重社群文化运营。

公共区域配有健身房、图书室、观影厅、厨房以及洗衣房等，全部对租户免费开放，旨在为租户提供工作之余的社交场所。

不仅仅局限于城市共享客厅，泊寓院儿（成寿寺社区）还将年轻人对生活方式的多种需求，转换成丰富的配套融入设计中，在楼宇之外推出了4000m²的社区个性商业街，集合品牌餐饮、舞蹈健身、生活超市、文创体验店等多种业态，让租客走出家门即可体验消费场景。

在社区安全方面，泊寓院儿（成寿寺社区）不仅采用智能门锁，实现住户生命安全预警，还通过人脸识别技术（门禁、入侵识别、访客）实现无卡化通行，园区内人员信息实时上传，与公安系统流动人员管理大数据动态联网，配合公共区域24h全方位监控，给租客创造全方位的安全感。

同时，为了满足年轻人对服务智能化的新需求，泊寓院儿（成寿寺社区）还配有绿色的社区管理系统和智能响应体系，提升报修服务效率、能耗管理效率。例如，租客躺在床上通过"泊寓"微信公众号或者 App 动一动手指，就可享受覆盖全方面生活的服务，包括水电表的智能化查询和实时自助缴费，以及"3 小时响应、4 小时完成"的一键报修等，还有智能快递柜，不用为"不能及时接快递"而焦头烂额。

SOHO 房　　　　　主题房　　　　　运动房　　　　　宠物房　　　　　女生房

图 2　成寿寺社区主题房展示

六、运营主体

村集体与万科双方成立的合资公司为项目运营的主体，负责项目日常经营管理，项目的开发管理平台以及日常管理都由万科泊寓来经营。每年支付村集体保底收益及超额分配。

七、客源信息

地块周边租户主要来源于丰台区原有住民、北京东部区域的 CBD 商区企业白领、亦庄产业圈新兴产业白领、大学应届就业人员以及新步入北京寻求发展的人群。客群月收入为 8000~20000 元，租户客群年龄结构更加丰富多元，租赁周期变长，租赁需求持续上涨。

八、收益分配

万科泊寓每年支付村集体保底收益及超额分配。

九、价格情况

万科集团合伙人刘肖表示，参与集体土地租赁住房项目的初衷是希望给年轻人一个有家的城市，让房租不超过年轻人收入的三分之一，租金均价 3600 元/（月·套）起，为周边同品质一居室租金的 70%~80%。地铁通勤在 40min 以内，同时兼顾对品质和个性的需求。